Seadove

Seadove

稻盛和夫推薦必讀

了凡四訓

全本典藏版

全世界唯一真實存在的「改造命運」之書！

愚者認命，庸者拼命，智者改命！

袁了凡 著
霍振國 譯注

曾國藩將其列爲「子孫必讀的第一本書」
稻盛和夫將其視爲「管理和經營企業的聖經」
胡適稱其爲「影響中國思想史的重要代表作」

序言

袁了凡，本名袁黃，字坤儀，江蘇吳江（今江蘇蘇州吳江區）人，明神宗萬曆十四年（一五八六年）進士，做過寶坻知縣，對天文、水利、理數、兵備、政治、勘探都有一定造詣。

《了凡四訓》是了凡先生在六十九歲時所作的誡子家訓。因此，這篇家訓作為立命、修身、治世的教育經典，是了凡先生一生道德學問的涵養和凝聚，他以自己的親身經歷，現身說法，講述如何改造命運，心想事成。

了凡先生家居生活非常儉樸，卻和夫人一起，在家境允許的範圍內，力行佈施；他個人修身是每天反省改過、誦經持咒、參禪打坐，不管公私事務再忙，早晚定課從不間斷；在清心寡欲、無慮無求中，祈天立命。就在這種修德養性的過程中，了凡先生為了教育兒子，積澱自己的人生，寫下四篇短文，當時命名為《誡子文》，或稱《訓子文》。後來，為了啟迪世人，改為《了凡四訓》，這就是廣行於世的《了凡四訓》的由來。

了凡先生作此《訓子文》，旨在訓導兒子，認識命運的真相，明辨善惡的標準，改過遷善的方法，以及行善積德、謙虛謹慎的效驗。

所以，這篇家訓分為四個部分：《立命之學》、《改過之法》、《積善之方》、《謙德之效》。

由《立命之學》篇，我們知道「一切福田，不離方寸；從心而覓，感無不通」，安身立命，無非看自己存心何處而已，所謂「命由我作，福自己求」，也如《詩經・大雅・文王》所云：「永言配命，自求多福。」

由《改過之法》篇，我們明白改過者要發三心——恥心、畏心、勇心。人之過，有從事上、理上、心上改者，因功夫不同，效驗亦異；過由心造，亦由心改，如斬毒樹，直斷其根，不要枝枝而伐，葉葉而摘，要直斷其根，從心上徹法底源地改過。

由《積善之方》篇，我們清楚善有真假、端曲、陰陽、是非、偏正、半滿、大小、難易，所以為善要明理，否則不僅無益，還可能造業。《易經》曰：積善之家，必有餘慶。善行無窮，不能盡述，從本篇與人為善、愛敬存心、成人之美、勸人為善、救人危急、興建大利、捨財作福、護持正法、敬重尊長、愛惜物命這行善的十方中，我們不僅找到為善的下手處，而且如果可以由此十事而推廣之，則萬德可以俱備矣。

由《謙德之效》篇，我們懂得唯謙受福，恭敬順承，小心謙畏，受侮不答，聞謗不辯，天地鬼神，猶將佑之，無有不發者，是故謙之一卦，六爻皆吉。《書經》曰：滿招損，謙受益。《易經》云：天道虧盈而益謙，地道變盈而流謙，鬼神害盈而福謙，人道惡盈而好謙。了凡先生勸人要氣虛意下，聚斂謙光，因為福有福始，禍有禍先，此心果謙，天必相之，所謂「凡天將發斯人也，未發其福，先發其慧；

此慧一發，則浮者自實，肆者自斂」。還以道者之口云：造命者天，立命者我；力行善事，廣積陰德，何福不可求哉？善事陰功，皆由心造，常存此心，功德無量……篇末再次諄諄教誨謙德之效驗：人之有志，如樹之有根，立定此志，須念念謙虛，塵塵方便，自然感動天地……況謙則受教有地，而取善無窮，尤修業者所必不可少者也。

這四個部分，其實都在講修心。安身立命、改過修善很重要，保持這種善根福德更重要。印光祖師說：「一分恭敬得一分利益，十分恭敬得十分利益」，「一切恭敬」，才可以長久保持善根福德，所以從真實心中存有一份謙德尤為重要。

制定家訓或家規，自古就是中國家庭教育的一大特點。《了凡四訓》立身、處世、為學、修德、立業的經驗總結，被後人譽為家教典範。隨著傳統文化的復興，其現在不僅為千萬家庭所接受，更被許多企業列為典範教材。了凡先生一生不顯，沒有成為高官，而聲譽日隆，可見其影響之深遠。

清朝時期的「中興名臣」曾國藩對《了凡四訓》最為推崇，讀後改號滌生：「滌者，取滌其舊染之汙也；生者，取明袁了凡之言：『從前種種，譬如昨日死；從後種種，譬如今日生也。』」曾國藩還將此書列為子侄必讀的第一本人生智慧之書。

近代著名的學者胡適先生認為，《了凡四訓》是研究中國古代思想史的一部重要代表作。

四百年來，這篇家訓不僅流傳於中國各地，被書香門第奉為「傳家之寶」，也對日本政經界產生深遠的影響。

日本著名漢學家、陽明學大師安岡正篤先生，對《了凡四訓》推崇備至，他建議日本天皇及歷任首相將此書視為「治國寶典」，應該熟讀、細讀、精讀，凡有志執政者，應該詳加研究。

安岡正篤先生盛讚此書為「人生能動的偉大學問」。這篇中國家訓不僅對當時明治時期的日本青少年產生巨大影響，至今仍然深深教化日本政經界的高層人士。所以，《了凡四訓》對一百年來的日本社會，具有深厚的影響力，值得各界有為有識的精英再三研讀。

和安岡正篤先生一樣，日本著名的企業家、兩家世界五百大企業的締造者、「日本經營四聖」之一稻盛和夫先生也對本書倍加讚譽。稻盛和夫在他長達四十二年的經營生涯中，一手創造兩家世界五百大企業，卻在退休時把個人股份全部捐獻給員工，自己皈依佛門，轉而去追求至高財富。他認為，人生就是提升心智的過程。

稻盛和夫早年有幸讀到《了凡四訓》，並且將其作為人生指導。他後來在其著作中說：我讀過袁了凡所寫的《了凡四訓》，得到頓悟的感覺，原來人生是這樣的。《了凡四訓》之中寫道，每個人的人生，其實事先已經被上天註定，都有各自的人生，每個人都會按照命運去度過自己的人生。但是人生中會遭遇到各種各樣的經歷，在遭遇到每次經歷的時候，每個人心中怎樣去想，怎樣描繪自己的願望，這種想法和信念會改變一個人的命運。在中國，會把它稱為「因果報應」，也就是說，如果你心中想的是好的事情，你做的事情是善事，肯定會得到好報。相反地，一個人如果居心叵測，做一些惡事，肯定會得到惡報。每個人要有關懷別人的慈愛之心，這樣一來，你的命運肯定會轉變，這本書中也寫到人的命運雖然是天生註定的，但不是無法改變的宿命，而是可以改變的。所以，我得到啟示，從此以後，我就認為，必須要美化、淨化自己的心靈。

一位智者說：「為人父母者，欲子孫賢孝、不染惡習，宜與子女同誦此書，則一室祥和、傳家久遠；為人師長者，欲學生品格純正、學有所成，宜誦讀此書，則師道尊嚴、教育落實；為官者，讀誦此書，自能積功累德、為民造福；為商者，熟讀此書，則取財有道、累富如法、大吉大利；受刑人熟讀此書，則浪子回頭、當下轉念。」

近代佛門高僧印光大師一生中極力提倡讀誦《了凡四訓》，並且不斷地鼓勵人們認真研究、實行、講說，以培福修慧、淨化人心。他創立的弘化社，印送《了凡四訓》達百萬冊以上，足見它的重要性。《了凡四訓》篇幅雖然短小，然而寓理內涵深刻，兼融儒釋道三家思想。

本次整理，我們聘請相關專業人士，逐段進行解讀，以便讀者更好地理解文中內容。相信在讀過此書以後，可以更深刻地體會到了凡先生的人生經驗，明白立命安身、修道立德的根本在於內而不在外，正如當代一位大德所說：求人不如求己。明白以後，當下去做，從《了凡四訓》入手，效法了凡先生，轉無福為有福，轉病夭為長壽，真正受持此書，改造自己的命運，自利利他，以身勸化，成聖成賢。

印光祖師原序

聖賢之道，唯誠與明。聖狂之分，在乎一念。聖罔念[一]則作狂，狂克念則作聖。其操縱得失之象，喻如逆水行舟，不進則退。不可不勉力操持，而稍生縱任也。須知誠之一字，乃聖凡同具，一如不二之真心。明之一字，乃存養[二]省察，從凡至聖之達道[三]。然在凡夫地，日用之間，萬境交集。一不覺察，難免種種違理情想，瞥爾[四]而生。此想既生，則真心遂受錮蔽。而凡所作為，咸失其中正矣。若不加一番切實工夫，克除淨盡，則愈趨愈下，莫知底極。徒具作聖之心，永淪下愚之隊。可不哀哉。

然作聖不難，在自明其明德[五]。欲明其明德，須從格物致知下手。倘人欲之物，不能極力格除，則本有真知，決難徹底顯現。欲令真知顯現，當於日用云為，常起覺照，不使一切違理情想，暫萌於心。常使其心，虛明洞徹，如鏡當台，隨境映現。但照前境，不隨境轉，妍媸自彼，於我何干？來不預計，去不留戀。若或違理情想，稍有萌動，即當嚴以攻治，剿除令盡。如與賊軍對敵，不但不使侵我封疆，尚須斬將搴旗，剿滅餘黨。其制軍之法，必須嚴以自治，毋怠毋荒。克己復禮，主敬存誠，其器仗須用顏子之四勿[六]，曾子之三省，蘧伯玉之寡過知非。加以戰戰兢兢，如臨深淵，如履薄冰，與之相對，則軍威遠振，賊黨寒心，懼罹[七]滅種之極戮，冀沾安撫之洪恩。從茲相率投降，歸順至化。盡革先心，聿修厥德[八]。將不出戶，兵不血刃。舉寇仇皆為赤子，即叛逆悉作良民。上行下效，率土清寧，不動干戈，坐致太平矣。

如上所說，則由格物而致知，由致知而克明明德。誠明一致，即凡成聖矣。其或根器陋劣，未能收效。當效趙閱道[九]日之所為，夜必焚香告帝，不敢告者，即不敢為。袁了凡諸惡莫作，眾善奉行，命自我立，福自我求，俾造物不能獨擅其權。受持功過格，凡舉心動念，及所言所行，善惡纖悉皆記，以期善日增而惡日減。初則善惡參雜，久則唯善無惡，故能轉無福為有福，轉不壽為長壽，轉無子孫為多子孫。現生優入聖賢之域，報盡高登極樂之鄉。行為世則，言為世法。彼既丈夫我亦爾，何可自輕而退屈。

或問，格物乃窮盡天下事物之理，致知乃推極吾之知識，必使一一曉了也。何得以人欲為物，真知為知，克治顯現為格致乎？

答曰，誠與明德，皆約自心之本體而言。名雖有二，體本唯一也。知與意心，兼約自心之體用而言，實則即三而一也。格致誠正明五者，皆約閑邪存誠、返妄歸真而言。其檢點省察造詣工夫，明為總綱，格致誠正乃別目耳。修身正心誠意致知，皆所以明明德也。倘自心本有之真知為物欲所蔽，則意不誠而心不正矣。若能格而除之，則是「慧風掃蕩障雲盡，心月孤圓朗中天」矣。此聖人示人從泛至切、從疏至親之決定次序也。若窮盡天下事物之理，俾吾心知識悉皆明瞭方能誠意者，則唯博覽群書遍遊天下之人，方能誠意正心以明其明德。未能博覽閱歷者，縱有純厚天姿，於誠意正心皆無其分，況其下焉者哉。有是理乎？

然不深窮理之士，與無知無識之人，若聞理性[十]，多皆高推聖境，自處凡愚，不肯奮發勉勵，遵循從事。若告以過去、現在、未來三世因果，或善或惡，各有其報，則必畏惡果而斷惡因，修善因而冀善果。善惡不出身、口、意三。既知因果，自可防護身口，洗心滌慮。雖在暗室屋漏之中，常如面對帝天，不敢稍萌匪鄙之心[十一]，以自干[十二]罪戾也已。此大覺世尊普令一切上中下根，致知誠意正心修身之大法也。然狂者畏其拘束，謂為著相[十三]。愚者防己愧怍[十四]，為謂渺茫。除此二種人，有誰不信受。故夢東云：「善談心性者，必不棄離於因果；而深信因果者，終必大明夫心性。」此理勢所必然也。須知從凡夫地乃至圓證佛果，悉不出因果之外。有不信因果者，皆自棄其善因善果，而常造惡因，常受惡果，經塵點劫，輪轉惡道，末由出離之流也。哀哉！

聖賢千言萬語，無非欲人返省克念，俾吾心本具之明德，不致埋沒，親得受用耳。但人由不知因果，每每肆意縱情。縱畢生讀之，亦只學其詞章，不以希聖希賢為事，因茲當面錯過。袁了凡先生訓子四篇，文理俱暢，豁人心目，讀之自有欣欣向榮、亟欲取法之勢，洵[十五]淑[十六]世良謨[十七]也。永嘉周群錚居士，發願流通，祈予為序。因撮取聖賢克己復禮閑邪存誠之意，以塞其責云。

文有懸[十八]筆立就、傾瀉而出，又復至精至妙者，韓文公《祭十二郎文》[十九]是也。文有久已脫稿、日改月更、千錘百鍊，至數十年而始為定本者，歐陽文忠公《瀧岡阡表》[二十]是也。袁了凡先生以韓歐[二十一]之筆，具韓范[二十二]之才，將其生平所得，著此四訓；以數十年修身治性、日新月盛之閱歷體驗，又加數十年字鍛句鍊之潤飾，故其文精深而博大，其理中正而精微。

「改過」、「積善」兩篇，是正文；「改過之法」，發揮「諸惡莫作」、「積善之方」，細講眾善奉行；「立命之學」，是現身說法。

一篇大文，惟謙者肯反躬內省；惟反己能自訟其過；惟自訟，庶[二十三]改過不吝；惟改過，斯善事真切；惟善真，然後可以立命。故首從「奉母命，棄舉業習醫」、「既信孔公數，淡然無求」、「後聽雲谷教，轉移定數」敘起。此三段，公之所謂「謙則受教有地也」。夫以鶴立雞群之俊秀，肯棄青紫[二十四]如敝屣[二十五]，不獨其品之高，而其孝亦可知矣。袁母命子語，宛如《瀧岡阡表》「我不能教汝，此汝父之志也」一段語，表太夫人之賢，於此亦可見矣。公之信孔公數，非漫[二十六]信之。必待試其數，纖悉皆驗，然後深信不疑，而遂起讀書之念。何等謹慎！孔公起數，必待其考校名數皆合，然後再卜終身；使他由目前之不爽[二十七]，以堅其久遠日後之信。何等穩重！

雲谷教了凡改過曰：「將向來之相，盡情改刷。從前習氣如死卻，從後日新如重生。」在公聽之已了了，而豈常人所能領會？故於「改過之法」一篇中，反覆痛切言之，傳「恥」、「畏」、「勇」三個方法，講「事」、「理」、「心」三層難易。又恐人自謂無過可改，將蘧伯玉[二十八]改過一段，以證「人必有過，自不察耳」。雲谷教了凡積善，曰「要從無思無慮處感格」、「毋將迎」、「覬覦」數語，在了凡已盡得其旨矣。仍恐人不窮理，自謂行持。豈知造孽？故於「積善之方」篇，細論深辯之。文分三大段，段每十小股。首敘往事十條，以證因果不爽，為後人之效法；次論精理十六層，以防冒昧承當之錯誤，終標十大綱，以統領乎萬德。公自敘行持[二十九]，由勉強以臻自然。首誓三千善，歷十餘年而始克告竣。次許三千，只四年而已滿。復許萬善，止三年，而以一事圓之。可見初行似不勝其難，行之既熟，自有得心應手之樂。人亦何憚而不為哉？

自「孔公算餘」至「世俗之論矣」一段，先將立命一結，「汝之命」承上文，起下六想、六思、改過三小段餘波。文雖餘尾，而言則愈緊，意則愈切。六退想，就宿命上教之謙德。此文以謙始，以謙終，而末明提一「謙」字，故以謙德之效為終篇。上半篇，寫丁、馮、趙、夏四君謙德。讀之，如見其人。下半敘「畏岩不遜，遇道者改過」一段，是一篇小立命。道者，宛然一雲谷。畏岩何幸遇之？雲谷攝淡然無求自謙之了凡易，道者折有求自滿之畏岩難。覷得準，打得重，責其心氣不平，文安得工？直探驪珠[三十]，使其不得不服。既服，而請教焉。教之轉變，積善立命，彷彿雲谷與了凡語。嗚呼！茫茫天下，何處得逢宗匠？如雲谷、道者兩人乎？即或遇之，亦要受得起這般辣手。庶不負善知識一片菩心也。敢不勉哉？「內思閑[三十一]已之邪」，順接「日日知非」一段，以起下「改過之法」一篇文字，讚歎雲谷，歸結「立命」本題。

故「四訓」不獨為千古名言，亦千古妙文也。此略言其段落耳。至於言外之旨，字中之意，非言可盡，細讀之自會。

一、罔念：謂不思為善。

二、存養：「存心養性」的省略。保存本心，培養善性，儒家的一種修養方法。

三、達道：謂通達的大道。

四、瞥爾：突然，迅速地。

五、明德：美德，光明之德。

六、顏子之四勿：顏淵克己的四種功夫，即非禮勿視，非禮勿聽，非禮勿言，非禮勿動。

七、罹：遭受苦難或不幸。

八、聿修厥德：語出《詩經．大雅》：「無念爾祖，聿修厥德。」聿，語氣助詞。厥，代詞。

九、趙閱道：趙抃（一〇〇八－一〇八四），字閱道，衢州西安（今浙江衢州）人。景祐元年（一〇三四年）進士，任殿中侍御史，彈劾不避權勢，時稱「鐵面御史」。平時以一琴一鶴自隨，為政簡易，長厚清修，日所為事，夜必衣冠露香以告於天。年四十餘，究心宗教。初在衢州，常親近蔣山法泉禪師，禪師未嘗容措一詞。及在青州，政事之餘多晏坐，一日忽聞雷震，大悟。乃作偈云：「默坐公堂虛隱幾，心源不動湛如水。一聲霹靂頂門開，喚起從前自家底。」累官至參知政事，以太子少保致仕，謚「清獻」，蘇軾曾經為之作《清獻公神道碑》。

十、理性：本性，道理。
十一、匪鄙之心：不對的、卑鄙的念頭。
十二、干：觸犯，冒犯。
十三、著相：佛教術語，意思是執著於外相、虛相或個體意識而偏離本質。
十四、愧怍：因為有缺點或錯誤而感到不安、慚愧。
十五、洵：確實，實在。
十六、淑：善，好。
十七、謨：計謀，策略，典策。
十八、懸：提。
十九、《祭十二郎文》：唐代文學家韓愈為其侄十二郎所作的一篇祭文。
二十、《瀧岡阡表》：宋朝歐陽修在他父親死後六十年所作的墓表，被譽為中國古代三大祭文之一。
二十一、韓歐：指唐宋八大家之唐代的韓愈與宋代的歐陽修。
二十二、韓范：「韓」指宋代的韓琦，「范」指宋代的范仲淹。二人同率軍防禦西夏，在軍中享有很高的威望，人稱「韓范」。當時，邊疆傳誦一首歌謠：「軍中有一韓，西賊聞之心骨寒；軍中有一范，西賊聞之驚破膽。」

二十三、庶：近，差不多。

二十四、青紫：典出《漢書》卷七十五〈眭兩夏侯京翼李列傳‧夏侯勝〉。本為古時公卿綬帶之色，因借指高官顯爵，亦指顯貴之服。

二十五、敝屣：破草鞋。

二十六、漫：模糊、糊塗之意。

二十七、不爽：指沒有過失。爽，失之意。

二十八、蘧伯玉：蘧瑗，字伯玉，春秋時期衛國大夫，奉祀於孔廟東廡第一位。

二十九、行持：佛教語，謂精勤修行，堅持不怠。

三十、驪珠：傳說出自驪龍頷下，故名。《莊子‧列禦寇》：「夫千金之珠，必在九重之淵，而驪龍頷下。」

三十一、閑：防備。

目錄

序言
印光祖師原序
—第一篇—《立命之學》……19
—第二篇—《改過之法》……155

—第三篇—《積善之方》……235

—第四篇—《謙德之效》……381

第一篇

《立命之學》

【原典】

余[一]童年[二]喪父，老母命棄舉業[三]學醫，謂可以養生[四]，可以濟[五]人，且習[六]一藝[七]以成名，爾[八]父夙心[九]也。

【注釋】

一、余：我。

二、童年：年紀小的時候。古代凡是不滿二十歲的人，都叫童。

三、舉業：從前讀書人學做八股文章，去考秀才舉人，叫做舉業。

四、養生：養活生命，保養身體，使生命得以延長。此指使生活得以保障。

五、濟：救濟。

六、習：學習。

七、藝：技藝，俗稱本事。

八、爾：你。是對不客氣的人或長輩對小輩使用的。

九、夙心：向來有的心願。夙，向來，一直以來。

【譯文】

我在童年時，父親便去世了，年邁的母親命我放棄科舉功名，改學醫，她說：「學醫可以謀生，也可以濟世救人，並且學習一種技藝，藉此成名，是你父親從前的心願。」

【原典釋評】

這是了凡先生對自己年少時一段人生經歷的自述。了凡先生童年時，父親便已離世，在女性地位極其低下的封建社會，孤兒寡母的生活必然是異常艱難的。也許正是因為生計的艱難，他的母親才會忍痛要求他放棄科舉考試之路。科舉考試自隋朝設立，至明朝發展到鼎盛時期，是普通學子進入仕途的唯一途徑，「萬般皆下品，唯有讀書高」，明朝統治者對科舉的重視以及明朝科舉方法的嚴密超越以往朝代。在這樣的背景下，母親要求自己的兒子放棄科舉這條從政之路，改學其他，是極其無奈的。

放棄科舉入仕之路，應該何去何從？母親給出的建議是學醫。為何會建議孩子學醫？這是母親出於兩個方面的考慮做出的決定：一方面，學醫之後，便會有一技之長，將行醫作為謀生手段，可以安身立命；另一方面，若用心學習，便能懸壺濟世，免除別人的痛苦，是一個於人於己都有好處的職業。此外，天下父母無不期望兒女成材，了凡先生的母親也一樣，她希望自己的兒子可以用心學習，精通醫道，成為名醫，既可以賴以謀生，又可以濟世救人，還可以完成亡父夙願。天下父母的愛子之心，總是竭盡全力地為之計深遠！

【原典】

後余在慈雲寺[一]，遇一老者，修髯[二]偉貌，飄飄若仙，余敬禮之。語余曰：「子仕路[三]中人也，明年即進學[四]，何不讀書？」

余告以故，並叩老者姓氏里居[五]。曰：「吾姓孔，雲南人也。得邵子[六]皇極數[七]正傳，數該傳汝。」

余引之歸，告母。

母曰：「善待之。」

試其數，纖[八]悉皆驗。余遂啟讀書之念，謀之表兄沈稱，言：「郁海谷[九]先生，在沈友夫[十]家開館[十一]，我送汝寄學甚便。」

余遂禮郁為師。

【注釋】

一、慈雲寺：寺廟名，詳細地址不詳。

二、修髯：長鬚。髯，頰毛，泛指鬍鬚。

三、仕路：仕途，官路。

四、進學：科舉制度中，考入府、州、縣學，做了生員，叫做「進學」，也叫做「中秀才」。

五、里居：家鄉，故里。

六、邵子：邵雍（一〇一二—一〇七七），字堯夫，自號安樂先生、伊川翁，北宋哲學家、易學家，有「內聖外王」之譽。謚「康節」，後人稱「百源先生」。著有《皇極經世》等書，《宋史》有傳。

七、皇極數：來自於《皇極經世》一書，嚴格說是鐵板神數組成部分。《皇極經世》分為內篇和外篇，合共十二卷，將天地萬物歸於天數之中，以數為太極點而論事。

八、纖：細微的地方。

九、郁海谷：人名，生平不詳。

十、沈友夫：人名，生平不詳。

十一、開館：指過去先生開設學館授徒。

【譯文】

後來有一天，我在慈雲寺遇到一位老人，長鬚飄飄，相貌非凡，神氣清秀，看起來像仙人一樣。我非常恭敬地向他行禮，這位老人對我說：「你是官場中的人，如果參加考試，明年便可以考中秀才，為什麼不去讀書？」

我便把家中情況以及母親叫我放棄讀書去學醫的緣故告訴他，並且請教老人的姓名與住所。老人回答：「我姓孔，是雲南人，得到宋朝邵康節先生《皇極數》術的真傳。依照註定的數來說，我應該把這個《皇極數》傳給你。」

因此，我便帶著這位老人回家，並且將情形告訴母親。

母親對我說：「好好對待這位老人家。」

這段期間，我多次請先生替我推算，試驗先生的推算是否靈驗。結果孔先生推算的哪怕是很小的事情，都非常靈驗。我因此便起了讀書的念頭，就與表哥沈稱商量。表哥說：「郁海谷先生在沈友夫家裡開館授學，我送你去那裡寄宿讀書，非常方便。」於是，我便拜郁海谷先生為師。

【原典釋評】

我們的一生總是會遇到很多人、很多事，有時候雖然我們早已規劃好未來，但是機緣巧合之下，人生可能不會全然按照我們的規劃按部就班地進行，而是會發生或大或小的變化。只是，年紀越小的時候，遇到各種變化，對我們一生的影響越大。本段敘述的就是了凡先生在慈雲寺遇到一位長鬍鬚、相貌偉岸的老者，這次相遇也成為了凡先生命運改變的契機。

「髯」的本義是指兩頰上的長鬚或者下垂的頭髮，後來泛指鬍鬚、頭髮，古時候講究身體髮膚受之父母，所以有些男子有蓄留鬚髯的習慣。了凡先生幼年遇到的這個老者，「修髯偉貌，飄飄若仙」，想必在年少的了凡先生心中，必然是慈眉善目、循循善誘的長者形象。了凡和這位老先生初次見面，便對他禮敬有加，想必也是這位老先生願意出言指點的原因之一。老先生的話，影響了凡的一生，所以他記憶猶新。老先生問道：「你原本是仕途中的人物，明年應該進學了，為什麼不讀書？」何為「進學」？普通學子想要步入仕途需要讀書學習，經過多次選拔，最後才有可能成為官員，走上政壇。明朝時期，各府、各州、各縣分別設有府學、州學、縣學，想要進入上述學校學習，同樣需要進行考試，這種考試被稱為「童子試」或「童試」。通過考試以後，便能進入上述學校成為生員。進入府學、州學、縣學之中讀書學習，這個過程被稱為「進學」。

了凡先生聽老先生如此說，便將其中緣由告訴他，並且恭敬地請教老先生的住所名諱。從字裡行間就可以看出，了凡先生自小與人為善，非常懂禮貌，對長者尊重禮敬，他的這些作為，也是他可以得到長者垂青的原因之一。老先生也十分坦誠，對他說，自己是雲南人，姓孔，是邵子《皇極數》的傳人，並且表示要將此書和這套學問傳給了凡。《皇極數》來自於《皇極經世》（又名《皇極經世書》），記載宋代學者邵雍畢生鑽研《周易》而創造出的一套經天緯地的預測學，是一部運用易理和易教推衍宇宙起源、自然演化、社會歷史變遷的著作，其中最著名的是河洛、象數之學。

了凡雖然對這位老先生禮敬有加，但是沒有自作主張，而是把他帶回家中，並且將實情告知母親。母親也很開明，並未妄下斷語，而是秉持「實踐是檢驗真理的唯一標準」這個原則，說道：「好好接待這位老先生，看看他所說的是否靈驗。」在此也可以看出父母對孩子的影響是言傳身教、潤物無聲的，了凡對待老先生的態度和其母對待老先生的態度都是不卑不亢、禮貌周到。結果，經過驗證，老先生的推斷逐一應驗，了凡和其母對這位老先生的信任度大幅增加，也為了凡進學成為生員埋下伏筆。

【原典】

孔為余起數[一]：縣考童生[二]，當十四名；府考[三]七十一名，提學[四]考第九名。明年赴考，三處名數皆合。復為卜終身休咎[五]，言某年考第幾名，某年當補廩[六]，某年當貢[七]，貢後某年，當選四川一大尹[八]，在任三年半，即宜告歸[九]。五十三歲八月十四日丑時，當終於正寢，惜無子。余備[十]錄而謹記之。

【注釋】

一、起數：占卜、推算命運。

二、童生：明清的科舉制度中，凡是通過縣試、府試兩場考核的學子，皆被稱為童生。也指未考取生員（秀才）資格之前的讀書人，不管年齡大小。

三、府考：府試，明清兩朝科舉考試過程中，「童試」的其中一關。通過縣試以後的考生有資格參加府試。府試在管轄本縣的府進行，由知府主持。通過府試以後就可以參加院試。

四、提學：「提督學政」的簡稱。古代專門負責文化教育的高級地方行政官，即省的最高學官。

五、休咎：吉凶，善惡。

六、補廩：明清科舉制度，生員經過歲、科兩試被錄取者，補了官缺，食朝廷俸祿，謂之「補廩」。

七、貢：指貢生。科舉時代，挑選府、州、縣生員（秀才）中成績或資格優異者，升入京師的國子監讀書，統稱為「貢生」。有拔貢、副貢、優貢等名。

八、大尹：過去對府縣行政長官的稱呼。

九、告歸：舊時官吏告老回鄉或請假回家。

十、備：詳細地，完全地。

【譯文】

孔先生為我推算命中註定的運數，他說：「在你參加縣裡童生考試時，你會得第十四名，府考會得第七十一名，提學考會得第九名。」到了第二年，果然三處的考試結果與孔先生推算的完全相符。孔先生又為我推算一生的吉凶禍福，說某年會考取第幾名，某年應該補廩生，某年應該做貢生。等到貢生出貢以後，在某年會被選為四川省某縣的知縣，在知縣任上三年半以後，便會辭職回家。到了五十三歲那年八月十四日丑時，將會壽終正寢。可惜的是，命中沒有兒子。我將這些話全部記錄下來，並且牢記在心中。

【原典釋評】

這段仍然是了凡先生人生經歷的一段自述，了凡遇到孔老先生以後，孔老先生便為他推演一番，說了凡縣考考取童生秀才的時候位列第十四名；府考時，位列第七十一名；提學考試（提學就是省級主管教育的官員名稱，因此提學考試就是指省考）時，位列第九名。第二年，了凡參加考試，三個名次盡皆應驗。這一方面說明孔老先生造詣深厚，深得《皇極數》真傳，並未欺騙了凡；另一方面也為了凡對孔老先生所說之話、所算之命深信不疑奠定基礎，也為此後了凡的際遇及心態的轉折埋下伏筆。

孔老先生對了凡考試名次的預測應驗以後，便為他推算一生的吉凶。小到考試名次、何時成為廩生、何時成為貢生，大到未來在哪裡任職、官居何職等職業走向，乃至何時壽終正寢、子嗣情況，無不預測得清楚明白。了凡也因為其他卜辭的應驗，分外虔誠，將上述安排銘記於心。

廩生，全稱廩膳生員，亦稱廩膳生，是科舉制度中的一種生員名目，明清兩代專指由公家供給膳食的生員。明初時期，各府、各州、各縣的生員每月都會收到國家供給的廩膳，用以補助生活。起初，廩生名額有限，每個府學限額四十人，州學限額三十人，縣學限額二十人，每人每月大概可以獲得六斗廩米。府學、州學、縣學中的優秀生員，會獲得進入京師國子監讀書的機會，這些人就是貢生，取選拔人才、貢獻皇帝之意。這些貢生在國子監深造畢業以後，經由吏部選拔派遣，可能會被派往各地擔任知縣、縣丞等職務。

每個人都對自己的人生充滿好奇，也希望擁有預知未來的超能力。可是，如果擁有這種能力，或是可以預知未來，一定會幸福嗎？很多時候，幸福不是來自於終點，而是在於過程。孔老先生將了凡何時壽終正寢都精確到了時辰，很難想像，了凡小小年紀就知道自己的死期，是會更加珍惜光陰，還是會生出一種毫無懸念的乏味之感？

【原典】

自此以後，凡遇考校[一]，其名數先後，皆不出孔公所懸定[二]者。獨算余食廩米[三]九十一石五斗當出貢四，及食米七十一石，屠宗師五即批准補貢，余竊疑之。後果為署印六楊公所駁，直至丁卯年七，殷秋溟宗師見余場中備卷，歎曰：「五策八，即五篇奏議也，豈可使博洽淹貫九之儒，老於窗下乎！」遂依縣申文十准貢，連前食米計之，實九十一石五斗也。余因此益信進退有命，遲速有時，澹然十一無求矣。

【注釋】

一、考校：考試。校，本來為比較的意思。

二、懸定：預定，預先推算。

三、廩米：廩生應該領取的津貼米糧。但是到了後來，就把米折成現錢，所以領到的都是現錢。

四、出貢：科舉時代，屢試不第的貢生，可按年資輪次到京，由吏部選任雜職小官。某年輪著，就叫做「出貢」。

五、宗師：學台的稱呼，是一種尊稱。過去廩生補貢生，都由學台考定。

六、署印：代理官職。舊時官印最重要，同於官位，故名。署，代的意思。過去署印有三種：一種叫補缺，就是這個官的缺，由這個人補了。不升官，不犯法，就可以做滿一任，或是接連做幾任，每一任大概是三年。一種叫署缺，就是一個官缺已經有人補了，但那個補了缺的官員死了，或是由於其他原因不能到任，或是犯錯被調職，或是手上有正在做的事不能離開，他的上司就要另派一個職別差不多的官員來代替他，這就叫署缺，也可以叫署理。還有一種叫代理，沒有署理那麼長久。署理做得好，有補缺的希望，但代理最多做兩三個月，只是如果做得好，也有改做署理的希望。

七、丁卯年：此指西元一五六七年。

八、策：古代科舉考試的一種文體，由考官列出一條一條的題目，然後考生一條一條地對答，如策論、策問。

九、博洽淹貫：指學問深通，知識廣博。博洽，學識廣博。淹貫，深通廣曉。

十、申文：呈文。

十一、澹然：寧靜、淡泊的樣子。

【譯文】

從此以後，凡是遇到考試，所考名次的先後，都不出孔先生預先算定的結果。唯獨算我做廩生領米糧，領到九十一石五斗的時候應該出貢，哪裡知道在我領到七十一石米的時候，屠宗師就批准我補了貢生。因此，私下裡我開始懷疑孔先生的推算是否準確。只是沒想到，後來果然被另一位代理的學台楊宗師駁回，不准我補貢生。直到丁卯年，殷秋溟宗師看見我在考場中的「備選試卷」，沒有考中，替我可惜，並且慨歎道：「這份試卷中所作的五篇策論，就如同給皇帝的奏摺一樣，怎麼可以讓這樣博識廣學的讀書人埋沒終身！」於是，便依從殷秋溟的申文，准我補了貢生。經過這番波折，我又多吃了一段時間的廩米，加上先前所吃的，算起來正好是九十一石五斗。因此我更加相信，一個人的進退、功名、浮沉，都是命中註定的，走運的遲或早，也有一定時間的。所以，我把一切都看淡了，不去追求了。

【原典釋評】

如前所述，廩生由國家供給膳食、補助生活。文中說，孔老先生經過推演，算出了凡總共會獲得九十一石五斗的廩米，然後就會被推薦去國子監成為貢生，也就是「出貢」。這裡的九十一石五斗廩米，是用獲得的俸米數來形容了凡做廩生的時間，就像用「一炷香」來形容一炷香燃盡所耗費的時間一樣。

其實，這依舊是了凡在敘述自己真實的人生經歷，真實是最具有說服力的，就像了凡對孔老先生的深信不疑，也是源於他的預測逐一應驗，與真實情況一致。這一次，孔老先生的預測會再度應驗嗎？

孔老先生預測，了凡會在得到國家供給的九十一石五斗廩米以後，被推薦進入國子監，成為貢生。然而，在了凡得到國家供給的七十一石廩米時，也就是孔老先生預測的時間尚未到時，一位姓屠的老師就批准了凡進入國子監，成為貢生。想必是了凡的學習成績優異，道德修養好，因此得到老師的垂青。這件事情發生時，了凡應該是對孔老先生產生第一次信任危機，畢竟預測即將無法應驗，必然會使得他對孔老先生的推算產生一些懷疑。

但是事情曲折，本來已然定好的事情，卻被一位楊姓的署印也就是代理提學所阻，駁回將了凡推薦為貢生的申請，因此他繼續在原來的學校過了幾年廩生時光。直至丁卯年，了凡的試卷被一位名為殷秋溟的宗師看到，殷宗師認為了凡眼界不俗，稱讚他：「五篇論文就是五篇奏議！」不忍心讓了凡這位「博洽淹貫」的儒生老於窗下，因此上申文，申請將了凡補為貢生，獲准。事情兜兜轉轉，最後果然如孔老先生所言，了凡作為廩生，總共領取了九十一石五斗廩米，才成為貢生。

殷宗師是了凡的伯樂，若沒有他，不知道了凡這位「博洽淹貫之儒」還要在原來的學校中沉寂多久，更不知道這匹千里馬是否會落得「只辱於奴隸人之手，駢死於槽櫪之間，不以千里稱也」的悲慘下場。「博」是指博學，學問廣博之意，說明了凡眼界開闊；「洽」是指通達融洽，說明了凡說理清晰、思路明確、思維順暢；「淹」是指見解深刻透徹，說明了凡的思想很有深度，並非空泛；「貫」是指脈絡清晰、章法嚴謹。這四個字是對了凡文章的高度評價，也是認為他的論文可以直接作為奏議的根據。「奏議」，是指群臣對皇帝的陳奏建議。考試文章得到這麼高的評價，也從側面反映出了凡的才學。

了凡並未詳細記述楊姓代理提學為何駁回推薦他為貢生的申請，只是說歷經這番曲折之後，孔老先生的預測具有更強的可信性，讓人覺得冥冥之中自有天意，上天自有安排，產生命運早已註定、可以做的只有順應天意的想法，至少了凡是這樣想的。

至此，了凡對孔老先生的態度已經完成從最初相識時的禮敬有加，到此後因為孔老先生所言逐一應驗而深信不疑，再到後來因為廩生生涯差點提前結束而對其產生懷疑，到最終補貢之事被駁回，再到試卷翻出再度補貢，因此廩米數量應驗而打消對孔老先生的懷疑的過程，其中的信任是波折式加深的，經過一事，彷彿就經過一重考驗。直至此時，了凡對生命中的進退、浮沉皆有定數的看法已經根深蒂固。

在他看來，以上諸事的逐一應驗至少說明也許命數真的存在。既然人生的悲愁、凶禍、貧賤早已註定，什麼都改變不了，最應該學習的就是接受，而不是強求；既然人生的歡喜、吉福、富貴早已註定，便不需要努力，更不應該貪心爭搶，因為該來的總會來，了凡的人生態度就變成「澹然無求」。

了凡接下來的生活如何？會一直這樣「澹然無求」，還是有其他奇遇在前方等待？且聽下回分解。

【原典】

貢入燕都[一]，留京一年，終日靜坐，不閱文字。己巳[二]歸，游南雍[三]。未入監，先訪雲谷會禪師[四]於棲霞山[五]中，對坐一室，凡三晝夜不瞑目[六]。

【注釋】

一、貢入燕都：補貢的人，應該送到京都的國子監學習，所以叫貢入燕都。燕，是北方的地名，此指北京。都，是皇帝所住的城，俗話叫京城。因為當時皇帝住在北京，所以叫做燕都，也稱燕京。

二、己巳：此指西元一五六九年。

三、南雍：就是南京的辟雍，簡單說就叫南雍。古時候皇帝設立的大學堂，叫辟雍，到了明朝，國子監就是皇帝設立的大學堂，所以也稱作辟雍。

四、雲谷會禪師：即法會（一五〇〇—一五七九），明代僧人。嘉善（今屬浙江）人，俗姓懷，字雲谷，時人稱為禪道中興之祖。

五、棲霞山：地名，位於今南京市棲霞區。

六、瞑目：閉上眼睛。

【譯文】

我當選貢生以後，按照規定，要到北京的國子監讀書學習，所以我在北京住了一年。這段時間，我一天到晚靜坐不動，也不看文字。到了己巳年，我回到南京的國子監讀書。在沒有進入國子監以前，我先到棲霞山拜見雲谷禪師，這是一位得道的高僧。我與雲谷禪師兩人面對面，坐在一間禪房裡，三天三夜沒有闔過眼。

【原典釋評】

一切都在按照孔老先生的預測按部就班地發生，了凡在拿到九十一石五斗廩米以後進入燕都，成為貢生。燕都就是北京，北京古代屬於燕地，因此明朝人將北京稱為燕都。朱元璋建立明朝時，原本是定都南京，朱元璋駕崩以後，朱元璋的孫子朱允炆繼位，史稱建文帝。朱元璋的兒子燕王朱棣野心勃勃，發動靖難之役，起兵攻打建文帝。一四〇二年，燕王朱棣在南京登基稱帝，改元永樂，史稱明成祖。而後，明成祖為強化統治，遷都北京，但因為南京是明朝的龍興之地，所以南京成為明朝的陪都，南京的政治機構全部原封不動地保留下來。

由原文可知，了凡成為貢生以後，首先去了北京，並且在北京居住了一年。這一年中，他每日靜坐，不閱讀、不學習，嚴格地貫徹「澹然無求」的人生態度。此時的了凡，對生命自有其定數這個命題深信不疑，這種人生態度也真實地反映在他對待生活、學習的態度之中。

己巳年，了凡回到南京，要進入南京的國子監學習。「南雍」，「南」指南京，如前所述，南京作為陪都，保留全部行政機構，所以明朝有兩個國子監，南京的國子監稱為「南雍」，北京的國子監稱為「北雍」。「雍」指辟雍，辟雍的本義是指周天子設立的大學。辟雍一般為圓形，四周由水池所圍，稱為泮水，前門外設有便橋。東漢以後，歷代皆有辟雍，作為尊儒學、行典禮的場所。了凡在進入南京國子監學習之前，曾經遊歷棲霞山，遇到生命中的另一個引路人——雲谷禪師。了凡和雲谷禪師在禪房內對坐，連續三天三夜沒有闔眼休息，十分投緣，他的餘生也因為此次相遇悄然改變。

【原典】

雲谷問曰：「凡人所以不得作[一]聖者，只為妄念[二]相纏耳。汝坐三日，不見起一妄念，何也？」

余曰：「吾為孔先生算定，榮辱[三]生死，皆有定數[四]，即要妄想，亦無可妄想。」

雲谷笑曰：「我待汝是豪傑[五]，原來只是凡夫。」

【注釋】

一、作：成為。

二、妄念：不切實際或不正當的念頭。

三、榮辱：光榮與恥辱，指地位的高低、名譽的好壞。

四、定數：一定的氣數，定命，定理。

五、豪傑：才能出眾，勝過一百個人的叫豪，勝過十個人的叫傑。豪傑與英雄意思差不多，但是英雄偏指懂一些武藝的，豪傑是性情爽快、度量寬大的人，不一定會武藝，所以文人也可以稱豪傑。

【譯文】

雲谷禪師問我：「凡人之所以無法成為聖人，就是因為胡思亂想的念頭太多，胡思亂想把清淨的心擾得不清淨，最後只會成為一個庸碌無能的凡夫。靜坐了三天，我發現你一個亂念頭都沒有起，這是什麼緣故？」

我回答他：「我的命被孔先生算定了。我命中的榮耀和恥辱，生命的長短，都是註定的數，沒有辦法可以改變。即使妄想得到什麼好處，也是白想，所以就不想了。既然沒有非分之想，心裡也就沒有亂念頭了。」

雲谷禪師聽了，笑道：「我原本以為你是一個了不得的豪傑，沒想到，你原來只是一個庸碌無能的凡夫。」

【原典釋評】

雲谷禪師和了凡對坐三天三夜，發現了凡心思純淨，竟然不曾起過一絲妄念，心中納罕，便問其原因。雲谷禪師的話語透露出兩層含義，一是雲谷禪師和了凡結下不解之緣的原因：對坐三日，了凡不曾起過妄念。這是對上文的總結，也是對下文的鋪墊。了凡因為堅信命中皆有定數才會「澹然無求」，因為「無求」，才會不生出虛妄、不正當的念頭，這是承上。雲谷的問必然會得到了凡的答，這是啟下。

雲谷禪師的話語透露出的第二層含義是，聖人和凡人的區別在於是否會被妄念糾纏。在他看來，脫離妄念，身在妄念之外的是聖人；無法擺脫妄念，身在妄念之中，為妄念糾纏控制的是芸芸眾生。

了凡既然已經「澹然無求」到連妄念都不起一絲一毫，自然也不會說謊騙人。他沒有虛張聲勢地說自己修為多高，而是實事求是地向雲谷禪師道明其中原委：「我這一生都被算定了，每一步都被預測到了，既然生死、榮辱皆是命中註定的，既然我什麼都改變不了，也就沒有什麼可以讓我起妄念的！」

了凡的答案是雲谷禪師始料未及的，於是只能感歎一句：「原本以為你是一個修為高深、可以主宰命運的豪傑，現在看來，也只是一個任由擺布的凡夫俗子！」由此可見，不同的人出現同一種態度或是做出同一種行為，其背後的原因往往不同，有時候甚至大相徑庭。就如雲谷和了凡的對話，雲谷禪師原本以為了凡是一個修為深厚的豪傑，可是實際上，了凡只是一個恪守命數的凡夫俗子。這就啟示我們，在生活中，對任何事不能妄下結論；做出任何結論之前，應該廣泛求證，以免誤解別人或是弄巧成拙。

【原典】

問其故。

曰：「人未能無心，終為陰陽[一]所縛，安得無數[二]？但惟凡人有數；極善之人，數固拘[三]他不定；極惡之人，數亦拘他不定。汝二十年來，被他算定，不曾轉動一毫，豈非是凡夫？」

【注釋】

一、陰陽：古代哲學概念，是古人對宇宙萬物兩種相反相成的性質的一種抽象概括。《易經》中說：「無極生太極，太極生兩儀，兩儀生四象，四象生八卦。」兩儀即「陰陽」兩種數理性質。

二、數：氣數，命運。凡是講起課算命的，不論什麼事情，都有陰陽之分。一切推算的方法，都是從陰陽中變化出來的，所以也可以說陰陽就是氣數。

三、拘：拘束，約束。

【譯文】

聽了雲谷禪師的話，我不明白，便請教他這是什麼意思。

雲谷禪師說：「一個凡人，不可能一點胡思亂想的心都沒有，如果那樣就成佛菩薩了。既然有一顆胡思亂想的心，就會被陰陽所束縛。一個人會被陰陽束縛住，就是被氣數束縛住。會被氣數束縛住，又怎麼能說沒有數？雖然說數是一定的，但是只有平常的人才會被數所束縛。如果是極善之人，數就拘束不住他。因為極善之人，儘管命中註定要吃苦，但是因為他做了極大的善事，這些善事的力量可以讓他由苦變成樂，由貧賤短命變成富貴長壽。極惡的人，數也是拘束他不住的。因為極惡的人，儘管命中註定他要享福，但由於做了極大的惡事，這些惡事的力量會使他的福變成禍，富貴長壽變成貧賤短命。

你這二十年來，被孔先生把命算定了，不能動彈一絲一毫。這樣看來，你如果不是一個凡夫，又是什麼？」

【原典釋評】

然而，此時的了凡對雲谷禪師的心理變化渾然不知，他沒有妄加揣測雲谷禪師問他不起妄念的緣由，因此無法理解雲谷笑著說的那句「我待汝是豪傑，原來只是凡夫」的真正含義，於是便「問其故」。

雲谷禪師也很有耐心地對了凡做出解釋，在雲谷禪師看來，凡夫俗子都有一顆胡思亂想的意識心，這顆心一刻不停地思考、計算甚至妄想，因此人們無法擺脫「數」，就會被陰陽規律束縛，無論如何也無法到達「無數」的境界。從這段回答可以看出，雲谷禪師本來將這個對坐三天三夜的人，看作已經到達「無數」境界的豪傑，誰知道，他正是因為被定數的執念所困，才會不思不想，「澹然無求」。他的無求並非來自於「無數」，而是來自於接受自己身在「數」中的命運，不爭取、不改變，形同塚中枯骨。因此，了凡表現出來的不思不想的「澹然無求」並非雲谷強調的「無數」，而是一直生活在「命運有定」的執念中，以「我什麼都不再想了」來消極應對！

在雲谷禪師看來，凡夫俗子才會按照命運的安排，像行屍走肉一般亦步亦趨，不思變通。若是極善之人，就可以超脫「數」的界限，超越生命的定數，透過自己的行為，譜寫生命的變數；若是極惡之人，也可以掙脫「數」的界限，超越生命的定數，生命亦會因為他的所作所為而發生改變。了凡二十多年來，都困在孔老先生的預測之中，被「數」所拘，未曾行善，亦未曾作惡，所以他的生命還是按照那個軌跡，按照孔老先生的推測，毫無變化地運行，是一個凡夫俗子。

對於了凡而言，孔老先生的預測就是一座山，壓在他的身上，讓他無心看風景，看不到「橫看成嶺側成峰」，也看不到「遠近高低各不同」，只是因為他對孔老先生推算的深信不疑，就一直迷惘地生活在這個原本可以走出去的山中。

【原典】

余問曰：「然則數可逃乎？」

曰：「命由我作，福自己求。詩書所稱，的[一]為明訓。我教典[二]中說：『求富貴得富貴，求男女得男女，求長壽得長壽。』夫妄語[三]乃釋迦[四]大戒，諸佛菩薩，豈誑語欺人？」

【注釋】

一、的：的確，確實。

二、典：此指佛經。以下所說的「求富貴得富貴，求男女得男女，求長壽得長壽」，就是佛經裡的話，《楞嚴經》、《法華經》裡都有說到。

三、妄語：虛妄不實的話，假話。

四、釋迦：釋迦牟尼佛，代指佛教。

【譯文】

我就問雲谷禪師：「按照你這樣說來，究竟這個數，是否可以逃得掉？」

雲谷禪師回答：「命運其實不是一定的，都是由自己決定的；福分也一樣，都要由自己去求，才可以得到。自己行善，自然會有福；自己行惡，自然就折福了。過去詩書裡所說的，的確都是金玉良言。我佛教中的經書裡說：『一個人想要求得富貴，就會得到富貴；想要求得兒女，就會得到兒女；想要求得長壽，就會得到長壽。』這幾句經文的意思，是說一個人只要肯做善事，命運就無法束縛他，命裡本來沒有富貴的也可以得到富貴，命裡本來沒有兒女的也可以得到兒女，命裡本來是短命的也可以得到長壽。假話是佛家的大戒，難道佛菩薩還會說假話來欺騙人嗎？」

【原典釋評】

身在此山中的了凡，過去二十年中皆是按照命運的安排，亦步亦趨地生活，出於被命運安排的無奈，他安靜淡然，無欲無求。現在，他突然聽到一種全然不同以往的論調，有人告訴他，只有凡夫俗子才會安心做命運聽話的傀儡，那些豪傑大善早就超脫「數」的束縛。了凡面對眼前的智者，不禁發出「然則數可逃乎？」的疑問。隨著這個問題的提出，本書漸至佳境。「逃」，是超越、跳脫的意思，人們可以超越原本的定數嗎？

面對了凡「數可逃乎？」的疑問，雲谷禪師從詩書、佛典兩個方面給出解答。雲谷禪師不否認命運的存在，但是他認為人們的命運可以自己掌控，可以透過自身行為加以改變。了凡在遇到雲谷禪師之前，只知道命中有定數，早已透過孔老先生之口得知自己的死期、一生的富貴、此生的後嗣情況，並且認為這一切都不能改變，因此有些無奈地開啟「澹然無求」的生活。因此，對於了凡來說，雲谷禪師的一番話，就像是當頭棒喝一般，將他從渾渾噩噩中敲醒，讓他開始重新認知生命和生活。

越是修為高的人，越是可以深入淺出，雲谷禪師對了凡提問的回答就是很好的例子。雲谷禪師並未用晦澀的語言，也沒有用玄妙的理論，而是從了凡讀書人的身分入手，首先用詩書中的明訓，對了凡循循善誘。他說：「命由我作，福自己求」，也就是說，人們的命運都是自己創造的，人們的福澤都是靠自己爭取的，這個觀點就是對了凡原本秉持的「命皆有定」的觀點的衝擊。雲谷禪師為了使了凡更容易接受這個觀點，特意選用詩書中的說法，可謂煞費苦心。然後，雲谷禪師回歸佛教徒的身分，引用佛典中「求富貴得富貴，求男女得男女，求長壽得長壽」的說法，繼續向了凡闡述人生的定數和變數。富貴、男女、長壽三個方面，正是了凡關心的，也是孔老先生為他算命主要推測的三個方面。這三點可以說是「對症下藥」：「求富貴得富貴」對應了凡補貢、當選四川一大尹，在任三年半；「求男女得男女」對應了凡「惜無子」；「求長壽得長壽」對應了凡「五十三歲八月十四日丑時，當終於正寢」。這三句一出，了凡便會對其產生興趣。雲谷禪師不愧是高僧大德，他的回答並非到此為止，而是以「夫妄語乃釋迦大戒，諸佛菩薩，豈誑語欺人？」的反問，增強語言和觀點的可信度。到此時，了凡對雲谷禪師所說的道理，已經產生濃厚的興趣，並且將這番道理聽到心裡了。

【原典】

余進曰：「孟子言『求則得之』，是求在我者也。道德仁義可以力求，功名富貴，如何求得？」

【譯文】

我聽了以後，心裡還是不明白，又進一步問道：「孟子所說『凡是求起來，就可以得到的』，是說在我心裡可以做得到的事情。若是不在我心裡的事情，怎麼會一定求得到？譬如說道德仁義，那全是在我心裡的，我立志要做一個有道德仁義的人，就可以成為一個有道德仁義的人，這是我可以盡力去求的。若是功名富貴，那是不在我心裡的，是在我身外的，要別人願意給我，我才可以得到。倘若別人不肯給我，我就無法得到，我要怎樣才可以求到？」

【原典釋評】

了凡果然對雲谷禪師的話產生極大的興趣，只是對其真正含義不甚瞭解，因此再次開口請教雲谷禪師。這次提問，了凡引用孟子的話，他說：「孟子言『求則得之』，是求在我者也。」這句話出自《孟子・盡心上》，原文是「求則得之，捨則失之，是求有益於得也，求在我者也」，意思是說，積極尋求就會得到它，捨棄之後就會失去它，這樣的積極尋求之所以有助於得到，是因為我們尋求的東西存在於自身之中。其實，這句話還有後半句，和了凡的提問十分契合，那就是「求之有道，得之有命，是求無益於得也，求在外者也」，意思是說，積極尋求某個東西時有途徑，是否可以得到卻要看命運的安排，這樣的積極尋求之所以無益於得到，是因為我們尋求的東西存在於自身之外。因此，了凡所說的「道德仁義」對應《孟子》中「求則得之，捨則失之，是求有益於得也，求在我者也」；了凡所說的「功名富貴」對應《孟子》中「求之有道，得之有命，是求無益於得也，求在外者也」。從這個問題可以看出，了凡自認為理解孟子的觀點，並且按照他的理解，將人們的訴求分成「求在我者」這類可以力求的，譬如道德仁義，只要嚴於律己、慎獨自省，終究會達到目標；「求在外者」這類無法力求的，譬如功名富貴，存在於自身之外，並非透過嚴於律己、慎獨自省就可以求來，彷彿更要依靠命運的安排。

這是到目前為止，了凡根據雲谷禪師的回答和自己過去學習的知識，對命運這個宏大命題的領悟，他的領悟是否準確？雲谷禪師又會怎樣回答「如何求得功名富貴」這個問題？且看下文。

【原典】

雲谷曰：「孟子之言不錯，汝自錯解耳。汝不見六祖[一]說：『一切福田[二]，不離方寸[三]；從心而覓，感無不通。』求在我，不獨得道德仁義，亦得功名富貴，內外雙得，是求有益於得也。若不反躬內省[四]，而徒向外馳求[五]，則求之有道，而得之有命矣，內外雙失，故無益。」

因問：「孔公算汝終身若何？」

余以實告。

【注釋】

一、六祖：此指被尊為禪宗第六祖的慧能大師。他得到五祖弘忍的衣缽，繼承東山法脈並且建立南宗，弘揚「直指人心，見性成佛」的頓教法門，對中國佛教以及禪宗的弘化具有深刻的意義。

二、福田：佛教用語中，佛教以為供養佈施，行善修德，能受福報，猶如播種田畝，有秋收之利。田，在此不是種五穀菜蔬的田地，而是指心。心裡經常想著行善，做積功德的事情，功德就會像田裡的穀物菜蔬一樣逐漸變大。功德變大，福分就會越多。

三、方寸：指心，即心靈之地。

四、反躬內省：回過頭來檢查自己的過失。躬，自身。省，檢查，反省。

五、馳求：奔走追求。馳，奔跑的意思。

【譯文】

雲谷禪師說：「孟子的話說得沒錯，但是你理解錯了。你沒有看見六祖慧能大師曾經說：『所有的福田，都決定在各人的心裡。福田離不開心，心外沒有福田可尋，所以種的是福還是禍，全是在於自己的內心。只要從內心裡求福，沒有感應不到的！』可以向自己的內心去求，求得的不只是心內的道德仁義，就是身外的功名富貴，也是可以求到的。心內的道德仁義，身外的功名富貴，這兩個方面都可以得到。這就是說，求是有益處的，但是要向心裡去求。一個人命中如果有功名富貴，就是不求也會得到；若是命裡沒有功名富貴，就算是用盡方法也求不到。所以，一個人若不能自我檢討反省，只是盲目地向外面追求功名富貴，就算有很好的求的方法，是否可以得到也只能聽天由命。如果一定要求，不僅身外的功名富貴可能求不到，而且可能因為過分亂求、過分貪婪而不擇手段，導致把心裡原本有的道德仁義也失掉了，這就是內外雙失。所以，亂求是毫無益處的。」

因此，雲谷禪師又開導我，問我：「孔先生替你算命，你這一生一世到底怎麼樣？」

我就把孔先生算我某年考得怎麼樣，某年有官做，何時會死的話，老實詳細地告訴雲谷禪師。

【原典釋評】

了凡果然並未真正領會孟子的話，也未能真正領悟命運這個宏大主題，因此雲谷禪師說「孟子之言不錯，汝自錯解耳」。了凡的理解錯在何處？雲谷禪師並未直接指出，而是引用六祖在《壇經》中的話語，指出了凡的錯解之處。禪師六祖，法號慧能，是佛教禪宗祖師，主張「直指人心，見性成佛」。瞭解六祖的基本主張，我們再來看「一切福田，不離方寸；從心而覓，感無不通」這句話。「方寸」指的就是人心，也就是說，要修身就必須修心，所有的福祉都是由心而來、從心而覓，只要將心修好，不僅可以求得道德仁義，亦可以求得功名富貴。

回答中，雲谷禪師首先指出了凡對孟子關於「求於內」和「求於外」的理解有誤，然後用六祖佛語從側面指出，所有福報都要內求於心，而非外求於物。這段回答是對上文的補充解釋，直接提出「求在我，不獨得道德仁義，亦得功名富貴」的觀點。也就是說，了凡的錯誤在於把道德仁義當作內求於心可得，把功名富貴當作不可內求於心而得。實際上，無論是道德仁義還是功名富貴，都應該向自己內心去尋求，而非向外部尋求。也就是說，內因才是決定因素，外因是隨著內因的改變而變化，所以從內而求才是從根本而求。

當然，雲谷禪師也承認道德仁義和功名富貴有所不同，以客觀內外角度而言，道德仁義這種德行修養是在內的，功名富貴這種生活享受是在外的。雖然從客觀上說二者有所不同，但是以主觀角度而言，二者都應該向心而求。向心向內既可以求得內在德行修養的提高，又可以求得外在生活品質的提升，是「內外雙得」的，這樣的積極尋求是對得到大有裨益的。

最後，雲谷禪師圍繞孟子所說的「求則得之，捨則失之，是求有益於得也，求在我者也；求之有道，得之有命，是求無益於得也，求在外者也」，從向內求的反面——向外求的角度，闡述向外求而得的原因以及向外求的嚴重後果，透過反例來重申向內求、反躬內省才是求取正途。

反躬自省是中國的優良傳統，《論語》一書記載曾子的言論，他說：「吾日三省吾身：為人謀而不忠乎？與朋友交而不信乎？傳不習乎？」其實，歷史上那些建立赫赫功業的偉人，都有反躬自省的習慣。晚清重臣曾國藩為了更好地修身養性，便開始寫日記，「凡身過、口過、意過皆記之」，他的日記如實記錄自己所犯的行為錯誤、言語失誤，甚至並未落實到行動上的心念之過也全部記下，持之以恆地寫下兩百餘萬字的日記，終於完成年輕時定下的目標，成為「內聖」之人。

雲谷禪師指出了凡對孟子所言的理解不當之處，並且從正反兩個方面論證「求在我，不獨得道德仁義，亦得功名富貴，內外雙得，是求有益於得也」之後，便開始將話題引向了凡自身，問他孔先生替他算命的時候，對他的終生做出何種預測。了凡是一個坦誠之人，因此便如實相告了。

雲谷禪師為何會發出此問？又會對命運提出怎樣的看法？這些看法又會如何影響了凡？且看下文。

【原典】

雲谷曰：「汝自揣[一]應得科第否？應生子否？」

【注釋】

一、揣：揣測，估計。

【譯文】

雲谷禪師聽了我的話，又問我：「你自己想想，你覺得自己應該考取這樣的名次嗎？應該有兒子嗎？」

【原典釋評】

本段與上文一脈相承，也是雲谷禪師向了凡拋出問題。然而，這次雲谷禪師是問他，你自己認為自己是否應該考取功名，是否應該有兒子。雖然都是提問，但是角度明顯不同，這一問，不是為了得到一個多麼完美的答案，而是啟發式地、循循善誘地引導了凡跳出孔老先生的語言，從自身出發思考人生，反省過去的經歷，引導他談論自己對於功名、人生等問題的看法。

封建社會後期，受到儒家思想的影響，對一個男性的基本要求就是對朝廷忠誠、對父母孝敬，忠和孝是一個人最基本的品格，也是一個男子最關注的兩件事。第一問「應得科第否」對應的是為國盡忠，第二問「應生子否」對應的是為母盡孝。雲谷禪師的兩個問題，看似平常，看似不經意，實則十分切中肯綮，發人深思。

【原典】

余追省良久，曰：「不應也。」

【譯文】

我反省過去的所作所為，想了很久才說：「我不應該考得功名，也不應該有兒子。」

【原典釋評】

這兩個問題果然引起了凡的深思，他躬身自省了許久，才回答：「不應該考取功名，也不應該有兒子。」其實，追省良久這個行為，就是向心、向我而求的表現，必須認真反省過去的言行舉止，才可以從內心得出自己是否應該考取功名、是否應該有兒子的答案。除了自省之外，這個回答也再次表現出了凡坦誠真實的性格特點，他不虛偽、不掩飾、不做作，可以坦然地面對自己的內心，是很難能可貴的。這也是雲谷禪師願意點撥、教誨他的原因。

【原典】

「科第中人，有福相，余福薄，又不能積功累行一，以基二厚福。」

【注釋】

一、積功累行：累積功德與善行。

二、基：根基。此處作動詞，成為……的根基。

【譯文】

「因為有功名的人，大多有福相。我的相薄所以福也薄，又不能積功德積善行，成為厚福的根基。」

【原典釋評】

了凡用「不應」二字回答雲谷禪師的問題後，並未停住，而是非常坦誠、詳細、清晰地分析自己不應該考取功名、不應該有兒子的原因。這個分析一則說明他的回答確實是經過用心思考的，並非隨口而來，亦非敷衍了事；二則說明他非常有勇氣，敢於正視自己的修養、性格、行為，可以承認自己的不足，面對自己的弱點，這正好是對自身弱點不足進行彌補改善的前提。由此可見，了凡的確「孺子可教也」。

這一段是了凡對自己做出「不應得科第」判斷的原因分析，在他看來，可以考中科第、為國盡忠的人，必定是很有福相，必然是可以造福於民。可是，他自己天生相薄福薄，並且從未透過累積功德、踐行善舉來修福積福，因此不應該得科第。從這個回答中可以看出，了凡正在慢慢地走出「宿命論」的迷霧，雖然未曾「積功累行，以基厚福」，但是可以說出這種話，證明他已經開始意識到人們可以「積功累行，以基厚福」。然而，這種想法在此時只是模糊地存在於他的思想之中，還未成為他奉行的原則、恪守的信條。

【原典】

「兼[一]不耐煩劇[二]，不可以容人。」

【注釋】

一、兼：並且。

二、劇：繁雜細碎的意思。

【譯文】

「別人有些不對的地方，也不能包容。」

【原典釋評】

在上一段自我剖析中，了凡只說自己天生相薄福薄，而且沒有積功累行來修福積福。這種剖析和反省雖然坦誠，但只是整體而論，並未具體說明。在這一段中，了凡對自己進行更具體而嚴厲的剖析和反省。他說自己「不耐煩劇，不能容人」，也就是性情急躁，缺乏容人之量。我們經常說「事緩則圓」，又說「寬容是人的美德」，與人相處之時，如果稜角過於分明、脾氣過於急躁，很容易產生糾紛、形成恩怨。且為官之人，上對天子，下對百姓，中有同僚，間雜情理法度，事情必然是千頭萬緒，性情急躁不能容人，必然也會難以為他人所容，的確不適合科第。

【原典】

「時或以才智蓋人，直心直行，輕言妄談。凡此皆薄福之相也，豈宜科第哉！」

【注釋】

一、蓋：遮蓋，超越。

【譯文】

「有時候，我還會自大，認為自己的才華和智力超越別人，心裡怎麼想就怎麼做，隨便亂談亂講。像這樣各種舉動，都是薄福的相，怎麼可能考得功名！」

【原典釋評】

這一段，了凡主要從行為舉止方面反省剖析自己不應該得科第的原因。了凡認為自己才智蓋人，所以在日常行為中難免恃才傲物，經常「直心直行，輕言妄談」。「直心直行」，就是隨心所欲，只顧自己痛快，不顧及別人感受。「輕言妄談」，是指言語隨便，不謹慎，不考慮後果。有一句話：「天子之怒，伏屍百萬，流血千里；布衣之怒，伏屍二人，流血五步」，地位越高的人，越應該謹慎，越應該懂得控制自己的情緒，因為地位越高的人，其情緒波動或是不謹慎帶來的後果往往越嚴重，這是他的地位帶來的影響力。所以為官之人，應該老成持重，「輕言妄談」乃是大忌。有時候，不經意的一句話，就可能引發非常嚴重的後果。

到此為止，了凡運用「總—分—總」的形式，將自己不應該得科第的原因在整體上歸結為相薄福薄，在具體行為和性格上，歸結為「不能積功累行」「不耐煩劇，不能容人」「直心直行，輕言妄談」三個方面。

【原典】

「地之穢者多生物，水之清者常無魚。」

【譯文】

「喜歡乾淨，原本是好事，但是不可過分，過分就會成為怪脾氣。所以，越是不清潔的地方，越會多生出東西，很清潔的水反而養不住魚。」

【原典釋評】

本段了凡開始剖析反省自己「不應有子」的原因，他並未直接從自身說起，而是用十分常見的現象舉例，引入這個話題。「地之穢者多生物」，大地之上，越是汙穢之處，往往營養越豐富，越有利於五穀雜糧的生長，這其中暗含大地可以「容汙穢」之意，不管是明寫的「穢」，還是暗表的「容」，都大有深意。「水之清者常無魚」，越清澈的水中，越沒有魚願意生活其中，水太清澈，魚的形跡分毫畢現，為漁人捕魚提供便利，卻會損及魚兒性命，因此水清無魚。或是說，水過於清澈，缺少魚兒生長所必需的營養物質，甚至連水草也沒有，所以魚無法在過於清澈的水中生活。這個「清」和之前的「穢」相對，如果按照第二個意思解釋，也就暗含「不能容」之意。這句話非常巧妙，既可以與前文所說的「不能容人」相互對應，又可以引出下文不應該有兒子的第一個原因。

【原典】

「余好潔，宜無子者一。」

【譯文】

「我過分地喜歡清潔，就變得不近人情，這是我沒有兒子的第一個原因。」

【原典釋評】

了凡有潔癖，這是他剖析總結出的自己不應該有兒子的第一個原因。「好潔」二字和前段中的「穢」「清」遙相呼應，是由此及彼，由物及人。其實，喜歡清潔、愛好整齊，本來是非常好的習慣，可是凡事過猶不及，愛好清潔過了度，就會變成潔癖，這種人往往對別人的容忍度很低，會用自己對於清潔和整齊的要求來要求別人，很難與人有親密互動。

【原典】

「和氣能育萬物，余善[一]怒，宜無子者二。」

【注釋】

一、善：喜歡，容易。

【譯文】

「天地之間，要靠溫和的日光、和風細雨的滋潤，才可以生長萬物。我經常生氣發怒，沒有一點和育之氣，怎麼會生兒子？這是我沒有兒子的第二個原因。」

【原典釋評】

本段是了凡對自己不應該有兒子的第二個原因進行的剖析，他經常生氣、十分易怒，為人不和善圓柔。看似易怒和無子之間並無直接關係，但是加上第一句的「和氣能育萬物」，再引出善怒無子，就順理成章了。天地萬物都是在一種和合的狀態下，才可以正常地生長發育，不管是某些養分的缺失還是過剩，都會對它們的生長發育造成不利影響，人們也是一樣。善怒說明怒氣過多，怒氣多的人眼中就會有許多難容之事。現代醫學也已經證明，容易發怒生氣、情緒波動較大之人，罹患心臟病的機率大於其他人。

【原典】

「愛為生生之本，忍為不育之根，余矜惜「名節，常不能捨己救人，宜無子者三。」

【注釋】

一、矜惜：愛惜。

【譯文】

「仁愛，是生的根本，若是心懷殘忍，沒有慈悲，就像果子沒有果仁一樣，怎麼會長出果樹？所以說，殘忍是不能生養的根由。我只知道愛惜自己的名節，不肯犧牲自己去成全別人，積一些功德，這是我沒有兒子的第三個原因。」

【原典釋評】

了凡是讀書人，因此他懂得的道理不少，只是很多時候無法身體力行。本段的「愛」指「仁愛」，仁愛是儒家十分推崇的道德觀念，內涵十分豐富，但本質上都是在強調與人為善、推己及人；「忍」在此處是殘忍、殘酷的意思，也就是沒有仁愛之心，不能心懷慈悲。了凡先是用「愛為生生之本，忍為不育之根」總結概括一種普遍適用的道理，那就是仁愛之心是生命產生的根本，狠心殘忍、沒有仁愛之心是無法產生後代的根源。然後將這個普遍適用的道理引到自己身上，「余矜惜名節，常不能捨己救人」，我是一個愛惜名節的冷漠之人，所以在別人需要幫助的時候不能施以援手，更不能捨己救人，這是了凡總結自己不應該有兒子的第三個原因。

【原典】

「多言耗氣，宜無子者四。」

【譯文】

「說話太多容易傷氣，我又多話，傷了氣，因此身體很不好，哪裡會有兒子？這是我沒有兒子的第四個原因。」

【原典釋評】

前面三段，了凡主要從性格、行為特點方面總結自己不應該有兒子的原因，在這段中，了凡將視角轉向身體，從生理角度對自己不應該有兒子的原因進行剖析和總結。他認為自己喜歡說話，從中醫養生的角度來說，說話多非常耗損精氣，精氣的正常化生對各項生命活動都有重要意義，因此精氣不足的人身體肯定不會有多好。在本段中，了凡將自己不應該有兒子的第四個原因總結為「多言耗氣」。

【原典】

「喜飲鑠[一]精，宜無子者五。」

【注釋】

一、鑠：銷毀，損耗。

【譯文】

「一個人全靠精、氣、神活命，我喜歡喝酒，酒容易消散精神。一個人精力不足，就算生了兒子，也是不長壽的，這是我沒有兒子的第五個原因。」

【原典釋評】

這一段，了凡從生理之中的飲食習慣上總結自己不應該有兒子的原因。他說自己「喜飲」，這裡的「飲」指飲酒。了凡喜歡喝酒，飲酒過度會嚴重影響身體健康已經成為現代社會的共識，喜歡喝酒的了凡，可能身體狀況不會太好，用他的話來說就是「喜飲鑠精」，這是他認為自己不應該有兒子的第五個原因。

【原典】

「好徹夜長坐，而不知葆元毓神一，宜無子者六。」

【注釋】

一、葆元毓神：葆，同「保」。毓，同「育」。保養元氣，培育精力的意思。

【譯文】

「一個人白天不應該睡覺，晚上不應該不睡覺；我喜歡整夜長坐，不肯睡，不曉得保養元氣精神，這是我沒有兒子的第六個原因。」

【原典釋評】

這一段，同樣是從生活習慣方面對自己不應該有兒子的原因進行剖析總結。萬物有時，想要保持身體健康，生活習慣應該與自然規律相合。晚上是睡覺的時候，健康的生活方式應該是早睡早起，可是了凡「好徹夜長坐」，經常整夜不睡覺，長坐不眠。這樣的生活方式會破壞人體的陰陽平衡，損耗元氣精神，不懂得保養身體的人，確實不易有子。

【原典】

「其餘過惡尚多，不能悉數。」

【譯文】

「除此之外，我還有很多其他的過失與罪惡，說也說不完。」

【原典釋評】

本段是一個節點，上述幾段中，了凡分別從性格特點、行為方式、生活習慣等心理和生理方面，將自己不應該有兒子的原因總結為「好潔」「善怒」「矜惜名節，常不能捨己救人」「多言耗氣」「喜飲鑠精」「好徹夜長坐，而不知葆元毓神」六個方面。在雲谷禪師循循善誘的追問之下，了凡對自己的性格、行為、生活習慣等方面展開深刻的剖析，並且十分有條理、非常客觀、極其坦誠地將自己的反思告訴雲谷禪師。進行這些深刻反省之後，了凡仍覺不夠，說自己「其餘過惡尚多，不能悉數」。僅僅這一點，大多數人就做不到。

坦然面對過往，發現自身的不足，是改造命運的第一步。深刻剖析總結自己的不足之後，才可以針對這些不足之處進行改正，不斷地提升自身的修養心性，這就是向內向心而求。在有定數的生命中，命運改變了，身外的功名富貴、後代子孫自然就會到來。

【原典】

雲谷曰：「豈惟科第哉？世間享千金之產者，定是千金人物[一]；享百金之產者，定是百金人物；應餓死者，定是餓死人物。天不過因材而篤，幾曾加纖毫[二]意思。即如生子，有百世之德[三]者，定有百世子孫保之；有十世之德者，定有十世子孫保之；有三世二世之德者，定有三世二世子孫保之；其斬焉四無後者，德至薄也。」

【注釋】

一、千金人物：可以承受擁有千金財富的福報的人物。之後「百金人物」，比照解釋。

二、纖毫：細微的意思。

三、百世之德：累積百代的善行或功德。

四、斬焉：斬，斷絕的意思。焉，語氣詞。

【譯文】

聽了我的話，雲谷禪師說：「按照你這樣說來，何止是你不應該擁有科第，恐怕還有很多東西也不是你應該得到的！可以享有價值一千金產業的，一定是一個可以承擔一千金福報的人；可以享有價值一百金產業的，一定是一個可以承擔一百金福報的人；應該餓死的，一定是應該遭受餓死報應的人。上天只是根據各人的福報對待他，何曾另外增加一絲一毫其他的東西？就像生孩子，累積百代功德的人，一定會有一百代的子孫，來保住他的福；累積十代功德的人，一定會有十代的子孫，來保住他的福；積了三代或是兩代功德的人，一定會有三代或是兩代的子孫，來保住他的福；那些只享有一代的福，到了下一代就斷絕子孫的，是因為他功德太薄或是積的罪孽太多了。」

【原典釋評】

雲谷禪師引導了凡對自己不宜科第、不宜有子的原因進行深刻反省剖析之後，便開始點撥他，為他解讀命運的奧義。這一段乍看之下彷彿也在說命運有定，其實結合前文便可知道，雲谷的本意是在勸說了凡積善行德，告訴他命運並非來自上天的安排，而是源於自己的言行舉止累積的福德。也就是說，命運是掌握在自己手中，人是應該向善的。

雲谷禪師從科第、富貴、後代子孫三個方面說明積善行德的重要性。「豈惟科第哉？」是在說科第功名之事，但是雲谷禪師並未詳細分析積善行德對科第功名的重要性，而是用一句反問，把話題引到富貴之上。

雲谷禪師認為積善行德會影響人們的財富，他說：「世間享千金之產者，定是千金人物；享百金之產者，定是百金人物；應餓死者，定是餓死人物。」從正反兩個方面闡述積善行德對財富累積的影響。那些可以享受「千金之產」的大富之人，是因為他們廣積善行、廣施善緣，為自己累積厚福，使自己成為「千金人物」。那些可以享受「百金之產」的較富之人，是因為他們在生活中注重積善行、施善緣，雖然所積所施並未到達大富之人的程度，但是同樣為自己累積福祉，成為「百金人物」。那些連飯都吃不飽的人，不是命運不肯垂青他，而是他不能善待命運，未曾為自己積善行德，以致相薄福薄，把自己糟蹋成「餓死人物」。

「天不過因材而篤，幾曾加纖毫意思」，有些人不積德行善，因此挨餓受凍，與富貴無緣，卻要說是命運弄人。其實，上天是最公平的，只是秉持進善懲惡的規律來對人，沒有自己的好惡偏向，也不會刻意加重、減輕什麼。所以，與其怨恨上蒼，不如問問自己，言行舉止有何欠妥之處需要糾正改善。

為了更好地說明這個道理，雲谷禪師又以後代子孫為例，進行詳細的分析。他說：「即如生子，有百世之德者，定有百世子孫保之；有十世之德者，定有十世子孫保之；有三世二世之德者，定有三世二世子孫保之；其斬焉無後者，德至薄也。」封建社會，將子嗣之事看得很重，多子多孫就是多福。那些德行深厚的家族，都是有傳承的，家風家規家學一脈相傳。俗語中所說的「富不過三代」，只是因為他們的福德沒有修行到可以傳承百世、十世的程度。

【原典】

「汝今既知非，將向來[1]不發科第[2]，及不生子之相，盡情改刷[3]。」

【注釋】

一、向來：先前的意思。

二、不發科第：從前取得科第，叫做發科發甲，所以不發科第，就是沒有取得科第。

三、改刷：改正、改過之意。就像碰到不潔淨的東西，把它洗刷潔淨。

【譯文】

「你既然知道自己的錯處，就應該把之前不能得到功名和沒有兒子的各種福薄之相，盡心盡力改得乾淨。」

【原典釋評】

本段中，雲谷禪師第一次直接用言語表達命運可以改變的意思，他對了凡說：「既然你現在已經知道自己過去的錯誤之處，就應該努力改變自己不能取得科第功名、無法有子嗣後代的福薄之相，而且要改就要改得徹底、乾淨。」

首先，這是雲谷禪師首次直接用言語表達「盡情改刷」命運之意。其次，雲谷禪師為了凡指明改變的方向，要改什麼？當然是改了凡經過深刻自省而剖析出來的自己的不足之處，總結來說就是福薄之相，分開來看就是「科第功名」和「子嗣後代」。這也從側面說明，雲谷禪師對了凡的自我剖析和反思十分滿意，因此才會讓他按照這個方向加以改正。

躬身自省是改刷福薄之相的前提，改刷則是自省的目的，想要主導自己的命運，這兩個方面缺一不可。

應該如何改刷「不發科第，及不生子之相」？且看下文。

【原典】

「務要[一]積德，務要包荒[二]，務要和愛，務要惜精神。」

【注釋】

一、務要：一定要，務必。

二、包荒：包容荒穢的意思，就是要包容一切，不揭穿別人的短處。

【譯文】

「一定要積德，一定要包容一切，一定要對人和氣慈悲，一定要愛惜自己的精神。」

【原典釋評】

雲谷禪師在上段提出，既然了凡深刻反省自己過去的各種過失，就應該竭盡全力地加以改正，這樣便能改變自己不發科第、不生子的福薄相。本段和上段緊密相連，雲谷禪師針對了凡反省的各種過失，為他指明「積德」「包荒」「和愛」「惜精神」的改過之法。

「務要積德」是雲谷禪師提出的第一個改過之法，是針對了凡「不能積功累行，以基厚福」提出的。要積德就要從日常生活中的言行舉止做起，心懷善意，不惡語傷人，不做傷人之舉，與人為善，助人為樂。看到別人情緒低落，可以好言勸慰；看到別人有困難，可以在自己的能力範圍內施以援手。積德不是燒香拜佛，而是在心裡存善念，在行動上做善事，在言語上說善言。

「務要包荒」是雲谷禪師提出的第二個改過之法，是引導其開闊心胸，學會包容。這一點主要是針對了凡「不耐煩劇，不能容人」提出的。一個人的包容度是其度量的展現。一個眼中只有自己的人，難以包容別人；一個吹毛求疵的人，也難有包容之心。可以包容的人必然是內心平和的，可以客觀冷靜地看待世間諸事、諸人。北京潭柘寺彌勒殿的一副楹聯，寫的是：「大肚能容，容天下難容之事；啟齒便笑，笑世間可笑之人。」這副對聯唯妙唯肖地描摹彌勒佛慈眉善笑、大肚能容的特點，又將其加以延伸，成為勸人寬容大度、胸懷開闊的箴言。

「務要和愛」是雲谷禪師提出的第三個改過之法，主要是針對了凡「直心直行，輕言妄談」「善怒」「矜惜名節，常不能捨己救人」提出的。「和」就是平和，不激動、不易怒，可以與外物他人和諧相處；「愛」就是仁愛，有慈悲心、有惻隱心，可以對別人的喜怒哀樂感同身受。「和愛」是講述自己與別人、與外物的相處原則。只有放下成見、放下對峙，才可以真正做到和善愛人。如何可以做到仁愛平和？《論語・雍也》篇中寫道：「夫仁者，己欲立而立人，己欲達而達人。」也就是說，想要自己立足，也要讓別人立足；想要自己通達，也要讓別人通達。和愛，不是單打獨鬥，更不是恃才傲物，而是心中除了自己還有別人，「己所不欲，勿施於人」。

「務要惜精神」是雲谷禪師提出的第四個改過之法，主要是針對了凡「多言耗氣」「喜飲鑠精」「好徹夜長坐，而不知葆元毓神」等不良生活習慣提出的。古人十分注重養生，認為精氣是一個人全部的生命活動必須依託的基本物質，說話多、喜歡飲酒、夜不眠等不良習慣，都會損耗一個人的精氣，精氣不足會導致精神不濟，長此以往就會損及身體健康，所以想要長壽，必須「惜精神」。

【原典】

「從前種種，譬如昨日死；從後種種，譬如今日生。此義理再生之身[一]。」

【注釋】

一、義理再生之身：指精神再生的生命。

【譯文】

「從前的一切，譬如昨日，已經死了；以後的一切，譬如今日，剛剛出生。可以做到這樣，就是你重新再生一個義理道德的生命。」

【原典釋評】

雲谷禪師從「積德」「包荒」「和愛」「惜精神」四個方面點撥了凡改過之後，又教導他如何對待過去、未來以再生義理之身。

李白在《宣州謝朓樓餞別校書叔雲》一詩中寫道「棄我去者，昨日之日不可留」，陶淵明在《歸去來兮辭》中寫道「悟已往之不諫」，這就是古人對待過去的態度，也就是雲谷禪師主張的「從前種種，譬如昨日死」。過去的已經過去，無法重回，無可改變，因此要把從前的一切當作已然死去一樣，不再追悔。這是在教導了凡「放下」，只有放下曾經的錯誤，不耿耿於懷，才可以迎接全新的今日。其實，不僅僅是昨日的錯誤，過去的輝煌、苦痛、成績、失敗，都是應該放下的。如果執著於過去，不肯放下，最後傷害的只是自己。

若能放下過去，一切歸零，今天就會是一個全新的開始，就可以獲得一個全新的、再生的義理之身。成語「不破不立」，也是此意。陶淵明已經告訴過我們，「知來者之可追」。最早的開始永遠是現在，猶豫、彷徨、懊悔，除了耽誤時間，並無其他用處。

【原典】

「夫血肉之身，尚然有數；義理之身，豈不能格天[一]。太甲[二]曰：『天作孽，猶可違；自作孽，不可活。』」

【注釋】

一、格天：感動上天。也可以理解為人們清淨、誠懇的心，可以與天相通。

二、太甲：商湯的嫡長孫，太丁之子，叔父仲壬病死以後繼位，由四朝元老伊尹輔政，後來病死，在位二十三年。此指《尚書》中的一篇文章的標題名，文章寫的是伊尹輔佐太甲執政的事。

【譯文】

「我們這種血肉之身，尚且有一定的數，哪有這種符合義理之身，反而不能感動天的道理？《尚書・太甲》篇裡說：『上天降給你的災禍，或許還可以避開；一個人要是自己作孽，一定會受到報應，不可能再舒服地活在這個世界上。』」

【原典釋評】

本段仍舊圍繞義理之身展開，原文說：「夫血肉之身，尚然有數；義理之身，豈不能格天。」想要明白這句話，首先要明白「血肉之身」和「義理之身」這組相對概念。所謂血肉之身，就是指凡夫俗子的平凡之軀、平凡之心。凡夫俗子與得道高人的最大區別在哪裡？那就是凡夫俗子被欲望驅使，成為欲望的奴隸，在妄念與執著中所說的所有話語、所做的所有行為，都無法脫離定數，因此一生的禍福吉凶可以被精確推測。凡夫俗子相信命運，也不知不覺地屈從命運。義理之身則不然，義理之身是超脫執著與妄念的純淨的道德之身、道德之心。修練出義理之心、擁有義理之身的人，物我兩忘，無牽無著，早就超脫定數，可以靠著自己的修為轉危為安，趨吉避凶。擺脫血肉之身的貪欲妄念，不斷改正自身的缺點，從自私自利到擺脫小我，不再將目光盯在自己的私利之上，以大公無私的胸懷，為百姓、為社會造福，就可以修出一顆義理之心，修成一個義理之身。「格天」是感通上天之意，因為義理之身的積善行德、大公無私，所以可以感通上天，超越定數，改變命運。

因此，義理之身有兩個特點：一是純淨無礙，就是六祖慧能描述的那種至真至誠、無牽無著、物我兩忘的境界，也就是：「菩提本無樹，明鏡亦非台。本來無一物，何處惹塵埃？」二是大義無私，因其純淨，所以沒有私欲，可以超脫小我，言行舉止無不在積福積德，因此這樣的道德生命、義理之身可以感通上蒼。血肉之身和義理之身的區別，正如司馬遷在《報任安書》中所寫：「人固有一死，或重於泰山，或輕於鴻毛，用之所趨異也。」

太甲是商湯的嫡長孫，在伊尹的支持下繼承王位，成為殷商的第四任君主。太甲繼位以後，伊尹寫下數篇文章，教導太甲遵照祖先的法制，努力做一位明君。在《肆命》一文中，伊尹專門論述如何區分是非曲直，何事當為，何事不當為；在《徂後》一文中，伊尹為太甲講述商湯時期的法律制度，引導太甲遵照祖先法制行事，不能背棄祖訓，為所欲為。起初，太甲很受教，按照伊尹的教導行事。三年之後，太甲得意忘形，認為自己身為君主，應該擁有決定一切的權力和統治群臣的權威，因此對伊尹的教導心生不滿，開始恣意妄為。他不聽伊尹的規勸，肆意破壞祖宗法制，而且殘忍暴虐，竟然仿效夏桀的惡行對付百姓，使得怨聲載道。伊尹再三規勸無果，便將太甲放逐到商湯墳墓所在的桐宮，令其反省，自己攝政當國，這個歷史事件被稱為「伊尹放太甲」。太甲在桐宮閉門思過，三年之後，伊尹將其迎回亳都，歸還政權。太甲重新當政以後，修身立德，諸侯臣服，百姓安寧。《尚書》記載，太甲重新執政以後，對伊尹心存感激，因此以「天作孽，猶可違；自作孽，不可活」表達自己的悔意，同時表達對伊尹的感謝。

「天作孽，猶可違；自作孽，不可活」這句話，很多人都知道，但是人們幾乎不知道它出自一位改過自新的君王之口，也很少有人可以真正理解其中的深意。上天按照規律運行，客觀公正，無偏無私，因此難免有「作孽」之時，難免有不善之舉。然而，天命並非一成不變，因此它作的孽，行的不善，是可以改變的，改變這種天定命運的關鍵在於積善行德。所以，前半句還是在強調，命運可以改變，可以自己掌握、自己主宰。「自作孽，不可活」是站在當時當下，勸人向善的。也就是說，一個人如果執迷不悟，不斷作惡，就是在自尋死路，必然會自食惡果。

也有人把「天作孽，猶可違」中的「天」理解為不受人力控制的自然災害，認為這句話是說，上天降下自然災害，人們眾志成城，互相幫助，就可以將這種災害的危害降到最低。從這個角度來說，我們不僅可以降低災害的危險，而且可以避免某些災害的發生。

【原典】

「詩云：『永言配命，自求多福。』」

【注釋】

一、「詩云」兩句：詩，指的是《詩經》。「永言配命，自求多福」，永，是恆常之意；言，是「念」；配，是「合」；命，是「天道」。意思是說，人們要時常反省自己做的事，是否符合上蒼的意思。這樣做，就會有很大的福報。福是自己求的，一切全靠自己。

【譯文】

「《詩經》上也說：『人們應該時常反省自己的所作所為是否合乎天道。這樣，很多福報不用求，自然就會有了。因此，求禍求福，全在自己。』」

【原典釋評】

這裡的「詩」指《詩經》。《詩經》是中國古代詩歌的開端，也是中國最早的一部詩歌總集，書中收集西周初年至春秋中葉的三百多篇詩歌。先秦時期，《詩經》被稱為《詩》，或取其整數稱為《詩三百》；西漢時期，其被尊為儒家經典，開始被稱為《詩經》，並且沿用至今。在內容上，《詩經》分為《風》、《雅》、《頌》三個部分。《風》是周代各諸侯國的民歌；《雅》分為《小雅》和《大雅》，是周王直接統治地區的正聲雅樂；《頌》分為《周頌》、《魯頌》、《商頌》，是周王室和貴族宗廟祭祀的樂歌。孔子曾經修訂此書，並且將其宗旨歸納為「無邪」，他教育弟子要經常誦讀《詩經》，將其作為立言、立行的標準。

「永言配命，自求多福」一句選自《詩經・大雅・文王》。這首詩是《大雅》的第一篇，主旨是讚頌周王朝的開創者周文王順應天命、建功立業、為周朝創立奠定基礎的豐功偉績。「永言配命，自求多福」一句的本意是說，周文王順應天命，因此上天降下福祉保佑文王，護佑周王朝。

雲谷禪師勸說、引導讀書人了凡，因此引用讀書人必讀的《尚書》、《詩經》等書籍，一來是想要說明天命可違、命運可改的道理；二來是想要告知了凡應該如何改過自新，「永言配命，自求多福」就是改過之法。「永」是「永遠、經常」的意思，「配命」是反省一下，自己的所作所為、所思所想所言是否「上合於天命」，合於天命的義理之身，可以感通上天。這仍然是勸人積善行德、不斷向善之意，因為天命無私，若能把自己的內心修練得如同上天一般，拋卻私利雜念，平等對待所有事情和所有人，上天必能感通，這樣一來，即使不求福，福祉也會降於其身。因此，「永言配命，自求多福」同樣是在勸導了凡透過不斷修身修心，自然地身在福中，不知不覺地累積福祉。

【原典】

「孔先生算汝不登科第，不生子者，此天作之孽，猶可得而違；汝今擴充[一]德性，力行善事，多積陰德。」

【注釋】

一、擴充：放大的意思。

【譯文】

「孔先生算定你不能考取科第，沒有兒子，這是上天制定的定命，還是可以避免的。你現在要擴充本來就有的道德天性，多做一些善事，多積一些陰德。」

【原典釋評】

雲谷禪師先後引用《尚書》、《詩經》，向了凡說明命運可以改變、可以由自己掌握的道理，然後又為他指明積德行善的改過之法。可是，應該如何具體地積德行善？本段給出了答案。雲谷禪師認為積德行善主要有兩個方面：在內是提高道德修養，修練本心，不斷擴充天生就有的道德天性；在行為這個外在表現上，則是隨著內心修養的不斷提高、道德天性的不斷擴充，真心實意地多行善事。而且，不論是對內「擴充德性」還是對外「力行善事」，都要做到「多積陰德」，如此便可向心而求，內外雙得。

何為「陰德」？所謂陰德，就是積德行善時真心實意，不求名利，不張揚，不作秀，這樣所積之德才是真正的德。若做一些好事就四處宣揚，沾沾自喜，這樣未必是好事，最起碼不如真心實意、腳踏實地、但憑本心、不求人知的好。因為一個心思純淨、不好名利的人，必然是低調的、真善的，等到福報越積越多、越積越厚，便能改變自己的命運，甚至幫助更多的人改變命運。

在這個紛繁複雜的社會中，有些人唯恐別人不知道自己做了好事，更有甚者，沒有做好事，卻想讓別人宣傳自己做了好事，這些不是真正的善，甚至是偽善，非常不可取，應該摒棄。

【原典】

「此自己所作之福也，安得而不受享乎？《易》為君子謀[一]，趨吉避凶。若言天命有常[二]，吉何可趨，凶何可避？開章第一義[三]，便說：『積善之家，必有餘慶[四]。』汝信得及否？」

【注釋】

一、謀：替人打算的意思。

二、有常：有定數，有規定。

三、開章第一義：開章，指書的開頭。第一義，指《易經》在開頭「坤卦」裡就說到「積善之家，必有餘慶」。

四、餘慶：多餘的福報。

【譯文】

「這就是自己所造的福。自己造了福，自然會有好報，別人無法奪走，自己怎麼會不能享受這種福分？《易經》這部書，講述的都是天道人道，警誡人們要小心謹慎，勿做壞事，都是替君子打算的，告訴他要避開凶險的地方、凶險的事情，向著吉祥的地方去。如果說上天給人們的命是有定數的、無法改變的，又怎麼可能向著吉祥的地方去？又怎麼可能避開凶險？所以《易經》在開頭就說：『積善之家，必有餘慶。』意思是說，一個人只要可以專做善事，累積功德，就可以享有長久的福報；不僅是自己有福，多餘下來的還可以傳給子孫享有。這個道理，你相信嗎？」

【原典釋評】

自己身體力行，用善言善行累積的福報，別人搶不走，只有自己才可以享受得到。透過「擴充德性，力行善事」，就可以達到多積陰德的效果，陰德積多了，福氣自然就來了。這種福氣是透過自己不斷修練、不斷踐行而累積的，就算是窮凶極惡的強盜也無法將其搶走。因為它雖然看不到摸不著，但是只要累積了，就會無處不在地跟隨在自己身邊，保佑自己，安享此福。

這裡的「易」指《易經》，是中國傳統經典之一，相傳是周文王姬昌所作，分為《經》、《傳》兩個部分。《經》主要是六十四卦和三百八十四爻及對其進行解釋說明的卦辭和爻辭，一般用作占卜。《傳》是孔門弟子對《周易》經文的注解和對筮占原理及功用等方面的論述，共有七種十篇，統稱《十翼》。漢武帝即位以後，為了加強中央集權制，採納董仲舒「獨尊儒術」的建議，仿效先秦與漢景帝把道家黃帝與老子的著作稱「經」的做法，也把孔子儒家的著作稱為「經」。《周易》和《易傳》被稱為《易經》，或直接稱為《易》。自此以後，《周易》、《易經》、《易》混合使用，有稱《周易》，有稱《易經》，有稱《易》，其實含義一致，均指六十四卦及《易傳》，一直沿用至今，仍然沒有嚴格區分。有些學者為了區分《周易》經傳之不同，稱六十四卦及卦爻辭為《周易古經》，稱注釋《周易古經》的十篇著作（《易傳》）為《周易大傳》。《周易》是中國傳統思想文化中自然哲學與人文實踐的理論根源，是古代漢民族思想、智慧的結晶，被譽為「大道之源」。《周易》的內容極其豐富，對中國幾千年來的政治、經濟、文化等領域產生極其深刻的影響。關於「周易」一詞，有很多不同的解釋，但是接受度較高的有兩種：一是認為《周易》是周代的占筮之書；二是認為「易」乃變化之意，因此將《周易》當作一本以變化為主題的古籍。

雲谷禪師藉由《易經》一書，再次向了凡闡述天命變化，命運可改、可控的道理。「《易》為君子謀，趨吉避凶」，在雲谷禪師看來，《易經》這本書是一本寶典，可以教給君子趨吉避凶的方法。既然這本書可以教人趨吉避凶的方法，就說明吉是可以趨近的，凶是可以避免的，也就隱含命運是可以改變的這個命題。若天道有常，無可改變，無論如何也做不到趨吉避凶。

人是不斷變化的，多行一善，多積一福；多行一惡，多損一福。在這樣的加減中，凡俗之人不會偏離有常的天命，所以這類人的命運一般可以被預測，而且較為準確。孔老先生為了凡算命以後，他淡然無求，既不作惡，也不行善，因此一直循著既定軌跡運行，就會更顯得預測之準確。但是，世界上的大善大惡之人，因其行善或是作惡太多，以致其運行軌跡已經偏離既定軌跡，所以這類人不會被命運所拘，這與之前的內容是一致的，也是相互對應的。

了凡身為讀書人，《易經》又是群經之首、設教之書，所以了凡必然讀過《易經》，但是其中的真義，他卻未能全然明瞭。直到此時，雲谷禪師以《易經》為例，向他闡述命運可變之理，他才恍然大悟，原來「其中有真義」，只是自己視而不見。本段中，雲谷禪師繼續以《易經》為例，引導了凡積善改命。然而，雲谷禪師並未直接說教，而是循循善誘地問了凡：「《易經》的開章第一義就說，可以積善行德的家族，必定有餘慶，你信不信？」經過雲谷禪師的指點，了凡應該可以發現《易經》這本書中藏著自己視若無睹的人生真諦。

【原典】

余信其言，拜而受教。因將往日之罪，佛前盡情發露[一]，為疏[二]一通[三]，先求登科，誓行善事三千條，以報天地祖宗之德。

【注釋】

一、發露：抒發，傾訴。此指把過去的罪愆在佛前表白出來。

二、疏：疏表，相當於現在的「報告書」或「祈禱文」。

三、一通：古代以擂鼓三百三十六槌為一通，也指公文一件。此取後者。

【譯文】

我相信雲谷禪師的話，並且向他拜謝，接受他的指教。因此，我把過去所有的罪惡過失，不管輕的重的，大的小的，全部在佛菩薩面前說出來，以求改過；我又寫了一篇疏文，祈告上蒼，先祈求自己可以考取功名，同時立誓做三千件善事，以報答天地神祇及歷代祖宗對我的大恩大德。

【原典釋評】

「余信其言」，簡短的四個字，卻透露著大智慧，也是了凡可以改變命運、脫離推算的關鍵。「余信其言」這四個字的核心在於「信」，了凡聽到善言，可以從善如流、深信不疑，然後身體力行，這就是其改變命運的關鍵。

古往今來，無數的案例已經證明，一意孤行、剛愎自用不會有好下場，廣納善言、從諫如流不僅可以造福自己，而且可以造福百姓，還可以流芳百世。前者如西楚霸王項羽，後者如海納百川的唐太宗。

項羽是楚國名將項燕的孫子，身為武將，項羽所向披靡，神勇無敵，贏得古人「羽之神勇，千古無二」的高度稱讚。早年，項羽跟隨叔父項梁在吳中起義，項梁去世以後，他率領大軍渡河救趙王歇，還在鉅鹿之戰中大敗秦軍主力。秦朝滅亡以後，項羽自稱西楚霸王，而後和漢王劉邦展開長達四年的楚漢爭霸。楚漢之戰中，劉邦屢屢敗退，項羽本來有機會殺死劉邦，但是他始終不肯完全相信亞父范增，聽從范增的建議除掉劉邦，在鴻門宴上猶豫不定，放走劉邦，最終反被劉邦所滅，兵敗垓下，烏江自刎。如今《霸王別姬》的經典曲目猶在，虞姬舞劍唱起「漢兵已略地，四面楚歌聲。大王意氣盡，賤妾何聊生！」的離歌時，不知道鴻門宴那日項莊舞劍的身影是否再次浮現於霸王的眼前？這就是不信他人言，一意孤行的慘痛代價！

唐王朝的第二任皇帝唐太宗李世民，與西楚霸王項羽形成鮮明對比。玄武門之變以後，李世民即位，改元貞觀，吸取隋煬帝拒諫亡國的教訓，盡力求言，從諫如流，擴大諫官權力，鼓勵群臣積極進諫，批評自己的決策和過失。魏徵一生進諫兩百餘次，曾經多次在朝堂上直陳太宗過失，陷太宗於窘境之中，但是唐太宗卻可以從善如流，並且在魏徵亡故以後，發出「夫以銅為鏡，可以正衣冠；以史為鏡，可以知興替；以人為鏡，可以明得失。魏徵沒，朕亡一鏡矣！」的感慨。唐太宗在位期間，積極聽取群臣的意見，以文治天下，虛心納諫，厲行節約，勸課農桑，使百姓可以休養生息，國泰民安，開創中國歷史上著名的貞觀之治。這就是信人善言，從善如流的結果！

了凡聽了雲谷禪師一席話，深以為然，受益頗多，心有所悟，因此「信其言」。他對雲谷禪師十分敬仰感激，因此「拜而受教」。一個「拜」字，便將了凡尊師重教的態度表現得淋漓盡致。得到孔老先生的教誨時，了凡也是如此禮敬有加，由此可見，這是他對待老師、長者的一貫態度，既禮貌又敬重，這一拜是其內心真誠感念的真實流露。「信其言」和「拜而受教」是了凡對雲谷禪師及其教誨的態度，但是把這個態度落到實際上，最終還是要看行動，否則就是隨便說說的空話。

此後，了凡做了兩件事：一是在佛陀面前將往日的各種罪過和盤托出；二是專門作了一通疏文，來表達自己懺悔的真誠和改過的決心。了凡經過雲谷禪師的點撥，真心懺悔，誠心改過，並且許下第一個願望——求登科。登科又稱登第，是指在科舉考試中通過最後一關，考中進士。在了凡原有的命數中，本來是不能登科的，現在他求登科，若能成功，就可以證明命運可改。登科在古代是極其光榮的事情，登科之後便是進士，這是所有讀書人嚮往的出身，唐朝孟郊所作的《登科後》一詩，用極其輕快的語言表達他登科以後的無限喜悅，全詩如下：「昔日齷齪不足誇，今朝放蕩思無涯。春風得意馬蹄疾，一日看盡長安花。」

明白命運可變、向內向心而求的了凡，沒有把改變命運、祈求登科的願望寄於外物，而是「誓行善事三千條，以報天地祖宗之德」。為了登科，願意行三千件善事，代價不小，由此可見了凡想要改命登科的決心。

【原典】

雲谷出功過格[一]示余，令所行之事，逐日登記，善則記數，惡則退除，且教持準提咒[二]，以期必驗。

【注釋】

一、功過格：過去記錄功過的一種表格形式。初指道士逐日登記行為善惡以自勉自省的簿格，及後流行於民間，泛指用分數來表現行為善惡程度，使行善戒惡得到具體指導的一類善書。

二、準提咒：佛教準提佛母說的一種咒文，為古印度梵文。

【譯文】

聽到我立誓要行三千件善事，雲谷禪師就把一種功過格給我看，要我按照功過格所定的方法去做，把我所做的事，不論善惡，每天記錄在功過格上。做了善事，就記錄在「功」字一格的下面；做了惡事，就記在「過」字一格的下面。同時，看惡事的等級，還要把「功」扣掉，即小功抵小過，大惡扣大善，一大惡抵十小善，一大善抵十小惡，都透過這張表格來加減，展現善惡多少。又叫我念「準提咒」來加持，希望我所求的事可以得到效驗。

【原典釋評】

「行善事三千條」不能成為一句空話，因此雲谷禪師在具體做法層面指導了凡用功過格這個工具記錄自己的善行和惡行。功過格是自記善惡功過的一種簿冊，善言善行為「功」，記「功格」；惡言惡行屬「過」，記「過格」。功過格本來是程朱理學學者逐日登記行為善惡以自勉自省的簿格，後來由僧道推行流行於民間，泛指用分數來記錄行為善惡，使行善戒惡得到具體指導的一類簿冊。具體做法是分列功格（善行）、過格（惡行）兩項，奉行者每夜自省，將每天行為對照相關項目，替善行打上正分，惡行打上負分，只記其數，不記其事，分別記入功格或過格。月底作一小計，每月一篇，裝訂成本，每月如此進行，年底再將功過加以總計。所謂「善則記數，惡則退除」，即將功過相抵，累積之功或過，轉入下月或下年，以期勤修不已。這是一種非常適合操作的、可以及時回饋惡行善舉的修行方式。

雲谷禪師指點了凡修身立德改命之法，也是從內在修為心境與外在行為舉止兩個方面入手。雲谷禪師先向了凡展示功過格，並且讓他用功過格來記錄自己每日行動中的善行惡行，透過「善則記數，惡則退除」的方法，不斷透過外在之行動來修練內在的善念和修為。之後，雲谷禪師又為了凡推薦另一種修行方法——念咒，希望了凡可以透過念咒恢復內心的清淨。從前文的論述中，我們已經知道，想要改變、掌握命運，就要向心向內而求，因此修身必須先修心。心應該如何修？念咒就是讓人保持心地清淨的一種有效方式。「咒」不是一般意義上的語言，讀書人在念咒的過程中，可以把念頭更多地集中在咒上，不會有意無意地揣度咒語之意，這樣一來，心中的雜念便會減少，便會隨著念咒的氛圍不斷放空內心，更容易達到澄淨無塵的境界，所以雲谷禪師教導了凡念咒而不是念經，也算是因材施教，用意頗深。

【原典】

語余曰：「符籙家」有云：『不會書符，被鬼神笑。』此有秘傳，只是不動念也。執筆書符，先把

萬緣[二]放下，一塵[三]不起。從此念頭不動處，下一點，謂之混沌開基[四]。由此而一筆揮成，更無思慮，此符便靈。凡祈天立命，都要從無思無慮處感格[五]。」

【注釋】

一、符籙家：指那些以「畫符」為專業的人士。符，是一種用朱筆寫在黃紙上用來鎮壓邪魔，或是燒化了，把灰和在水裡一同吞下肚，用來治病的東西。符有各種模樣，不同的符有不同的用處。籙，指一種與符相似的「圖形」，作用與符一樣。符籙連用，概解為符。

二、萬緣：指人們心中產生的各種各樣的眾多念頭。

三、塵：本指灰塵，此指人們心中不好的念頭。

四、開基：開創，開始。

五、感格：感於此處而達於彼處。

【譯文】

雲谷禪師對我說：「畫符籙的專家曾經說：『一個人如果不會畫符，就會被鬼神恥笑，所以要學會畫符。』畫符有一種秘密的方法傳下來，就是畫符時不起一絲的念頭。執筆畫符的時候，首先要把所有的念頭放下，不能有一絲雜念，因為有了一絲的念頭，心就會不清淨。所有念頭不起的剎那，用筆在紙上點下一點，因為完整的一道符，都是從這一點畫起，所以這一點是符的根基。從這一點開始，一直到畫完整個符，若沒起一絲其他念頭，這道符就會很靈驗。不僅畫符不可以夾雜念頭，一個人心有所求，祈禱上天保佑，或是想改變命運，都要從沒有妄念上下功夫，這樣才可以感動上天，使之明白自己的願望。」

【原典釋評】

天下之事，一通百通，念咒和書符想要靈驗，只有一個秘訣，那就是「不動念」，「把萬緣放下，一塵不起」，要用本心，用真心。本段中，雲谷禪師藉由書符之事，再度重申保持心地清淨的重要性。雲谷禪師說：「有些符籙家曾經說，一個人如果不會畫符，就會被鬼神取笑。畫符的秘訣是什麼？其實很簡單，但是要做到也很難，那就是不動妄念，保持心靈的清淨。畫符的時候，拿起筆來，就要目空一切，一塵不起，到達這種清淨狀態以後，開始下筆點點，就像是天地之間混沌初開一樣。然後繼續保持心靈清淨，沒有妄念，隨心而畫，一筆而成，畫出的符就會特別靈驗。」

雲谷禪師將心靈清淨狀態下畫符點下的第一筆稱為「混沌開基」，所謂「混沌」，是指天地未分時世界上的氣、形、質渾然一體的迷濛狀態。莊子寫過一則寓言：相傳，南海天帝名倏，北海天帝名忽，中央天帝名帝江也就是混沌，南北中三位天帝關係十分要好，他們志趣相投，因此經常聚會。中央天帝混沌最是熱情好客，每次倏、忽結伴而來，他總是殷勤招待。倏、忽二帝覺得混沌至情至性，每次這麼熱情招待，十分感動，想要報答他的深情厚誼。他們二人商量說：「天地之間，每個人都有眼耳口鼻七竅。人生雙目，以便欣賞天地美景；人生雙耳，以便聆聽萬物之聲；人長一口，以便嘗盡人間美味；人長一鼻，以便聞到花草清香。混沌這麼好的一個人，卻沒有眼耳口鼻，他的人生會失去多少樂趣啊！我們不如送他一份大禮，替他鑿出七竅，讓他享受人世間的美景妙音，品鑑人世間的花香美味。」倏、忽二人一拍即合，立刻找來斧和鑿，叮叮咚咚地替混沌鑿起七竅。倏、忽二人第一天為混沌鑿出一隻眼睛，第二天鑿出第二隻眼睛，又用了五天時間依次鑿出雙耳、雙鼻、嘴巴。七天之後，倏、忽終於為混沌鑿出七竅，他們開心極了，迫不及待地想要和混沌一起欣賞美景、品嘗美味、聆聽妙音……可是，任由倏、忽二人百般呼叫，混沌始終沒有回應，原來他已經死了……儘管混沌死了，但是他七竅已開，於是世界不再是混沌一片，而是天地分開，一片清明景象。也許正是因為鑿開七竅，使得混沌被眼耳鼻舌身意所擾，失去本心，內心不再清淨，才會導致他的死亡。正如老子所言，「五色令人目盲，五音令人耳聾，五味令人口爽。馳騁畋獵，令人心發狂；難得之貨，令人行妨」。

雲谷禪師將心誠則靈的理念由念咒畫符擴展到更廣闊的範圍之中，他認為不僅念咒畫符要保持心靈的清淨才會靈驗，只要是祈禱上天鬼神或是想要改變命運，都必須保持心靈的純淨，不斷消除妄念，保持無思無慮的狀態。在這樣的狀態下，才可以與上天發生感應，進而感動上蒼。

遠古時期，生產力低下，古人跳儺戲或是占卜之前，都要舉行盛大的儀式，一方面是為了顯示祭祀的莊重嚴肅，另一方面是為了讓人心存敬畏，保持心靈的純淨。古代帝王舉行重大祭祀之前，總是要齋戒沐浴，齋戒也好，沐浴也好，都是要透過身體的清爽潔淨來不斷尋求心靈的清淨，摒除雜念之後，心靈清淨時再誠心祭祀。這是對祖先神靈的敬畏，也是對自我內心的修練。

【原典】

「孟子論立命之學，而曰：『夭壽不貳[一]。』夫夭壽，至貳[二]者也。當其不動念時，孰為夭，孰為壽？」

【注釋】

一、夭壽不貳：見《孟子・盡心》。短命與長壽沒有分別。夭，短命。貳，不一樣，有分別。

二、至貳：絕對不一樣。

【譯文】

雲谷禪師又說：「孟子談到立命的道理，他說『生命的長與短，沒有什麼分別』。這句話看起來是不通的，短命與長壽是完全不同的概念，孟子為什麼說它們『不貳』？一個人完全沒有念想時，心裡又哪裡來的『短命』與『長壽』之分？只有心裡產生『短命』與『長壽』的念頭，才會有『短命』與『長壽』的分別。」

【原典釋評】

本段雲谷禪師用《孟子》中的話，講述心靈清淨、不動妄念時的狀態。一個人若在此狀態下，最根本的表現就是沒有分別心，就算外物再有差別，看在他的眼中也毫無分別，因為他心思純淨，眼中沒有對立，沒有衝突，諸事萬物在他心中都是統一的、和諧的。

「夭」就是短命，「壽」就是長壽，「夭壽不貳」用白話來說就是，短命和長壽不是對立的，而是統一的。在一般人眼中，短命和長壽就像是兩個極端，是極其不同的，孟子為何會說「夭壽不貳」？因為在人們心思純淨、沒有妄念的時候，就不會區分短命和長壽，因此短命也好、長壽也罷，就沒有分別。所謂短命和長壽，是因為對比才出現的對立概念，若沒有這種對比，心中沒有分別，而是保持平常心，如何會有這組對立概念？不論壽命是長是短，都要保持心靈的純淨，多行善事，不要因為壽命短而自暴自棄，不要因為壽命長而自命不凡，這樣才可以做到夭壽不貳。

【原典】

「細分之，豐歉不貳，然後可立貧富之命；窮通[一]不貳，然後可立貴賤之命；夭壽不貳，然後可立生死之命。人生世間，惟死生為重，曰夭壽，則一切順逆皆該[二]之矣。」

【注釋】

一、通：發達。

二、該：包括。

【譯文】

「把『立命』細細分開來說，就是要把富足與貧乏看得一樣，這樣才可以把本來貧困的命變為富足的命，把本來富足的命變為更加富足長久的命；要把處在窮困和發達時也看得一樣，這樣才可以把本來低賤的命變成富貴的命，把本來富貴的命變成更加發達尊榮的命；對於生命的長與短，也要看得沒有兩樣，不要認為我的命中註定短命，趁還活著的時候糟蹋自己，隨便造惡。命中註定長壽的人，不要認為自己命很長就胡為亂來，這樣才可以把命中註定的短命轉為長壽，把命中註定的長壽變得更加健康長壽。人生在世，只有生與死最是重要，所以人生的『夭』與『壽』，就是人生的最大事件。說到這裡，人生中所有的順境與逆境，像之前說的豐與歉、通與窮，也都可以包括在裡面了。」

【原典釋評】

雲谷禪師以孟子的立命之學為引，然後將立命細分為立貧富之命、立貴賤之命、立生死之命三個部分。首先，雲谷禪師認為要做到「豐歉不貳」才可以立「貧富之命」。

中國古代經歷漫長的農業社會，糧食收成是決定生活在農業社會的百姓是貧賤還是富貴的關鍵，因此雲谷禪師提出「豐」和「歉」這組概念。「豐」就是「豐收」，豐收之年，收成好，可以吃飽，有餘糧，久而久之，便能富起來，所以此處的「豐」就是「富貴」；「歉」就是「歉收」，年景不好，收成不好，不僅存不下餘糧，可能連肚子也填不飽，因此這裡的「歉」就是「貧窮」。「豐歉不貳」有兩層含義：一方面是說，有大智慧的人，不論豐收還是歉收，不論自己是貧賤還是富貴，都可以淡然處之，體會生命本原的樂趣，不會因為貧賤而怨天尤人、憂心忡忡，也不會因為富貴而得意忘形、沾沾自喜。另一方面是說，在對待貧賤之人和富貴之人的態度上，要消除分別心，做到一視同仁。不要因為這些身外之物而看不起貧賤之人，也不要因為這些身外之物而諂媚富貴之人。做到這些，才算得上「豐歉不貳」，才可以「立貧富之命」。

封建社會是一個等級制度森嚴的社會，尤其是明朝，重農抑商，商人地位最低，讀書人地位較高，為官之人地位最高。在這個極其看重身分地位的時代中，如何透過自己的作為來改變地位，立貴賤之命，想必是很多人關心的。為了解答這個問題，雲谷禪師提到「窮」和「通」這組概念。「窮」就是處境惡劣，志不得伸；「通」就是通達，志向得以施展。如何算是「窮通不貳」？其實，孟子早就告訴過我們答案，那就是「窮則獨善其身，達則兼濟天下」。意思是說，就算處境惡劣，志向不能施展，也不要自怨自艾，更不要怨天尤人，而是要不斷地提升自己，潔身自好，修練個人品格；若通達得志，就應該胸懷天下，造福百姓。這句話一直被視為中華文化的精髓，展現中華文化儒道互補的風格，「窮則獨善其身」是豁達淡然的道家出世之舉，「達則兼濟天下」是以蒼生為己任的儒家入世情懷。以上是從對己的角度來理解「窮通不貳」，從對人的角度來說，仍舊是要心靈純淨，不存分別心，做到對達官顯貴和販夫走卒一視同仁，不因為達官顯貴地位高而屈從，也不因為販夫走卒地位低而頤指氣使。

倉央嘉措在《地空》一詩中寫道，「世間事，除了生死，哪一件事不是閒事」，雲谷禪師也說「人生世間，惟死生為重」，立生死之命是立命之根本，也是超越於立貧富之命、立貴賤之命之上，內涵最豐富、範圍最廣闊的問題。生死就是孟子所說的「夭壽」，富裕、通達等一切順境，貧困、窮窘等一切逆境，無不在生死的覆蓋之下，因此只要可以看破生死，做到「夭壽不貳」，便能立生死之命。

生和死、壽和夭看似對立，實則統一。真正可以立命之人，不會因為自己壽命短而埋怨上蒼，也不會因為自己壽命長而揮霍青春。他們珍惜時光，追求心靈清淨，做好人，做好事，因此可以將原本的短命變為長壽，將原本的長壽延長得更長。

佛陀前世曾經割肉餵鷹，求取佛道。相傳帝釋天壽命將近，擔心沒有仁慈的菩薩住世，佛法會沒落，聽聞人間有一位薩波達王，廣修善法，持戒完滿，就想試探其心，於是化身為鷹，追趕毗首羯磨化身而成的鴿子。鴿子為求活命，便飛到薩波達王的袖中，求他救下自己，免遭大鷹獵食。老鷹卻說：「你若救了鴿子，我便會因此喪命，你哪有什麼好生之德？」薩波達王說：「我願意用同樣重量的肉來換取鴿子的生命。」於是，他取出一秤，把鴿子放在秤的一邊，然後用刀割取自己的肉，可是薩波達王割了許多肉，秤卻始終無法平衡。最終，薩波達王閉上雙眼，跳進秤中，秤砣終於平衡。為了救鴿子，薩波達王割盡身上之肉，這就是夭壽不貳，視死如生。

【原典】

「至『修身以俟[一]之』，乃積德祈天之事。曰修，則身有過惡，皆當治而去之；曰俟，則一毫覬覦[二]，一毫將迎[三]，皆當斬絕之矣。到此地位，直造[四]先天之境，即此便是實學[五]。」

【注釋】

一、俟：等候，等待。

二、覬覦：非分的想法，希望得到不應該得到的東西。

三、將迎：送往迎來。

四、造：達到。

五、實學：真正的、實在的學問。

【譯文】

「至於孟子所說的『修身以俟之』，就是說自己要隨時修養德性，不要讓自己造惡，命運是否可以改變，那就是積德的事、求天的事。既然說到『修』字，對於身上所有的過失、罪惡，都應該像醫治病症一樣，把它們全部去除掉。說到『俟』，就是說等到修的功夫深了，命自然會變好，不可以有一絲一毫的非分之想，也不可以讓心中的念頭亂起亂滅。凡是這種胡思邪念，都要完全斬掉它，斷絕它，不能存留一絲一毫。可以做到這種地步，就可以說是已經到達先天不動念頭的境界。可以做到這種功夫，就已經是真正而實在的學問。」

【原典釋評】

「修身以俟之」是孟子所言，原文是「夭壽不貳，修身以俟之，所以立命也」。本段還是在講述立命之法。想要改變命運，不能存在僥倖心理，要隨時修正言行舉止中的錯誤，不斷地改過，其餘的就交給時間，靜心以待，也就是「俟之」。只要做到無論壽命長短，態度始終如一，隨時修身養性，立命改命便是水到渠成之事。只要心思純淨，不存妄念，不存僥倖，堅持行善積德，終有一天會有效果。這種立命改命不是強求得來的，也不是從外物中得來的，而是自己修來的，也就是雲谷禪師所說的「積德祈天之事」。

前文引用《孟子》中的「修身以俟之」，所以雲谷禪師解釋何為「修」，何為「俟」。雲谷禪師首先闡述如何「修」。「修」是修正、改正的意思。修正、改正的對象就是人們身上存在的惡，這些惡無論是存在於言行舉止中還是存在於思想意識中，都應該像治病一樣，盡皆改正，全部去除。也就是說，修身，重在去除、修正身上存在的過惡。接著，雲谷禪師向了凡闡釋「俟」的真諦。雲谷禪師宣導的「俟」有兩個禁忌，一是忌「覬覦」，二是忌「將迎」，要斬斷覬覦和將迎，再修身以俟之，才可以立命改命。

所謂覬覦，是指想要得到不應該得到的東西，或是渴望得到不屬於自己的東西，是一種非分的企圖或願望。為立生死之命而修身以俟，必然要經過一個極其漫長的過程，修身應該保持心靈的純淨，排除雜念，修改過惡，若等待之時沒有耐心，只想著福報早日到來，命運立刻改變，那就是功利心過重，妄念執著。因此，修身之時，最關鍵的一點就是不要功利，正所謂「但行好事，莫問前程」，累積的福德越多，得到的福報也會越多。現在的了凡還未到達無所求的境界，只是完成「命運由人算定」到「命運可以改變」的轉變，現在所求的是原本命中沒有的功名、兒女。有所求也要不斷修身，但是更應該把這個「求」當作一種目標的指引，而不是行善積德的動力。

所謂將迎，指的是心中之念的起與滅。修身之時，應該保持心靈的空淨，認真改正錯誤，不應該讓心中的念頭亂起亂動，更不應該心存僥倖，妄想透過機巧騙人騙己。修身立命，除了日復一日地耐心改過行善之外，沒有其他途徑，更不要說捷徑了！

將覬覦和將迎全部斬絕，需要的是真功夫。若確實可以做到，這個人必然已經到達心靈純淨、德性淳樸的境界。

雲谷禪師認為，一個人可以將覬覦之心和將迎之意全部斬絕，就是到達不動妄念的至高境界，是返璞歸真的真正學問。這段話，一來是告訴了凡，可以斬斷覬覦之心和將迎之意，恢復本心；二來是在說，其實修身修心，都是在不斷尋求那顆無分別、無妄念的赤子本心。

【原典】

「汝未能無心，但能持準提咒，無記無數，不令間斷，持得純熟，於持中不持，於不持中持，到得念頭不動，則靈驗矣。」

【注釋】

一、到得：等到，到了。

【譯文】

雲谷禪師接著說：「你所有的行為，都是有心而為，還無法做到自然而然、不著痕跡的地步。這種功夫，不是短時間可以做到的。但是只要你可以念準提咒，不管念了多少遍，不要去記，也不要去數，只要不間斷地念下去。念到極其熟練的時候，自然會做到口裡在念，但是自己不覺得自己在念，就是佛經中說的『持中不持』；不念的時候，心中也在不知不覺地念，就是佛經中說的『不持中持』。如果念咒可以念到這個地步，念的咒也就沒有不靈驗的。」

【原典釋評】

在雲谷禪師看來，雖然了凡可以與他對坐三天三夜不起妄念，但他是因為相信一切皆由命註定，因此隨遇而安、淡然無求才不起妄念，不是因為修為高深到達「無心」的境界才不起妄念。因此本段中，雲谷禪師將從有心到無心、保持念頭不動的方法傳授於了凡，他傳授給了凡的方法是念準提咒。

「無心」，就是無念，也就是沒有分別心、妄想心、執著心，就是控制和消除自己的念頭，回歸本真自然的淳樸之境。想要修練到這種地步，必須下苦功夫，因此雲谷禪師建議了凡念準提咒，並且要日日堅持，不能停斷。因為了凡是一個勤奮而實在的人，因此雲谷禪師告訴他，念咒的時候無須計數，每天不間斷地念咒，一直念下去，念到十分純熟的時候，即使不念，也會有一個聲音不斷在心中迴響，即使在念，彷彿也無須刻意去想，這就是到達「於持中不持，於不持中持」的境界。這種狀態下，已然不再需要意識心的參與，一切都是自然而然，不刻意、無妄念、無分別，便是無心之境。這個時候，心中無限虔誠，萬事皆能靈驗。

到此為止，雲谷禪師對了凡的教導告一段落。遇到孔老先生，在棲霞寺遇到雲谷禪師，這兩件事都對了凡的人生產生十分重大的影響。前者讓他以為「一切皆為命中註定，所能做的無非淡然無求」；後者教導他「一切皆是向心向內而求，只要不斷修身修心，積善行德，便可改變命運」。了凡對人生的體悟發生重大變化之後，會讓他的人生發生怎樣的變化？且看下文。

【原典】

余初號學海，是日改號了凡。

【譯文】

我起初號學海，從那一天起改號了凡。

【原典釋評】

聽完雲谷禪師的一番教誨，了凡竟然改了自己的號。他原來的號是「學海」，可見他是一個喜好讀書、學習之人，但是「學海」之名，口氣有些大，俗話說「學海無涯」，他雖然喜歡在學海中遊弋，但是這個名給人一種刻意之感。「了凡」則不同，「了」是明瞭洞悉之意，是他聽完雲谷禪師教誨之後，對人生、對命運有全新認知，明晰改變命運之法，十分切題應景。

古時候，一般人家的孩子只有名，從小叫到大；窮苦出身的，可能連名也沒有，像明朝的開國皇帝朱元璋，在發跡之前就沒有大名，只根據生日有一個「重八」的小名。然而，詩書之家或是達官顯貴非常重視姓名，有些還有家譜排序，孩子出生之時已經擬好名字。待到男子長到二十歲行冠禮，女子長到十五歲行笄禮，代表他們已經成年了，需要受到社會的尊重。此後，同輩人直呼其名顯得不敬，於是會由父母或師長為他們取一個與本名意義相關的別名，這個別名就是「字」，又稱「表字」，用來在社會上與別人交往時使用，以示相互尊重。因此，古人在成年以後，名字只供長輩和自己稱呼，自稱其名表示謙遜，字才是用來供社會上的人稱呼的。三國時期，劉關張三人桃園三結義，各有表字。劉備，名備，字玄德；關羽，名羽，字雲長；張飛，名飛，字翼德。北齊的文學家顏之推認為，人名用於區別彼此，相當於代號，字是一個人德行的表現，而且大多數人的名與字在意義上彼此關聯。

古時候，有些人除了名、字之外，還有「號」。號是人的別稱，所以又叫「別號」。號的實用性很強，除了供人呼喚以外，還用作文章、書籍、字畫的署名。比如，東晉的陶淵明，號五柳先生，因此將自己的自傳稱為《五柳先生傳》。封建社會的中上層人物，尤其是文人雅士，很喜歡替自己取號。因為號一般是自己取的，不像姓名、表字那樣要受到家族、宗法、禮儀、行輩的限制，可以自由地抒發和標榜自己的志向和情趣。比如李白，字太白，號青蓮居士；蘇軾，字子瞻，號東坡居士，世稱蘇東坡。

有些人在稱名、字、號之外，還會以官爵、地望作為尊稱。杜甫曾經擔任檢校工部員外郎一職，因此世稱杜工部，他被保留下來的一千五百餘首詩歌，大部分集於《杜工部集》中。屈原因為擔任三閭大夫一職，而被尊稱為三閭大夫。唐宋八大家之一的柳宗元，因為是河東（現在山西運城永濟一帶）人，因此世稱柳河東、河東先生，又因為其官職終於柳州刺史，因此又被稱為「柳柳州」。

【原典】

蓋悟立命之說，而不欲落凡夫窠臼[一]也。從此而後，終日兢兢[二]，便覺與前不同。前日只是悠悠放任[三]，到此自有戰兢惕厲[四]景象，在暗室屋漏中，常恐得罪天地鬼神；遇人憎我毀我，自能恬然[五]容受

[六]。

【注釋】

一、窠臼：窠，鳥巢。臼，舂米的器具。窠臼喻指現成的格式，陳舊的方法。

二、兢兢：小心謹慎。

三、放任：沒有拘束，隨隨便便。

四、戰兢惕厲：懼怕謹慎；警惕，戒懼。

五、恬然：安逸舒服的樣子。

六、容受：接受。

【譯文】

因為聽了雲谷禪師的話，我明白立命的道理，不想與尋常的凡夫一樣落了俗套。從那以後，我整天小心謹慎，隨時存有一種敬畏之心。我覺得，與從前相比，自己有很大的不同。以前只是糊里糊塗、無拘無束，到了現在，就有一種小心謹慎、既懼怕又恭敬、隨時害怕有危險到來的景象。即使在黑暗的內室無人之處，我也經常害怕得罪天地鬼神。遇到討厭我、詆毀我的人，我也可以舒服地接受，不再與別人計較和爭論。

【原典釋評】

了凡聽了雲谷禪師的一番教誨之後，心中頗有感觸，體悟立命之學，因此把自己的號從「學海」改成「了凡」。「了」是瞭解、體悟之意，「凡」是凡夫俗子、平凡之意。他明白，在遇到雲谷禪師之前，自己是一個凡人，只知道一切都是命中註定，因此在自己的命運中畫地為牢，圈住自己。現在他知道，命運是可以改變的，因此不願意再像凡夫俗子那樣理解命運，如木偶一般過完一生，他要拋下凡人之見，用實際行動改變命運。改名號一事，顯示他改變命運的決心。

了凡是一個行動力極強的人，體悟道理以後就去踐行。從前的了凡，「或以才智蓋人，直心直行，輕言妄談」，言語行動隨心所欲，不顧及別人的想法，可是自此以後，他與之前判若兩人，「終日兢兢」。「兢兢」是一個形容詞，形容小心謹慎的樣子。由心直口快、直言直行，到小心謹慎，是非常大的改變。對行為和心態進行巨大的調整之後，他對人生的感受、整個人的狀態也發生天翻地覆的變化：曾經是「悠悠放任」，也就是每天渾渾噩噩，糊里糊塗，過一天算一天，沒有自主的意識，人生沒有方向和目標，也沒有太多追求，只是一味地信天知命。改過之後，他每天「自有戰兢惕厲景象」。「戰」就是「戰戰」，形容恐懼的樣子；「兢」就是「兢兢」，是一種小心謹慎的狀態形貌。「戰戰兢兢」一詞出自《詩經・小雅・小旻》，原文是「戰戰兢兢，如臨深淵，如履薄冰」，每天就像是走在深淵邊上、站在薄冰之上那樣小心謹慎。「惕」與戰戰兢兢意思相近，是戒懼、謹慎的意思。《周易》一書用「朝乾夕惕」來形容一天到晚勤奮謹慎，沒有一點疏忽懈怠。「厲」是嚴肅的意思。「戰兢惕厲」四個字非常貼切，和「悠悠放任」的隨意形成鮮明的對比。

更重要的是，他這種狀態，無論人前人後，都一以貫之，即使「在暗室屋漏中」亦「常恐得罪天地鬼神」。了凡的謹慎嚴肅，已經由外在的行動深入內心，到達「慎獨」的程度。慎獨是儒家非常重要的一個概念，是對一個人道德修養、品格操守的高標準考驗，也是個人風範的最高境界。慎獨要求人們在閒居獨處無人監督的時候，也要謹慎從事，遵守各種道德準則，只有心中對禮儀、天地、自然心存敬畏時，才有可能做到。《大學》一書寫道：「誠於中，形於外，故君子必慎其獨也。」《中庸》一書寫道：「莫見乎隱，莫顯乎微，故君子慎其獨也。」可見，慎獨的人表裡如一，不會自欺欺人，不管有沒有別人在場，始終可以謹言慎行、自重自愛，是脫離外在功利心的對內在精神的高級追求。曾子病危之時，眾多弟子侍奉病榻之前，彌留之際的曾子說：「把我的腳擺正，把我的手擺正。《詩經》上有云『戰戰兢兢，如臨深淵，如履薄冰』，我一生小心謹慎，修身養性，就算現在行將就木，也不能違禮犯錯。人生在世，一定要勤勉、要小心！」

從前的了凡「不耐煩劇，不能容人」而「善怒」，改過之後，「遇人憎我毀我，自能恬然容受」。這是了凡心理狀態和性格上的巨大變化，他變得心胸開闊，可以容人了，就算是面對別人的憎惡或是詆毀，也可以平靜坦然地接受。這是因為他找到內心的平靜，不再像以往一般心浮氣躁，一點委屈也受不得。蘇軾在《留侯論》中寫道：「古之所謂豪傑之士者，必有過人之節。人情有所不能忍者，匹夫見辱，拔劍而起，挺身而鬥，此不足為勇也。天下有大勇者，卒然臨之而不驚，無故加之而不怒。此其所挾持者甚大，而其志甚遠也。」只有志向高遠、心胸開闊的人，才可以做到大智大勇。有無故加之而不怒的心胸境界，了凡的修為確實精進許多。

【原典】

到明年一禮部二考科舉。

【注釋】

一、明年：第二年。根據查證，此時為西元一五七〇年。

二、禮部：中國古代官署，管理全國學校事務、科舉考試及藩屬和外國之往來尋事。與吏部、戶部、兵部、刑部、工部合稱六部。

【譯文】

我遇見雲谷禪師的第二年，到禮部去考科舉。

【原典釋評】

從本段開始，了凡向我們敘述他與雲谷禪師分別以後的一些經歷。本段所說的是，與雲谷禪師分別以後的次年，了凡參加禮部舉行的科舉考試。禮部是中國古代的官署之一，北魏最早設置禮部，隋朝將中央行政機構劃分為吏部、戶部、禮部、兵部、刑部、工部六個部門，禮部的主要職責是掌管五禮之儀制和學校貢舉之法，因此禮部兼有現代教育部的職能，禮部的長官是禮部尚書。在明朝，禮部是一個獨立的機構，直接受皇帝領導。

【原典】

孔先生算該第三，忽考第一，其言不驗，而秋闈[一]中式[二]矣。

【注釋】

一、秋闈：科舉制度中的鄉試。鄉試定在秋天的八月舉行，所以鄉試的考場，就叫秋闈。又因為恐怕有人私底下進出作弊，便用一種有刺的棘樹插在圍牆上，所以也叫做棘闈。

二、中式：考中。

【譯文】

孔先生算我的命，應該考第三名，卻突然考了第一名，孔先生的話開始不靈了。孔先生沒有算到我會考中舉人，哪知到了秋天鄉試，我竟然考中舉人。這都不是我命裡註定的，雲谷禪師說，命運是可以改變的，我更加相信了。

【原典釋評】

在認識雲谷禪師之前，孔老先生曾經為了凡算命，算得他在此次考試中應該位列第三，可是考試成績出來，他卻得了第一名。此前孔老先生的預測無不靈驗，到此終被打破，說明經過了凡對自己言行舉止的修正，他的命運已經悄然發生變化。原本命中該得第三，但是因為他積善行德，這次考試得了第一。這是雲谷禪師告訴他「命運可變」之後，他第一次真實地體驗到命運的改變。而後，在秋闈考試中，了凡考中舉人，這也是他命中本來沒有的。了凡的命中原本只能成為秀才，也就是只能成為生員，無法通過京城秋闈，成為舉人。原本不可能的事情成為可能，估計了凡那個曾經以為無望的「科舉中進士」之願，也隨著秋闈中式再度覺醒了。

【原典】

然行義[一]未純[二]，檢[三]身多誤：或見善而行之不勇，或救人而心常自疑；或身勉為善，而口有過言；或醒時操持[四]，而醉後放逸；以過折功，日常虛度。自己巳歲[五]發願，直至己卯歲[六]，歷十餘年，而三千善行始完。

【注釋】

一、行義：躬行仁義，做應該做的事。

二、未純：勉強，不能自然而然。

三、檢：省察。

四、操持：把持之意。

五、己巳歲：此指西元一五六九年。
六、己卯歲：此指西元一五七九年。

【譯文】

我雖然把過失改了許多，但是遇到應該做的事情，還是無法全心全意地去做，即使做了，依然覺得有些勉強，不太自然。自己檢點反省，覺得過失仍然很多。例如看見善，雖然願意做，但是無法大膽地向前拼命去做。或是需要救人時，心裡常懷疑惑，救人之心不堅定。自己雖然勉強做善事，但是經常說犯過失的話。我在清醒的時候，還可以把持住自己，但是酒醉以後就放肆了。雖然經常做善事，積了一些功德，但是過失也很多，拿功來抵過，恐怕還不夠，光陰常是虛度。

自從己巳年聽了雲谷禪師的教訓，我發願心要做三千件善事，一直到己卯年，經過了十多年，才把三千件善事做完了。

【原典釋評】

了凡是一個勇於自省的人，也是一個善於總結的人，此處第一段就是了凡對自己開始改過之後一段時間言行舉止的反思。他反思的時候，也是先從整體表現及原因入手，然後再具體分析自己的各種行為，言辭十分懇切。

首先，了凡從心理方面對自己改過的各種作為進行反思，他認為自己「行義未純」，也就是說，踐行道義的時候，心思不純淨，有妄念；斷惡修善時不純粹，夾雜許多其他的心思。這其實是和前文中的「無心」相互對應，真正的修行應該是「無心」的，發乎自然，返璞歸真，不是刻意為之，夾帶許多私心雜念。只憑可以踐行道義這一點，和他之前「不能積功累行，以基厚福」「矜惜名節，常不能捨己救人」相比，已然是巨大的進步。但他是有願的，想要改命的，因此對自己的要求比較高，希望可以做到盡善盡美，經常會將自己的行為心思與雲谷禪師開示的各種原則進行對比，對比之後發現不足，再度進行改正。然後，了凡從行為方面對自己改過的各種作為進行反思，他認為自己「檢身多誤」，也就是說，他認真反思自己的各種行為之後，認為行為中還是有很多失誤，距離雲谷禪師所說的境界還有差距。在從心理和行為兩個層面對自己的改過經歷進行反思之後，他又將自己行為上的過失總結為以下四種，那就是「見善而行之不勇」「救人而心常自疑」「身勉為善，而口有過言」「醒時操持，而醉後放逸」。

「見善而行之不勇」，就是說做好事的時候，無法做到盡心盡力、勇往直前，往往會有些猶豫，有些遲疑，無法做到堅決果斷。改過的過程中，了凡是有意識地去做好事，而且他想要中科舉、育子嗣，在佛祖面前許下做三千件善事之願。做好事這個行為很重要，做好事時的心理狀態也很重要。就像之前所說的念咒和畫符，都是心無雜念之時，順心由性而為，最靈驗。行善事，不應該有功利心，否則就是向外求；應該發自真心地想要做好事，抱持「只問耕耘，不問收穫」的心態，才可以「無心插柳柳成蔭」。

「救人而心常自疑」，就是說看到別人有困難，幫助別人的時候，經常心生疑慮。這個疑慮可能來自兩個方面：不確定這個人是否真的需要幫助，用假苦難博取真同情的事件層出不窮，所以猶疑不定也是正常。另一方面，這個疑慮可能來自於自己，是對自己是否真的可以為別人提供幫助而心生疑慮。也許這就是了凡「救人而心常自疑」的原因，若真是如此，就說明還是雜念太多，無法辨別他人真偽，亦無法認清自己。

「身勉為善，而口有過言」，就是行為上勉強可以做一些善事，但是嘴巴不聽使喚，改不掉原先「輕言妄談」的毛病，經常會在言語上犯錯。儒家主張，君子應該謹言慎行，「良言一句三冬暖，惡語傷人六月寒」，「病從口入，禍從口出」，語言向來都是極具殺傷力的武器。

「醒時操持，而醉後放逸」，就是不喝酒的時候，理智仍在，因此可以讓自己的言行合於禮法規矩；但是了凡「喜飲」，喝酒之後就會失態，行為放浪不受約束，容易激動，惹是生非。

經過了凡認真仔細的反省剖析，他平日善行累積的功德，和平時惡行犯下的罪過，竟然功過相抵，一種虛度光陰的空虛之感油然而生。

「己巳歲」「己卯歲」都是指年份，所用的是天干地支紀年法。中國自古便有十天干與十二地支，簡稱「干支」，甲、乙、丙、丁、戊、己、庚、辛、壬、癸十天干和子、丑、寅、卯、辰、巳、午、未、申、酉、戌、亥十二地支相結合，共組成六十種組合，一週期六十年為一甲子。其中十二地支又和十二生肖相對，即子鼠、丑牛、寅虎、卯兔、辰龍、巳蛇、午馬、未羊、申猴、酉雞、戌狗、亥豬。中國歷史上許多事件，都是以事件發生時的天干地支紀年命名，比如戊戌變法，就是發生於一八九八年，因為當年是戊戌年而得名。

【原典】

時方從李漸庵[一]入關，未及迴向[二]。庚辰[三]南還。始請性空、慧空[四]諸上人[五]，就東塔禪堂迴向。遂起求子願，亦許行三千善事。辛巳[六]，生男天啟。

【注釋】

一、李漸庵：人名，生平不詳。

二、迴向：佛教的一種修行功夫。自己所修的功德，不願自己獨享，而將之轉歸與法界眾生同享，以開拓自己的心胸，並且使功德有明確的方向而不致散失。

三、庚辰：此指西元一五八〇年。

四、性空、慧空：佛門法師德號，生平不詳。

五、上人：有道德學問的出家人。

六、辛巳：此指西元一五八一年。

【譯文】

當時，我剛與李漸庵先生從關外回來，來不及把所做的三千件善事的功德進行迴向。到了庚辰這一年，我從北京回到南方，方才請了性空、慧空等有道的和尚，在東塔禪堂完成這個迴向的願心。那時，我起了求得兒子的心願，也立願做三千件善事。到了辛巳年，便生了兒子天啟。

【原典釋評】

了凡曾經許願要做三千件善事，他每日謹記，日日行善，歷經十餘年，才將這個心願達成。完成所許之願以後，需要迴向，但是因為他跟隨李漸庵在軍中從事，因此迴向之事就耽擱了。直到庚辰年，了凡才從北京返回南方，於是邀請性空、慧空等大德，在東塔禪堂迴向。至此，行善三千求科舉一願終得圓滿。

根據孔老先生的推算，了凡命中無科舉，亦無子。而後，了凡機緣巧合遇到雲谷禪師，懂得立命改命之法，他日日自省、躬身實踐，終於改變自己的命運，考中舉人，而且所發之願也已圓滿。有了這次透過改過自新、行善積德求得科舉的成功經歷，了凡又起了求子之願。和上次一樣，他為求子，也許下行三千善事的心願。沒想到，在辛巳年，也就是許願的次年，了凡就有自己的第一個孩子，了凡為他取名天啟。了凡兩次誠心以求，真心發願，改過自新，都是未待完成三千善事之時，願望就成真了。

【原典】

余行一事，隨以筆記；汝母不能書，每行一事，輒用鵝毛管，印一朱圈於曆日之上。

【譯文】

我每做一件善事，隨時都用筆記下來；你母親不會寫字，每做一件善事，都用鵝毛管，印一個紅圈在日曆上。

【原典釋評】

《了凡四訓》本來是了凡寫給自己兒子袁天啟的訓文，是想要用自己的親身經歷，教育兒子認識命運、明辨善惡、改過向善的書籍，因此最初名為《訓子文》。後來，為了啟迪更多的人，才改名為《了凡四訓》。文中「汝母不能書」一句中的「汝」，指的就是他的兒子袁天啟。

本段說的是了凡為了完成所許的行善三千之願，每日記錄，和前文提到的功過格相似。了凡是讀書人，識文斷字，每做一件善事就會隨手記下；但是他的妻子，也就是天啟的母親不會寫字，所以她每做一件善事，就會用鵝毛管，在日曆上印一個紅圈。這是生活中的細節，但是從這個細節可以看出，了凡夫婦皆是行善積德之人，而且行善積德時，記錄的形式可以不拘一格，根據自己的實際情況加以變通，無須恪守定式。

【原典】

或施食貧人，或放生命。

【譯文】

或是送食物給窮人，或是放生，都要記圈。

【原典釋評】

如何做才算是行善？了凡在本段列舉兩項，一是向貧困之人佈施吃食，二是放生。現在有許多人會許願放生，尤其是買魚或是買龜，有些地方因為放生烏龜造成物種入侵，這不是放生行善，反而是作惡。所以，放生是一種形式，重要的是心誠，是心懷慈悲。

南北朝時期，南梁的開創者梁武帝蕭衍，在位四十八年，隨著年齡的增長，開始怠於政事，沉溺佛教。南梁官員郭祖深曾經形容：「都下佛寺五百餘所，窮極宏麗。僧尼十餘萬，資產豐沃。」在大修寺廟之外，梁武帝為了顯示自己對佛法的虔誠，曾經四次捨身出家。普通八年，也就是西元五二七年的三月八日，蕭衍第一次前往同泰寺捨身出家，然而國不可一日無君，在大臣的勸諫下，他於三日之後返回，下令大赦天下，改年號大通。大通三年，也就是西元五二九年的九月十五日，梁武帝第二次到同泰寺出家，他脫下帝袍，換上僧衣，開壇設講，拒絕大臣請其回宮。群臣只好仿效民間還俗時向寺廟拿錢贖身的方法，於二十五日捐錢一億，向「三寶」禱告，請求贖回「皇帝菩薩」，二十七日梁武帝還俗。大同十二年，也就是西元五四六年的四月十日，梁武帝第三次出家，這次群臣用兩億錢將其贖回。太清元年，也就是西元五四七年的三月三日，梁武帝第四次出家，在同泰寺住了三十七天，四月十日朝廷出資一億錢將其贖回。太清二年，也就是西元五四八年，「侯景之亂」爆發，梁武帝被囚禁在建康台城，待遇一日不如一日。次年某日，蕭衍躺在台城皇宮淨居殿，嘴裡發苦，索要蜂蜜不得，在發出兩聲「呵！呵！」的聲音以後，於饑渴交加中離世，享年八十六歲。

這個歷史上真實發生的故事，對我們理解何為「善事」，有強烈的啟發意義。

【原典】

一日有多至十餘者。

【譯文】

有時候，一天多到十幾個紅圈，也就是表示一天做了十幾件善事。

【原典釋評】

本段敘述了凡夫婦行善事的頻率，有時候一天之中會在日曆上畫上十多個紅圈，也就是說，每天竟然可以做十餘件善事。了凡前次許願行善三千，用了十多年才完成心願，計算下來，每天所做善事不足一件；這次許下行善三千以求子的心願，做善事的頻率比上次提高許多，一方面說明他對行善可以完成心中所願十分堅信，另一方面也說明經過十餘年的修行，他的修為已經提高許多，改過行善的毅力和決心都比前次有大幅度提高，是其認真修行的一種必然成果。

【原典】

至癸未[一]八月，三千之數已滿。復請性空輩，就家庭迴向。九月十三日，復起求中進士願，許行善事一萬條，丙戌[二]登第，授[三]寶坻[四]知縣。

【注釋】

一、癸未：此指西元一五八三年。

二、丙戌：此指西元一五八六年。

三、授：本指教授的意思。此處可做補缺解釋，就是補了寶坻縣知縣的缺。

四、寶坻：縣名，地處北京、天津、唐山三大城市的中心腹地，是著名的「京東八縣之一」，經濟發達，文化昌盛，民風淳樸，風光秀麗，素有「寶地」之稱。

【譯文】

到了癸未年的八月，我許下做三千件善事的誓願才做完。我又請了性空和尚等人，在家裡上供迴向眾生法界。到了那年的九月十三日，我又發了求考中進士的誓願，許願做一萬件善事。到了丙戌年那一年，我參加科舉考試竟然考中了，吏部讓我補了寶坻縣知縣的缺。

【原典釋評】

本段主要敘述了凡第二次完成所需之願及第三次許願。了凡第一次許願求科第，用了十餘年才完成行善三千之願，第二次許願求子，用了多久完成行善三千之願？從庚辰年許願，到癸未年完成，共計四年時間，也就是說，了凡只用了四年時間就完成以前十餘年才可以完成的行善三千之願。發願完滿之後，了凡再次邀請性空等人，在家中做了迴向。

癸未年九月十三日，了凡再次發願，希望可以中進士，這次他所發之願是行善一萬，比前兩次求科第、求子嗣之願的行善三千多了兩倍多。中國古代科舉制度中，通過最後一級中央政府朝廷考試者，稱為進士。進士也是對中國古代科舉殿試及第者的稱呼。元、明、清時期，貢士通過殿試以後，及第者皆賜出身，稱為進士，其中一甲三人賜進士及第，二甲賜進士出身，三甲賜同進士出身。進士是明清讀書人的終極追求和無上榮譽，難怪了凡要許下行善一萬之願，求中進士。

果不其然，許願之後三年的丙戌年，了凡中了進士，並且被授予寶坻知縣一職。寶坻位於天津，距離北京不遠。在孔老先生為他推測的命數中，他本來應該去距離京城甚遠的四川做知縣，這是他斷惡行善之後，命運發生的另一個真實的變化。而且，這些變化都是在他尚未完成所許之願時完成的，可謂求仁得仁，感應很快。

【原典】

余置空格一冊，名曰「治心篇」。晨起坐堂[一]，家人[二]攜付門役[三]，置案上，所行善惡，纖悉必記。夜則設桌於庭，效趙閱道焚香告帝[四]。

【注釋】

一、坐堂：指做官的坐在堂上辦公事，或是審問案子。

二、家人：此指自己身邊的下人。

三、門役：看門人。

四、帝：指上天。

【譯文】

在做寶坻縣知縣的時候，我平時會準備一本冊子，冊中有一格一格的空格，我稱之為「治心篇」。早晨起來坐堂或是審問案子的時候，我叫當差的下人拿這本「治心篇」交給看門的人，放在公事案桌上，將一天之中所做的善事惡事，哪怕是極細小的，全部記在這本「治心篇」上。每到晚上，我便仿照宋朝的趙閱道，在庭院裡擺上香桌，將每天所做一切焚香禱告天帝。

【原典釋評】

本段講述了凡寶坻赴任之後，依舊堅持斷惡修善。知縣為一縣之長，主理全縣大小事務，了凡到任之後，不僅沒有放鬆警惕，反而更加嚴格要求自己，謹慎行權，造福百姓。他特地準備一本空白的冊子，並且為這本冊子取名「治心篇」，每日記錄自己的善行惡念。

每天早上起床到縣衙辦公，家中的僕人就會將這本冊子交給縣衙內的門役，門役把冊子放在了凡的辦公桌上，以備其即時記錄自己的言行舉止思想中的善與惡，記錄的時候只求實事求是，不論善惡大小。每天處理完公務，回到家中，了凡會虔誠恭敬地在庭院之中擺上桌案，仿效趙閱道，把一天中所做之事如實告知天地鬼神，不敢有絲毫隱瞞。隨身攜帶「治心篇」記錄自己的善行惡念，是了凡對自己言行舉止的自我監督；每夜「效趙閱道焚香告帝」，是了凡虔誠地請求天地鬼神監督自己的言行舉止。以上都是了凡深刻自省、敦促自己斷惡行善的方法。透過這些行之有效的方法，了凡每日踐行行善修心的諾言，得益於上述各種漫長而虔誠的修行，了凡最終才可以衝破命運的枷鎖，譜寫自己的命運之歌。

【原典】

汝毋見所行不多，輒[一]顰蹙[二]曰：「我前在家，相助為善，故三千之數得完；今許一萬，衙中無事可行，何時得圓滿[三]乎？」

【注釋】

一、輒：經常。

二、顰蹙：皺緊眉頭憂愁的樣子。

三、圓滿：佛教語。謂佛事完畢，沒有缺陷、漏洞。

【譯文】

你的母親見我所做的善事不多，經常皺著眉頭對我說：「我以前在家裡，幫助你做善事，所以你許下做三千件善事的願心可以完成。現在你許下做一萬件善事的願心，在衙門中沒有什麼善事可做，要等到什麼時候才可以圓滿完成？」

【原典釋評】

上段敘述了凡透過「治心篇」和「焚香告帝」的方式進行自我約束、自我反省，斷惡修善，本段敘述了凡的妻子對他修身行善的監督與敦促。「汝」指了凡之子天啟，「汝母」指天啟的母親，也就是了凡的妻子。了凡之妻可謂賢妻，在了凡未為官之時，和他一起斷惡行善，用鵝毛筆在日曆上圈紅記錄。在了凡為官之後，因為無法接觸外界，不能與之一起行善，便主動擔當起了凡斷惡行善監督官的角色。她經常皺著眉頭對了凡說：「原先有我幫你，你許下的行善三千之願才得以完成。現在許下行善一萬之願，在衙門中少有善事可做，什麼時候才可以完成所許之願？」「蹙」是動詞，有皺起、收縮之意；「顰」是皺眉之意，一般用於形容美人皺眉，成語有「東施效顰」。

【原典】

夜間偶夢見一神人，余言善事難完之故。神曰：「只減糧一節，萬行俱完矣。」

【譯文】

在你母親說過這番話之後，我晚上睡覺偶然做了一個夢，看到一位天神。我將一萬件善事不容易做完的緣故告訴天神，天神說：「只是你當縣長減錢糧這件事，你的一萬件善事已經足夠抵充圓滿了。」

【原典釋評】

俗話說：「日有所思，夜有所夢。」妻子的勸誡，了凡聽在耳中記在心裡，因此晚上就做了與之相關的夢。了凡夢到一位神人，於是他便將自己許下行善一萬之事以及實現此願的難處如實告訴神人。沒想到，天神卻說：「你為官之後，為百姓減輕錢糧負擔，就這件事，已經惠及眾人，圓了行善一萬之願。」古時候將官員稱為「父母官」，這就說明，身為知縣，既負有領導百姓的責任，又負有愛護百姓的義務。為官之前，了凡的影響力有限，做一件好事不過惠及一人、數人；為官之後，他的種種舉措，卻會影響一縣百姓，制定一項有益百姓的好政策，所行之善就比單純地做一萬件善事還多。因此，為官之人必須慎之又慎，因為他們的言行舉止影響力太大。

【原典】

蓋寶坻之田，每畝二分三厘七毫。余為區處[一]，減至一分四厘六毫，委[二]有此事，心頗驚疑。

【注釋】

一、區處：整理、處分之意。

二、委：確實。

【譯文】

原來，寶坻縣的田地，老百姓每畝要還二分三厘七毫的田稅。我覺得百姓賦稅出得太多，所以我把全縣的田賦清理了一遍，將老百姓每畝應該還的錢糧減到一分四厘六毫。這件事的確是有的。不過我心裡覺得頗為驚詫和疑惑，怎麼一件小事情，就會被神明知道？這件事情怎麼就可以抵得上一萬件善事？

【原典釋評】

本段詳細記述了袁了凡赴任知縣以後，減輕農民負擔，減少賦稅之事。在了凡赴任寶坻知縣一職之前，寶坻的田賦是每畝二分三厘七毫。了凡赴任之後，覺得按照這樣的比率收稅，百姓負擔太重，因此就將田賦由每畝二分三厘七毫降到了每畝一分四厘六毫，這是實實在在的事情，但是了凡「心頗驚疑」。了凡的驚疑主要來自於兩個方面：了凡之驚在於，他做了這件事，並未告知天神，天神如何得知？可見處處有神靈，不得不謹慎小心，恭敬從事。了凡之疑在於，他只做了降低賦稅一事，田賦從每畝二分三厘七毫降到每畝一分四厘六毫，降低幅度的確不小，但這樣的功德真的大到足以抵償行善一萬之願嗎？

田賦是中國舊時政府對擁有土地的人所課徵的土地稅。中國田賦制度起源於夏、商、周的「貢、助、徹」三法，而戰國時期魯國的「初稅畝」（前五九四年）和秦簡公「初租禾」（前四〇八年）的實行則為封建社會的田賦制度奠定基礎。此後，田賦之名雖累經變換，有時稱租，有時稱稅；收稅方式也多有變遷，有時收實物，有時收銀錢，但歷來都是封建王朝的主要收入。

了凡為百姓降低田賦，使得全縣百姓都獲得了實在的好處，減輕了他們的負擔，是一件惠及萬民的好事。

【原典】

適[一]幻余禪師[二]自五臺[三]來，余以夢告之，且問此事宜信否？師曰：「善心真切，即一行可當萬善，況合縣[四]減糧，萬民受福乎！」

【注釋】

一、適：正好，剛好。

二、幻余禪師：生平不詳。禪師，和尚的尊稱。

三、五臺：五臺山。位於山西省忻州市，位列中國佛教四大名山之首。
四、合縣：全縣。合，全部，整個。

【譯文】

那個時候，恰好幻余禪師從五臺山來到寶坻，我就把夢告訴禪師，並問禪師，這件事可以相信嗎？幻余禪師說：「做善事要存心真誠懇切，不可虛情假意，企圖回報。就是只有一件善事，也可以抵得過一萬件善事了。況且你減輕全縣的錢糧，全縣的農民都得到你減稅的恩惠，千萬的人民因此減輕了重稅的痛苦，而獲福不少！」

【原典釋評】

了凡因為妻子的勸誡，而為自己無法日日行善，早日完成行善一萬之願憂心，因此夢到了天神，天神對他說，他為百姓降低田賦之事，可抵行善一萬之善。了凡對此既驚且疑，想不明白。剛好遇到幻余禪師從五臺山而來，路過寶坻，便將所做之夢一五一十地告知幻余禪師，向他請教，問夢中之言能否相信，若能信，了凡行善一萬之願就完成了；若不能信，他仍需為完成行善一萬之願而日日記錄、緩緩實現。幻余禪師從道理和實情兩個方面對他的疑惑進行解答，他首先從道理上來解，說「善心真切，即一行可當萬善」，也就是說，只要行善之心真實、懇切，沒有分別，沒有執著，就算只做了一件善事，也可以抵得過一萬件善事。然後，幻余禪師又從實情本身來為了凡解惑，他說：「況合縣減糧，萬民受福乎！」就是說：你為全縣百姓降低田賦，造福的何止萬民！

了凡雖然還未能明白，只要真心行善，沒有分別心，做一件善事就能修下和做一萬件善事一樣功德的道理。但是，他的確設身處地地為全縣百姓著想，心存善念地為百姓減輕了田賦，因此僅僅就事而論，他這個善舉，惠及萬民，也是可以抵得上一萬件善事的。

古時候，中國的法制不健全，雖然有「王子犯法與庶民同罪」之說，但這種說法更多地展現法治理想，而不是現實。那個時候，中國很大程度上是人治社會，因此百姓都期盼可以遇到青天大老爺。遇到積德行善的父母官，比如袁了凡這樣的，百姓的負擔就會降低，生活也可以輕鬆一些；若是遇到惡官，百姓就不得不在正常的賦稅之外被搜刮更多，生活也會苦不堪言。古時官員有很強的權威性、很大的影響力，他做一件好事，就可能惠及萬民；他做一件壞事，就可能會累及萬民。這是其他行業都比不上的，因此有人說「公門好修福」。正因為如此，對官員的品格修養就有很高的要求。現代社會，職業更多樣，科技的發展讓傳播方式更多樣、快捷，擁有如古時官員一樣影響力的人也愈來愈多。這些人，更應該審慎地對待自己的影響力，因為他犯一個錯，就可能會被放大一百倍；他做一件好事，就能夠影響許多人。

【原典】

吾即捐俸銀，請其就五臺山齋僧[一]一萬而迴向之。

【注釋】

一、齋僧：就是請出家的比丘來吃齋飯。請僧的齋菜，多為一大碗，裡面含有幾樣素菜，混在一起，習稱「羅漢菜」。

【譯文】

聽了幻余禪師的話，我立刻把自己所得的俸銀捐了出來，請幻余禪師在五臺山請一萬位法師吃齋，作為自己完成所許之願的迴向。

【原典釋評】

了凡聽完幻余禪師一番入情入理的分析解答，十分認可他所說的話。便當機立斷地把自己的俸祿拿出來交給幻余禪師，請他用自己的俸祿到五臺山上「齋僧一萬」，作為自己完成所許之願的迴向。所謂齋僧就是請僧人吃齋飯。五臺山位於今山西省忻州市，西南距離省會太原兩百三十公里，與浙江普陀山、安徽九華山、四川峨眉山一起，被稱為「中國佛教四大名山」。五臺山並非一座山，它是坐落於「華北屋脊」之上的山峰群，東台望海峰、南台錦繡峰、中台翠岩峰、西台掛月峰、北台葉鬥峰環抱整片區域，頂無林木而平坦寬闊，猶如壘土之台，故而得名。據傳，五臺山共有寺廟一百二十八座，現存寺院四十七處，台內三十九處，台外八處，其中多敕建寺院，歷史上有許多皇帝前來參拜，其中較為著名的寺廟有：顯通寺、塔院寺、菩薩頂、南山寺、黛螺頂、廣濟寺、萬佛閣等。

【原典】

孔公算予五十三歲有厄[一]，余未嘗祈壽，是歲[二]竟無恙，今六十九矣。

【注釋】

一、厄：災難。

二、是歲：此指了凡先生五十三歲那一年。

【譯文】

孔先生替我算命，說我命中到五十三歲時會有災難。我雖然沒有向上天祈求長壽，但是到了五十三歲那一年，我竟然沒有一點病痛。現在，我已經六十九歲了。

【原典釋評】

前文中，孔老先生曾經為了凡算一生之命，算定他命數中無科第、無子，本來會在五十三歲壽終正寢。此後，了凡遇到雲谷禪師，經過雲谷禪師的開示，了凡懂得斷惡修善、行善積德、向心而求便能立命改命，此後，了凡先後求科第、求子，無不應驗，只是他從未求長壽，卻「是歲竟無恙」。「是歲」指的就是他五十三歲，命中應該去世的那年，「無恙」就是無病無災，一切安好。而後，了凡竟健健康康地一直活到了寫此文章時的六十九歲。之前也說過，做到「夭壽不貳」是最重要的，因為生與死囊括了人世間的一切順境、逆境，如果可以做到「夭壽不貳」，那就真正做到了沒有分別心。向心向內而求，確實為了凡的命運帶來十分直接、十分根本的改變。

【原典】

書[一]曰：「天難諶[二]，命靡常[三]。」又云：「惟命不於常[四]。」皆非誑語。

【注釋】

一、書：指《尚書》。

二、諶：相信。

三、靡常：不是固定的。靡，不，沒有。常，恆常，固定。

四、惟命不於常：惟，發語詞，無意義。於，介詞，表某方面。全句意思是指「命運不是固定不變的」。

【譯文】

《尚書》中說：「天道是難以確信的，而命運也是沒有定軌的。」又說：「人的命運不是固定的。」這些話，都不是騙人的假話。

【原典釋評】

了凡斷惡行善、修身修心之後，再看原來熟讀的經典，感悟便不同了。本段中，了凡引用《尚書》中「天難諶，命靡常」之言，表達自己對於天命、命運的看法，可見命由己立、命由己造的觀念已深入其心。

《尚書》又稱《書》、《書經》，是中國第一部古典文集和最早的歷史文獻，以記言為主，是一部涵蓋了自堯舜到夏商周兩千餘年的歷史文獻。《尚書》分為〈虞書〉、〈夏書〉、〈商書〉、〈周書〉。戰國時期總稱《書》，漢代改稱《尚書》，因其為儒家五經之一，因此又被稱為《書經》，現在留存於世的版本中，真偽參半。《尚書》之名的來歷，認可度較高的有以下三種說法：一種說法認為，「上」即上古之意，《尚書》即「上古之書」；第二種說法認為，「上」乃「至高無上、尊崇」之意，認為《尚書》是「至高無上之書、眾人尊崇之書」；第三種說法，因書中記載的多為臣下奏對「君上」的言論，故將「尚」理解為「君上、君王」之意。

「天難諶，命靡常」，「諶」是相信的意思，「靡」是沒有的意思，「天難諶，命靡常」的意思就是：不能輕信天道，人的命運也非常數，並非一成不變。人的命運是可以透過積善行德來改變的，只要不斷向心而求，向內而求，天道就會有所感應，命運也會悄然改變。

經典之所以為經典，就是因為它能夠經受住時間的考驗，是許多人躬身實踐、驗證無虞的，亦是常讀常新的。經典之中蘊藏著人生的智慧，若能認真體悟、躬身實踐，必然會受益無窮。這是了凡求子得子、求科舉得科舉，斷惡修善，修身修心，雖未求長壽卻得長壽後，以自己的親身經歷體悟到的最真誠、最簡單的道理，那就是經典之中的教訓，都是實實在在的，「皆非誑語」。

【原典】

吾於是而知，凡稱禍福自己求之者，乃聖賢之言。若謂禍福惟天所命，則世俗之論矣。

【譯文】

我也因此才知道，凡是說一個人的禍福，是要自己去求才可以獲得的，這實在是聖賢之言。若是說一個人的禍與福，都是上天註定的，那只是世間庸俗之人的論調罷了。

【原典釋評】

聖賢和凡人有何區別？凡人因循命運，認為一切皆是天註定，或渾渾噩噩、得過且過，或毫無顧忌、破罐破摔，以致善無所積，惡日有增，到頭來，還會說，一切都是命，半點不由人。聖賢則不同，聖賢知道命運可以自己掌握，他們身處困境之時，也能自我勉勵，自我鞭策，不屈不撓；身處順境之時，也能謹慎小心，戒驕戒躁，因此聖賢掌握自己的命運、改變自己的命運，並且以一己之力，開示眾人，教導他們自我立命之道。

【原典】

汝之命，未知若何？即命當榮顯[一]，常作落寞[二]想。

【注釋】

一、榮顯：榮貴顯達。

二、落寞：寂寞，冷落淒涼。常用於形容人寂寞的心境或者狀態。

【譯文】

你的命，不知道究竟怎麼樣。但即使你命中應該榮貴發達，你也還是要有經常不得意的想法。

【原典釋評】

了凡年少時遇到孔老先生，孔老先生早就將他一生之命算定，了凡因此淡然無求，不行善亦不作惡，所以處處皆驗。後來，了凡遇到雲谷禪師，雲谷禪師循循善誘地將自我立命之說開示於他，了凡透過身體力行，感悟到了命由我立、命由我造之理。了凡求子得子之後，並未替兒子算命，既然命由己造，就無須在意命運中的定數，只要行善積德、修身修心便好。因此，了凡教育兒子道：「即命當榮顯，常作落寞想」，就算你命中註定榮華顯耀，那也不應沾沾自喜，也還是要謙虛知禮、謹慎恭敬，常想想若落寞不得志了，該當如何自處。這是了凡教育兒子，無論命運如何，都要斷惡修善、修身積德。

【原典】

即時當順利，常作拂逆[一]想。

【注釋】

一、拂逆：指違背，違反。

【譯文】

就算遇到順當吉利的時候，也要經常當作不稱心、不如意來想。

【原典釋評】

了凡教育兒子如何對待榮華顯耀之後，又教育他如何面對順境。他對兒子說，就算你現在事事順利、如意，也不應該掉以輕心，粗心大意，還是應該謹慎小心，想想若是身處逆境、遇到困難了，應該如何面對、處理。

春秋時期，吳王夫差繼位以後，為洗雪其父闔閭敗給越王勾踐的恥辱，勵精圖治，吳國國力大增。在夫椒之戰中，夫差大敗越國，攻破越國都城會稽，迫使越國屈服。越王勾踐及其夫人為保全性命，不得不來到吳國，成為夫差的奴隸。此後，夫差又於艾陵之戰打敗齊國，全殲十萬齊軍；於黃池之會與中原諸侯歃血為盟。越王勾踐臥薪嚐膽、堅韌不拔，假裝低眉順眼地侍奉夫差，騙取夫差的信任；還從越國源源不斷地運來金銀美女，賄賂吳國太宰伯嚭。一路順遂的夫差，在伯嚭的巧言令色之下，逐漸放鬆了對勾踐的防備，竟然認為其真心歸服，不聽伍子胥的勸諫，放其歸越。勾踐歸國後，不忘會稽之恥，逐漸恢復國力。趁夫差舉全國之力赴黃池之會時，越軍趁機攻入吳國，殺死吳太子。夫差與晉國爭霸成功，奪得霸主地位後匆匆趕回。西元前四七三年，越國再次興兵，吳國被滅，夫差自刎。夫差之敗，原因頻多，但與其長期身處順境，放鬆警惕，大意輕敵，有必然的關係。

【原典】

即眼前足食，常作貧窶[一]想。

【注釋】

一、貧窶：貧窮。窶，本義指貧窮得無法備禮物，亦泛指貧窮。

【譯文】

就算眼前有吃有穿，還是要當作沒錢用，沒有房子住想。

【原典釋評】

了凡教育兒子謙虛、謹慎地面對榮華顯耀和順境之後，又教育他做人要節儉，就算眼前豐衣足食，也要節儉度日，常想想若沒錢花、沒房住應該如何自處。孟子認為大丈夫的標準之一就是「富貴不能淫」，也就是人在富貴之中，更要節制、節儉，不能揮霍，這和了凡教育兒子「即眼前足食，常作貧窶想」有異曲同工之妙。

【原典】

即人相愛敬，常作恐懼想。

【譯文】

就算別人喜歡你，敬重你，還是要經常小心謹慎，作恐懼想。

【原典釋評】

本段了凡又教兒子與人相處之道。其實與人相處，我們決定不了別人，只能不斷完善自己，所以了凡對兒子說：「即人相愛敬，常作恐懼想。」就算別人對你愛護、尊敬有加，你也要經常自省，自己何德何能讓人尊敬愛護；要常懷恐懼之心、敬畏之心，不要把別人對自己的好認為是理所當然的；別人對自己好，自己更要謙虛謹慎，這樣才可以對得住別人，讓別人繼續喜歡自己、敬重自己，不可以恃寵而驕。

【原典】

即家世望重[一]，常作卑下[二]想。即學問頗優，常作淺陋[三]想。

【注釋】

一、望重：名望顯赫。
二、卑下：低下，卑屈。
三、淺陋：指見聞狹隘，見識貧乏。

【譯文】

就算你家世代有大聲名，每個人都看重，還是要經常當作卑微想。就算你學問高深，還是要經常當作粗淺想。

【原典釋評】

本段了凡繼續教育兒子做人要謙虛謹慎，就算自己家家世顯赫，亦不能驕傲自滿、目中無人，要常作地位卑下之想。這一點，在現代社會尤為難得。

除此之外，了凡還教育兒子，就算成績優異、才高八斗，也不要恃才傲物，一定要謙虛謹慎，常作學問淺陋之想。傲慢之人最容易故步自封，謙虛之人才可以始終保持進步。

【原典】

遠思揚[一]德，近思蓋[二]父母之愆[三]；上思報國之恩，下思造家之福；外思濟[四]人之急，內思閑[五]己之邪。

【注釋】

一、揚：宣揚，傳播。

二、蓋：隱藏，遮蓋。

三、愆：過失。

四、濟：幫助。

五、閑：防範。

【譯文】

從遠處來看，你要想到如何去傳揚祖先的遺德；從近處看，你要想到如何去彌補、遮掩父母所犯的過失，免於暴露。向上講，你應該要想著報答國家的恩德；向下講，你應該要想著為一家造福。對外來說，你應該要想著救濟別人的急難；對內來說，你應該要想著如何防範自己的邪念。

【原典釋評】

了凡教給兒子對人、對事的態度之後，又將視角放到了兒子自身的修養之上，對他說做人一定要孝、忠、善、自省，這是對儒家「修身齊家治國平天下」主張的繼承和發揚。

「遠思揚德，近思蓋父母之愆」，是孝。古代不像現在這樣都是小家庭，古時候一個大家族往往是生活在一起的，十分注重家族傳承，因此說「百善孝為先」。如何做才可以算得上孝？往大了說，往遠了看，就是說話做事的時候，要隨時謹記傳揚祖先的德行；往小了說，往眼前看，就是說話做事的時候，要能夠想著彌補父母的過失。

「上思報國之恩，下思造家之福」，是忠，亦是孝。封建社會強調「忠君愛國」，現代社會雖然不再需要「忠君」，但依舊需要傳承愛國思想。國家是每個人堅強的後盾，國家富強，人民才會幸福，因此要隨時愛國，有能力的時候還要想著報國。「下思造家之福」，家庭是社會的細胞，家庭和諧了，社會才可以穩定。古時候十分強調人的家庭屬性、社會屬性，一個家族往往是榮辱與共的。天啟是了凡的兒子，將來要繼承家業、頂門立戶，所以了凡教育他，說話做事，要常思為家族造福。

「外思濟人之急，內思閑己之邪」，對外，要有惻隱之心，要有善心，看到別人身處危急之中，要能夠積德行善，施以援手。對內，要有反省之心，要有改過之心，要隨時警惕自己的妄念、邪念，知道自己的本分，不斷修身養性。

【原典】

務要日日知非，日日改過；一日不知非，即一日安於自是[一]；一日無過可改，即一日無步可進。天下聰明俊秀不少，所以德不加修、業不加廣者，只為因循[二]二字，耽閣[三]一生。

【注釋】

一、自是：自以為是。

二、因循：指貪圖安逸，得過且過。

三、耽閣：同「耽擱」。耽誤的意思。

【譯文】

一個人一定要能夠隨時反省自己的行為，知道自己的過失所在，每天一定要將自己的過失一一改正；只要一天沒有意識到自己的過失，自己就會永遠只圖安逸，自以為是；如果每天都覺得無過可改，也就永遠不會有進步的機會。天底下聰明俊秀的人才實在是不少，但是他們卻不知道去修養自己的德性，努力增加自己的學識，擴大自己的事業。這只是因為他們受了得過且過思想的影響，只知道貪圖安逸，不思進取，所以耽擱了他們一生一世。

【原典釋評】

了凡苦口婆心地教導兒子「日日知非，日日改過」之後，猶嫌不夠，接著從反面闡述若不能做到「日日知非，日日改過」的後果：若是一天不知道自己錯在何處，就會安於現狀、自以為是一天；若一天沒有錯誤可改，這一天就無法取得進步。這依舊是在說，立命改命，重在累積，沒有捷徑。只有一天一天地下苦功夫，每日自省、知非、改過，才可以每天進步一點點，終至大成。

了凡說，世間聰明俊秀之人非常多，但是這裡面有很多人，生性懶散、得過且過、不思進取，他們既不肯下功夫去修練自己的德行，又不肯努力為事業奮鬥，完全被自己得過且過、貪圖安逸的「因循」之心所困，成為被命運擺弄的木偶，耽擱一生、虛度一生，白白浪費了自己的聰明才智。了凡借用反例，鞭策兒子積善行德，主宰自己的命運。

【原典】

雲谷禪師所授立命之說，乃至精至邃[一]、至真至正之理，其熟玩[二]而勉行之，毋自曠[三]也。

【注釋】

一、邃：深邃，深奧。

二、玩：體會。

三、曠：荒廢；耽誤。

【譯文】

雲谷禪師所教立命之說，實在是最精、最深、最真、最正的道理。希望你一定要細細研究體會，並且要盡心盡力去實行，切不可把自己的大好光陰荒廢了啊。

【原典釋評】

了凡遇到雲谷禪師，懂得立命改命之法，深以為然，時時踐行。他不想讓這世間最精彩、最深邃、最真實的理論被埋沒，因此就將其寫了下來，傳授給天啟，希望天啟也能按照此法修行，將命運牢牢掌握在自己手中。了凡對天啟說，雲谷禪師教給我的立命之說，是這個世界上最精彩、最深邃、最真實的道理，你一定要認真研究、熟讀深思、用心體會，然後在生活中勉力踐行，這樣才不會讓光陰虛度，白白耽誤一生！

了凡對雲谷禪師立命之說的深信不疑，對兒子諄諄教誨的愛子之心，都濃縮在這短短的幾句話中，情真意切，既令人感動，又發人深省。

第二篇

《改過之法》

【原典】

春秋[一]諸大夫，見人言動，億[二]而談其禍福，靡不驗者，左、國[三]諸記可觀也。

【注釋】

一、春秋：中國歷史階段之一。具體的起訖時間有三種說法：一種認為是西元前七七〇—西元前四七六年，一種認為是西元前七七〇—西元前四五三年三家滅智，第三種說法認為是西元前七七〇—西元前四〇三年三家分晉。孔子曾作《春秋》，記載當時魯國的歷史，而這部史書中記載的時間跨度，從周平王四十九年開始，到周敬王三十九年，共計兩百四十二年，正好與春秋時代大致相當，所以後人就將這個歷史階段稱為「春秋時代」。

二、億：應同「臆」，猜想之意。

三、左、國：指《左傳》與《國語》二書。

【譯文】

春秋時期各國的卿大夫們，他們每每透過一個人的語言、行為，加以分析，便能判斷這個人未來的吉凶禍福，並且沒有不靈驗的。這在《左傳》、《國語》等各類記載史實的書中都能看得到。

【原典釋評】

了凡以《左傳》和《國語》兩部史書為例，闡明春秋時期各位大夫能夠根據人的言行舉止推斷其禍福吉凶，十分靈驗。而且，根據這兩部史書的記載，當時各國大夫不僅能夠根據人的言行推斷一個人的禍福吉凶，甚至能夠推斷出他的整個家族甚至國家的興衰成敗。這一方面說明古人見微知著的觀察能力，另一方面也說明一個人的行為與其前途命運息息相關。

《左傳》全稱《春秋左氏傳》，是儒家十三經之一。《左傳》相傳是春秋末年魯國史官左丘明根據魯國國史《春秋》編著而成，除闡釋《春秋》的思想之外，其藝術成就也很高，是中國古代文學與史學完美結合的典範，對後世史書、小說、戲劇的寫作都產生深遠的影響。

《春秋》是魯國的史書，記載從魯隱西元年（前七二二年）到魯哀公十四年（前四八一年）的歷史，是中國現存最早的編年體史書，相傳由孔子修訂而成。《春秋》用於記事的語言極為簡練，然而幾乎每個句子都暗含褒貶，因此被後人稱為「春秋筆法」。由於《春秋》的記事過於簡略，因而後來出現了很多對《春秋》所記載的歷史進行詳細注解的「傳」，較為有名的是被稱為「春秋三傳」的《左傳》、《公羊傳》、《穀梁傳》。

《國語》又名《春秋外傳》或《左氏外傳》，相傳為春秋末魯國的左丘明所撰，但是現代有些學者從內容判斷，認為是戰國或漢後的學者依據春秋時期各國史官記錄的原始材料整理編輯而成的。《國語》是中國最早的一部國別體史書，共二十一卷（篇），分為周、魯、齊、晉、鄭、楚、吳、越八國，記錄自西周中期到春秋戰國之交約五百年的歷史。

【原典】

大都吉凶之兆，萌[一]乎心而動乎四體[二]。其過於厚者常獲福，過於薄者常近禍。俗眼多翳[三]，謂有未定而不可測者。

【注釋】

一、萌：萌芽，剛發生。

二、四體：人的四肢。

三、翳：遮蔽，障蔽；遮蔽物。

【譯文】

大凡一個人在尚未發生事情之前，預先顯露出的吉凶禍福的徵兆，都是發自他的內心，而表現於他的外在行為。凡是那些待人處事比較穩重、厚道的人，經常可以獲得較多的福報；而那些行為不莊重、過分刻薄的人，經常會招致災禍。一般人學問不深，見識淺陋，沒有識人之明，就像是眼睛被眼翳病遮蔽了一般，什麼也看不清楚，卻還說禍福是無定的，是無法預測的。

【原典釋評】

本段是對上段內容的進一步解釋，為什麼春秋時期諸位大夫可以根據人的言行舉止來推斷一個人的吉凶禍福，而且每次推斷都十分靈驗？那是因為，在事情發生之前都會有一定的吉凶徵兆，這些吉凶徵兆會從一個人的內心萌生而出，然後表現在他的言行舉止之中。所以說，古人可以見微知著地透過一個人的言行舉止推斷他的內心走向，然後再推測出這個人甚至一個國家的禍福吉凶、興敗存亡。比如，一個自私自利的人，我們很容易推測出他不會有好朋友，待他危難之間，也鮮有人伸以援手；一個心存善念、樂於助人之人，必然會受人尊重，他有難之時，必然會有很多人主動來幫忙。

做事厚道的人，能夠為人著想、幫助別人，因此他就會受人喜歡，在他需要幫助的時候，也會有人願意伸出援手，他因為自己的厚道而獲得了福氣。尖酸刻薄、心胸狹窄的人，心中只有自己，沒有別人，這樣的人必然不會受到別人的喜愛，這樣的人一方面很容易遇到災禍，另一方面遇到災禍之後也很少有人願意幫他，因此很難轉危為安。但是世間凡俗之人，就像是被蒙住了眼睛一般，認不清這個道理，他們總以為福禍是玄學，深不可測，不能自己掌控，這是完全錯誤的。

【原典】

至誠合天一，福之將至，觀其善而必先知之矣。禍之將至，觀其不善而必先知之矣。

【注釋】

一、合天：合乎自然；合乎天道。

【譯文】

一個人如果能以至誠之心待人，他的心就與天道相吻合。一個人福報將要到的時候，只需看他所做的善行，就必能預先得知；災禍將要降臨時，只需看他所做的惡行，也必定能夠預先推測得到。

【原典釋評】

怎樣才可以超脫凡夫俗子之間，提前預知福禍，甚至主導福禍？了凡認為，要做到四個字，那就是「至誠合天」。

「至誠」是說人，人要有真心，首先要對自己真誠。修身的過程中，大部分時間是沒有外人監督的，每日修行如何，自省如何，錯在哪裡，是否改正，都需要靠自己的毅力。若人對自己不真誠，難免諱疾忌醫，不肯承認自己的過錯，那也就無從改之了。不知錯，不改錯，做不到「日日知非」「日日改過」，如何可以斷惡修善，積善行德，立命改命？

在做到對自己真誠之後，還要做到對人真誠。對人要心存善念，要有扶危助困之心，不能心存偏見、惡念、分別，要保持心靈的純淨、平等，發自內心地與人為善、替人著想，這樣的心才算得上「誠」。

對己對人都能真心以待，純淨自然，沒有分別，人就尋回了自己的本性，這樣的本性是和天道相合的。也就是說，發自內心地、至真至誠地起心動念，就是合乎自然的。以這樣的心性對人對事，就能夠以自然之眼、以自然之心洞悉禍福。

所以說，「至誠」是條件，是需要不斷修行達到的狀態；「合天」是結果，是修行到一定境界後自然而然具備的能力。

本段繼續對福禍皆有預兆的觀點進行闡釋：福氣將到之時，只需觀察人的善念、善行即可預知；禍事將到之時，只需觀察他的惡念、惡行便能預知。發生在歷史上的許多活生生的事件，早已為此提供無可辯駁的論據。兩千七百多年前的春秋時期，就有一個不善之人，用他的不善之舉，向世人證明「多行不義必自斃」的道理。

春秋時期的鄭國國君鄭武公娶了一個名為武姜的女子為妻，武姜先後生下了莊公和共叔段。莊公出生時腳先出來，武姜受到驚嚇，因此十分厭惡這個兒子，並且為他取名「寤生」。武姜偏愛共叔段，想立共叔段為世子，多次向武公請求，武公都不答應。

莊公即位以後，武姜替共叔段請求分封到制邑。莊公說：「制邑乃險要之地，虢叔就殞命於此，不如考慮一下其他城邑。」於是，武姜要求將京邑封給共叔段，莊公應允，此後共叔段被稱為京城太叔。大夫祭仲說：「分封之地的城牆長度若超過三百方丈，就會成為國家的禍害。國內最大的城邑不能超過國都的三分之一，中等的不得超過五分之一，小的不能超過九分之一，這是先王定下的規矩。京邑城牆不合規矩，怕是會對您不利。」莊公說：「姜氏所求，這樣的禍害怎能躲開？」祭仲答道：「姜氏根本不知道什麼叫滿足，不若及早處置，以免遺禍無窮。蔓延的野草尚且無法清除乾淨，何況牽涉到您最受寵的弟弟。」莊公說：「多行不義必自斃，姑且等之。」

沒過多久，在太叔段的慫恿之下，原屬鄭國的西部和北部邊邑也背叛鄭國，投靠了他。公子呂說：

「國無二主，國君想要如何處置？若國君想要將鄭國交給太叔我就去服侍他；若非如此，還請早下決斷，除掉太叔段。」莊公說：「無須如此，他很快就大禍臨頭了。」而後，太叔又將兩屬的邊邑收歸己有，統轄區域一直擴展到廩延。公子呂說：「是時候採取行動了！轄區日益擴大，他就要得到百姓的擁護了。」莊公說：「對君主不忠，對兄長不恭，轄區再大，也得不到人心。」太叔修治城郭，聚集百姓，修整盔甲武器，準備好兵馬戰車，將要偷襲鄭國。武姜打算開城門做內應。莊公得到消息後，說道：「是時候反擊了！」令子封率領車二百乘，討伐京邑。京邑百姓紛紛背離共叔段，共叔段逃往鄢城。莊公緊追不捨，太叔段又逃到了共國。

【原典】

今欲獲福而遠禍，未論行善，先須改過。

【譯文】

現在如果想得到福報而避開災禍，在還沒有講到行善之前，必須先從改正過失開始做起。

【原典釋評】

福禍皆有預兆，只有至誠之人，心靈純淨，既無妄念，又無分別，才可以尋回本性，本性合於自然規則，自然可以明辨福禍。如何做才可以獲得福報，遠離災禍？了凡認為，首先要做的就是改過，改過要做在行善之前。改過是行善的先決條件，如果沒有把身上的缺點錯誤改正過來，或者改得不徹底，不完全，言行舉止之中依舊存在惡的成分，夾雜惡念去行善，這樣的善是不純粹的，也不容易見效果。

「未論行善，先須改過」為讀者指明修身立命有輕重緩急和先後順序，是循序漸進的，不能毫無重點、毫無邏輯。本書立命之學、改過之法、積善之方、謙德之效由前向後依次而排，不是作者偶然為之，而是了凡按照整體論述立命之學的基本觀念，具體講解立命方法中如何改過、如何行善，最終收穫謙德之效的內在邏輯進行排列布局的，學習時一定要認真體悟，千萬不能顛三倒四亂了章法。

本段引出了改過之法，此後各段，了凡又提綱挈領地論述如何改過，改過之法亦有先後順序、輕重緩急。

【原典】

但改過者，第一，要發恥心。

【譯文】

凡是要改正過失的人，第一，要發起羞恥心。

【原典釋評】

了凡認為，要改正自身的錯誤，最重要的一點就是要有羞恥心，羞恥心是改錯的前提。這和儒家強調的「知恥近乎勇」是一脈相承的。「勇」即勇敢，亦包含有勇於改過之意。將羞恥和改過聯繫起來，或者說將羞恥和勇敢等同，就是要讚揚、推崇知恥並且勇於改錯的品格。「人非聖賢，孰能無過」，有錯不可怕，可怕的是毫無羞恥心，不覺得自己有錯；或者就算有錯也毫不在意，堅決不改，這樣的人是很難改邪歸正的。對待既往過錯的態度，決定了此後將會採取的行為，所以了凡認為有羞恥心是改過的前提。

【原典】

思古之聖賢，與我同為丈夫[一]，彼何以百世可師？我何以一身瓦裂[二]？

【注釋】

一、丈夫：此指男人，男子漢。

二、瓦裂：像瓦片一般碎裂。比喻分裂或崩潰破敗。

【譯文】

試想，古代的聖賢跟我們一樣是個男子漢，他們為什麼可以千古流芳，成為大眾學習的榜樣？我為什麼一事無成，甚至到了聲名敗壞的地步？

【原典釋評】

既然改過的前提是要有羞恥心，如何才可以有羞恥心？這就需要自省與對比。怎樣對比？和誰對比？了凡選擇的比較對象，標準很高，他用自己和古代的聖賢相比：想來古代的聖賢和「我」都是立於天地之間的人，為何人家能夠成為聖賢，流芳百世，讓後人仿效，成為楷模？為何都是人，「我」卻做不到人家那樣，反而像個破碎的瓦罐一樣，一文不值？

了凡的這個對比中包含了一個前提，那就是「我」與聖賢都曾經是凡人，原本並無甚區別。人家之所以成為聖賢，是因為努力、自省、勤謹等優良品格；凡人透過修練也可以掌握命運，有一番作為，可是大部分凡人並未如此行事，因此才「一身瓦裂」，這是十分讓人羞恥、羞愧的。在這種羞恥心的鼓舞下，若能勇於認過、勇於改錯，還是有機會擺脫一文不名的命運，成為百世可師的聖賢。

提到百世可師，最當之無愧的就是孔子。孔夫子何止百世可師？他是萬世師表，有聖人之稱。孔子生於春秋亂世，早年生活極為困苦，但是他依舊勤奮好學。其主張在他在世時，並未受到重用，可是這沒有影響他克己復禮、嚴於修身。政治抱負得不到施展，孔子並未自暴自棄，而是著書立說，投身教育事業，開創私學。孔子的弟子多達三千人，賢人七十二，有很多成為各國的棟樑。

【原典】

耽染[一]塵情[二]，私行不義，謂人不知，傲然無愧，將日淪於禽獸而不自知矣。

【注釋】

一、耽染：汙染，沉溺。

二、塵情：猶言凡心俗情。

【譯文】

這都是由於過分沉溺於逸樂，受到世俗欲望的染汙，並且偷偷地做一些傷天害理的不合乎義理的事，還以為別人不知道而表現出一副傲慢的樣子，沒有一點羞恥之心，就這樣一天天沉淪，逐漸變成禽獸之流，自己卻沒有發覺。

【原典釋評】

了凡在上段提出「古之聖賢，與我同為丈夫，彼何以百世可師？我何以一身瓦裂？」的問題，其實這個問題本身就足以讓人生羞恥心：同為丈夫，有些人成為百世敬仰、仿效的榜樣；有些人卻一文不名，如同破碎的瓦罐一樣。將自己代入其中，的確可恥。這種讓人羞恥的差距是如何產生的？了凡在本段給出了解答。

凡夫俗子的第一大問題在於「耽染塵情」。「耽」是沉溺其中，無法自拔之意。《詩經・氓》中寫道：「士之耽兮，猶可說也；女之耽兮，不可說也。」就是說，男子陷入愛情之中，尚能脫身而出；女子沉迷愛情之中，往往會難以自拔。「染」是沾染，受到汙染之意。「塵情」就是塵世間的情感，人的七情六欲。「耽染塵情」四個字合在一起，就說明凡夫俗子與聖賢的最大區別在於：凡夫俗子丟掉了清淨心，失去本性，沉迷於各類情感之中，無法自拔。聖賢並非淡漠無情，只是他們會用禮法來約束、控制自己的感情，不沉迷、不放縱。孔子經常感慨「禮崩樂壞」，「禮」就是人們言行舉止應該遵循的規矩，聖賢可以在這個規矩之中行事，就可以做到不偏不倚。凡俗之人，不講禮儀，不懂節制，看到好吃的就拼命去吃，難免傷及腸胃；看到美景美人就挪不開雙眼，百姓誤己，位高權重之人則有誤國之虞。開創「開元盛世」的唐玄宗，志得意滿，沉迷享樂，沒有先前的勵精圖治精神，也沒有改革時的節儉之風了，重用口蜜腹劍的李林甫，日日梨園取樂，朝朝與楊貴妃相伴。為了討貴妃的歡心，李隆基費盡心機。為了迎合楊貴妃喜愛華服的心理，僅是為貴妃製衣之人就多達七百餘人。為了讓楊貴妃吃上喜歡的荔枝，開闢從嶺南到京城長安的幾千里貢道，以便荔枝能及時地用快馬快速運到長安。有了楊貴妃，李隆基的奢侈之風越來越盛，大臣、貴族、宗室為了巴結皇帝，投楊貴妃所好，又刺激更多的官僚貴族巴結逢迎。其族兄楊國忠也平步青雲，做上了唐朝宰相。楊貴妃的姐姐們也得到恩惠，大姐被封為韓國夫人，三姐被封為虢國夫人，八姐被封為秦國夫人，以致世人「不重生男重生女」。結果，「漁陽鼙鼓動地來，驚破霓裳羽衣曲」，安史之亂皇帝倉皇西逃，美人殞命，這都是「耽染塵情」之故。

凡夫俗子的第二大問題在於「私行不義」。凡夫俗子不能做到慎獨，私下裡的行為經常不合道理、不合情理、不合法理。也就是說，聖賢可以做到慎獨，但是凡夫俗子做不到。有人監督的時候，尚能裝模作樣地做一些好事，無人監督的時候，完全不能自律，經常行不義之事。不僅行不義之事，還存在僥倖心理，認為自己做的壞事沒有人知道。古語早就說過「若想人不知，除非己莫為」，做了不義之事，還認為自己做得隱蔽，無人知曉，這便是根本認識不到自己的錯誤，遑論改正錯誤？

最可悲之處在於，「私行不義，謂人不知」後，他不是想著悄悄改正，而是沾沾自喜，甚至以自己能騙過眾人為傲，傲慢自滿，毫無愧疚之心。聖賢做善事猶嫌不夠，惡人作惡尚傲然無愧，這樣的人不配做人，他正一天天脫離人道，墮落成沒有道德的畜生。對於自己的墮落和不義之舉的毫無愧疚，讓他們失去為人最基本的羞恥心，他們卻毫無察覺，多麼可悲！

【原典】

世之可羞可恥者，莫大乎此。孟子曰：「恥之於人大矣。」以其得之則聖賢，失之則禽獸耳。此改過之要機[一]也。

【注釋】

一、要機：關鍵，訣竅。

【譯文】

世界上各種令人羞恥慚愧的事情，都沒有比這個更大的。孟子說：「恥對於一個人來說，實在是關係太重大了！」因為一個人若能知恥，就可以成就聖賢之道；如果不懂得羞恥，那便同禽獸一般了。這是改過的重要訣竅！

【原典釋評】

本段了凡引用孟子之語，對「改過者，第一，要發恥心」這個論點進行最後總結。孟子曾經說：「知恥、恥辱心對一個人來說至關重要，關係重大！」了凡對孟子之言進行闡述，他認為孟子之所以會這樣說，是因為知恥、有恥辱心的人能夠知錯改過、發憤圖強，為了雪恥而努力，由知恥而雪恥，經過許多行動，便能成為聖賢。不知恥、沒有恥辱心的人，從不覺得自己有錯，甚至為了私行不義而沾沾自喜、傲然無愧，這樣的人既認識不到自己的過錯，更不會改錯，因此他們與沒有道德感的禽獸無甚區別。所以，了凡認為，知恥是改過的關鍵。

「恥之於人大矣」出自《孟子・盡心》，全句是：「恥之於人大矣！為機變之巧者，無所用恥焉。不恥不若人，何若人有？」孟子認為，羞恥心對人來說至關重要，那些偷奸耍滑、愛用陰謀詭計之人是沒有羞恥心的。如果一個人不為自己不如人而感到羞恥，這樣的人怎麼可能趕得上別人？孟子認為羞恥心是人進步的動力，人應知恥，化羞恥為力量，鼓舞自己不斷知錯改錯、向前進步。

孟子，名軻，戰國時期魯國人，是中國古代著名思想家、教育家，儒家學派代表人物。孟子繼承並且發揚孔子的思想，成為僅次於孔子的一代儒家宗師，有「亞聖」之稱，和孔子合稱「孔孟」。孟子宣揚「仁政」，最早提出「民貴君輕」思想，主張性善論，其言行主要記載於《孟子》一書。

【原典】

第二，要發畏心。天地在上，鬼神難欺。

【譯文】

第二，要發起敬畏的心。須知，天地鬼神都在我們的頭頂上監察著，他們是難以欺騙的。

【原典釋評】

講完羞恥心對於改過的重要性，了凡便開始闡述敬畏之心對改過的重要意義。知恥是改過的前提和動力，敬畏之心則是行為的準繩和紅線，告訴我們行為的邊界在哪裡，哪些行為是不能做的。知恥心很大程度上是來自於自身的感受，敬畏之心則更多來自於對天地鬼神的尊敬和畏懼。

俗話說「人在做，天在看」，就是教我們敬畏上蒼、敬畏自然。懂得畏懼，知道害怕，實則是對自己的一種保護。就像人的痛覺，其實是對人的一種保護。如果人沒有疼痛感，被熱水燙傷了也不知道閃躲，只會被燙得更嚴重；如果人沒有敬畏心，做事只憑自己的喜好，不管他人，最終只會傷害自己。

倫敦作為英國工業革命的主要發源地之一，工廠眾多，煙囪林立，城市人口密集，並且家家都使用傳統的壁爐，加之自然區位因素，倫敦地區的煙與霧交集混雜，形成著名的倫敦霧，倫敦也因此有了「霧都」之稱。濃霧不僅嚴重影響交通，而且其中含有的高濃度二氧化硫及煙霧顆粒也對居民的健康造成嚴重威脅。曾經客居倫敦的老舍先生將倫敦霧描寫為「烏黑的、渾黃的、絳紫的，以至辛辣的、嗆人的」。人們只顧追求更好的生活，不知敬畏自然，因此招致了自然的懲罰，長期生活在辛辣嗆人、烏黑昏黃的濃霧之中。而後，政府意識到錯誤所在，下大力氣改善環境，才讓倫敦擺脫了「霧都」之名。不知敬畏，必遭懲罰；心生敬畏，才可以更好地生活。

【原典】

吾雖過在隱微一，而天地鬼神，實鑑臨二之，重則降之百殃，輕則損其現福，吾何可以不懼？

【注釋】

一、隱微：隱私，即隱蔽的地方。

二、鑑臨：鑑，察照。臨，到。意為像到現場親眼看到一樣，看得清清楚楚。

【譯文】

即使我們是在非常隱蔽的地方犯了過錯，大家不易發覺，但是天地鬼神卻如親臨現場看到一樣，知道得清清楚楚。如果所犯的罪業很重大，必定會有眾多災禍降臨我們身上；就算是過失較輕，也會減損我們現有的福報。我怎麼可能不懼怕？

【原典釋評】

人為何要發畏心？這是因為，我們的所有過錯，就算再隱秘，也會有天地鬼神知曉。「鑑」本來是鏡子的意思，也就是說，我們所有的過錯，就像在鏡子裡一樣，被天地鬼神看得清清楚楚、明明白白，因為天地鬼神無處不在。過錯被看到了會引發怎樣的結果？「重則降之百殃，輕則損其現福」，如果過錯太大，就會遭受巨大的禍害，「殃」乃禍害之意，「百」極言所遭禍害之多、之大、之嚴重；就算過錯不大，也會折損現有的福報。這就是沒有敬畏之心的後果，這就是犯錯之後不能改正的後果，如此嚴重的後果，怎能不讓人心生恐懼？

【原典】

不惟此也。閒居之地，指視昭然[一]；吾雖掩之甚密，文[二]之甚巧，而肺肝早露，終難自欺；被人覷破，不值一文矣，烏[三]得不懍懍[四]？

【注釋】

一、指視昭然：指視，即「十手所指，十目所視」，指大家所能看到的地方。昭，就是「明明白白」。然，副詞詞尾，無義。

二、文：掩飾。

三、烏：指原因或理由，怎麼。

四、懍懍：危懼，戒慎的樣子。

【譯文】

不僅如此。就算是在沒有人的空閒之地，神明仍然如同身臨其境一樣能清清楚楚地看到、聽到人們的一切作為。我們雖然掩飾得非常隱秘，文飾得非常巧妙，但是內心的種種想法念頭早已暴露在神明的面前，終究難以自我欺瞞。如果被人看破了，也就會變得一文不值，又怎麼能夠不常懷敬畏之心？

【原典釋評】

若僅因為害怕遭遇災禍，擔心折損福報而發畏心，這樣的敬畏之心仍舊是外物給的，不是由內而外生發而出的。比這樣的敬畏之心更進一步的，是由心而生的敬畏，是發自內心的慎獨，是表裡如一的知禮。因為，就算我們一人獨處之時，自以為掩蓋得隱秘，文飾得巧妙，其實那些不檢點的行為，甚至不合理的念想早就已經顯露而出了，我們也許騙得過外人一時，但是騙不過自己，也騙不了別人一世。試想被人揭穿的一天，自己斯文掃地、一文不值，怎能不謹慎小心、心生敬畏？

很久以前，有一個秀才要進京趕考。他走在路上，前不著村後不著店，又餓又渴。恰好這時，路邊有一片桃林，樹上的桃子都熟透了，散發著誘人的香氣。秀才多想摘一顆桃子，解解渴，解解餓，可是他最終還是只咽了咽口水，就繼續向前走去了。有人問他：「你又不知道這桃子有沒有主人，就算有主，桃林的主人也沒在。你又餓又渴，就算是摘個桃子吃，也不為過呀，何必為難自己？」秀才回答：「桃林雖然可能沒有主人，但是我的心是有主的。」秀才內心之主，就是他信奉、尊崇、敬畏的禮儀，即使四下無人，他依舊不會欺騙自己，違背良心。正是因為心存對禮儀的敬畏，他才心中有主，沒有做逾矩之事。

【原典】

不惟是也。一息尚存，彌天之惡一，猶可悔改。

【注釋】

一、彌天之惡：指罪惡無邊。彌，是充滿的意思。

【譯文】

不僅這樣。一個人只要還有一口氣在，就算犯下了滔天大罪，也還是能夠悔過改正的。

【原典釋評】

前文講到，改過的第二要素是要發畏心，要對天地鬼神心存敬畏，要對作惡之後的惡果心存畏懼，要對社會輿論心存畏懼，做到慎獨。本段講改過的時機，人要改過自新，當然是越早越好，但是不是年紀大了就沒有改過的機會了？答案是否定的，了凡告訴我們，只要「一息尚存，彌天之惡，猶可悔改」。

一呼一吸謂之息，「一息尚存」是指尚能呼吸之際，引申為臨死之際的意思。「一息尚存，彌天之惡，猶可悔改」的意思就是，只要還有一口氣，就算是天大的惡行，也有悔改的機會。也就是說，只要想改過，什麼時候都不算晚，就算是臨死前真心悔過，亦能改正其過，修得善果。俗語說「浪子回頭金不換」，與此有異曲同工之妙。

然而，了凡如此說，是為了勸人向善，若有人據此得出「生前可作惡，臨死再懺悔」的結論，那就大錯特錯了。修行之人，不能有臨終改過的投機取巧之心，還是日日勤謹修行，斷惡行善，積善成德，才更加穩妥。

【原典】

古人有一生作惡，臨死悔悟，發一善念，遂得善終者。

【譯文】

古代有人一輩子都在作惡，到了臨終前悔悟過來，萌發一個善的念頭，於是得到善終的果報。

【原典釋評】

講完何時改過自新都不算晚的理論之後，了凡透過舉例來對這個理論進行佐證、說明。了凡說，古時候有很多這樣的案例：有些人作惡一生，但是這個人在臨死之前幡然醒悟，改過向善，心中生出了善念，因此得以善終。

理解這句話，首先要明白，行為和心念是不一樣的：心念之理需要頓悟，行為之事則需要漸修。「臨死悔悟，發一善念」，就是平時妄念癡心過多，在臨死前頓悟了理，只要頓悟了這個理便可得善終。然而，在行為上的修練卻與此不同，就算是頓悟了理，還是要在具體的事情上不斷踐行，這種善行則是需要不斷累積的。學習時，一定要注意理和事的區別，也就是必須分清心念和行為。所以，這個話題說的是兩個方面，一個說的是理，一個說的是事；一個說的是心，一個說的是行。行為是心理的外在表現，如果一個人能在臨死前發善念，可以推測，若他生命得以延續，便會有善行，這也是其得以善終的原因。

【原典】

謂一念猛厲，足以滌百年之惡也。譬如千年幽谷，一燈才照，則千年之暗俱除。故過不論久近，惟以改為貴。

【注釋】

一、猛厲：猛烈，嚴厲剛烈。

【譯文】

這就是說，只要可以發出一個勇猛堅決的善念，就完全可以洗刷掉他一生所犯的罪惡。這就有如太陽千年照射不到的幽暗山谷，只要有一盞燈光照射進去，千年的黑暗也就可以完全除去。所以過失不論是久遠前犯的，還是最近犯的，只要可以改，那就是最可貴的。

【原典釋評】

本段繼續闡述善念的巨大作用，也是對前述內容的進一步解釋。為何會存在「一生作惡，臨死悔悟，發一善念，遂得善終」的情況？為何說「一息尚存，彌天之惡，猶可悔改」？了凡用具體生動的比喻，為我們解答了上述問題。

了凡說，只要我們改過向善之念堅決、勇猛，就算是「百年之惡」也能夠洗刷乾淨。「百年之惡」

並非實指，是用以形容惡行之多、惡念之大、持續時間之長。接著，了凡用明燈照耀幽谷的比喻，十分具體地向我們解釋其中道理。如果把「百年之惡」比作一個千年幽暗昏黃的山谷，猛厲的善念就像是一束照亮千年幽谷的明燈。明燈一照，就算這山谷幽暗昏黃了千年，也會被瞬間照亮，千年的昏暗就都消失不見了，只留下一束光明。所以，一個人就算有百年之惡，只要他心中產生猛厲的善念，原有惡行惡念的基礎就不復存在了，就被這猛厲善念洗刷乾淨了。所以，不管人的過錯是大是小，是現在犯的還是很久之前犯的，只要改過，就是好的，就是值得鼓勵的，就是能夠成善的。

一個人的內心是很難被看清的，但是每個人的言行舉止都是外在的，很容易被看到；就像我們很難用自己的眼睛看到自己，需要借助鏡子一樣。如果一個人的內心善良，有善念，鏡子裡照出來的行為往往就是善行；如果一個人的內心妄念過多，鏡子裡照出來的往往就是惡行。若有人只見惡行，不知惡念，拼命從行為上矯正，往往是得不償失的。就像我們看到鏡子裡的人臉上有汙點，從鏡子裡擦，是擦不乾淨的，把自己臉上的汙點擦乾淨了，鏡子裡的人自然也就乾淨了。心內的善念能夠幫助我們看到臉上的汙點、擦乾淨臉上的汙點，我們要做的就是淨化心靈，從此刻起，改過自新。

【原典】

但塵世無常，肉身易殞[一]，一息不屬[二]，欲改無由矣。

【注釋】

一、殞：死亡，消失。

二、一息不屬：屬，歸屬。一息不屬，意為「一口氣上不來」。

【譯文】

況且我們所處的這個世間，是一個幻滅無常的世界，我們的肉身很容易死亡，只要一口氣上不來，這個肉身就不再是我的了。到這個時候，我們就是想要改過，也沒辦法了。

【原典釋評】

前文了凡著重闡述改過不怕晚的觀念，但是未免有人錯誤理解、誤入歧途，因此了凡在上段末尾提到「過不論久近，惟以改為貴」的觀念，就是說有錯不怕，貴在能改。本段承接上文，進一步提出改過應該把握時機、及早進行的觀念。因為世事無常，我們不知道未來會發生什麼，好事何時來到，災難何時降臨，壽命何時終結，肉身何時隕滅，以上種種大事都在變化之中。也許只是一口氣提不上來，人就沒了；或許只是睡了一覺，就再也醒不過來，若真如此，就算抱持想要改過的善念，也終不可行、終不可得了。所以我們能夠把握的，只有當下，只有現在。改過自新，也應該從現在開始，日日自省、日日改正、日日勤謹修行，這樣做，才不會給未來留遺憾。

這些道理，在《明日歌》中表達得十分透徹，詩云：「明日復明日，明日何其多。我生待明日，萬事成蹉跎。世人若被明日累，春去秋來老將至。朝看水東流，暮看日西墜。百年明日能幾何？請君聽我明日歌。」從此時起，躬身實踐，自省慎獨，改過自新才是最好的修行。

【原典】

明則千百年擔負惡名，雖孝子慈孫，不能洗滌。

【譯文】

到了這種地步，在明顯可見的世間果報上，將須擔受千百年的壞名聲而遭人唾罵，雖然有孝子慈孫這些善良後代，也洗刷不掉這種惡名。

【原典釋評】

那些做了惡事不知悔改或者來不及悔改的人，因為惡行太多，遺臭萬年，就是他的後代孝順仁慈，也無法幫他洗滌曾經犯下的罪惡。《立命之學》中曾經提到，想要掌控自己的命運，預料禍福吉凶，就應該做到六思六想，其中一思便是「近思蓋父母之愆」，也就是說，子孫應該多行善，以彌補父母犯下的錯。但是，若一個人作惡太多，就算子孫行善，也無法幫其彌補錯誤，洗刷惡名。

以「莫須有」的罪名置抗金名將岳飛於死地的秦檜，他的曾孫秦鉅卻忠君愛國，走上抗金救國之路。嘉定十四年，也就是西元一二二一年，金人南侵蘄州，秦鉅與郡守李誠之率眾抗敵，因為寡不敵眾，和兒子、女兒一起捐軀。秦鉅死後，皇上追封其為烈侯。儘管後代忠孝節義，但是因為秦檜惡名昭著，他的後代無法幫他洗刷罪名，秦檜的塑像至今仍然跪在岳飛墓前。並且，因為秦檜的過錯，其曾孫差點就失去為國出征的機會。可見，惡行太過，孝子慈孫不僅無法為其洗刷惡名，還會被其惡名所累。

【原典】

幽則千百劫沉淪獄報，雖聖賢佛菩薩，不能援引。烏得不畏？

【譯文】

至於看不見的報應，在陰世，惡人還要以千百劫的時間，沉淪在地獄裡受罪，縱是聖賢、佛菩薩們，也無法救助、接引他們，這怎麼可能讓人不懼怕？

【原典釋評】

常言道「惡有惡報」，上段中提到，那些做了惡事不知悔改或者來不及悔改的人，因為惡行太多，遺臭萬年，就是他的後代孝順仁慈，也無法幫他洗滌曾經犯下的罪惡，這是世人都能看得到的惡報，是在明處的。還有一些惡果，是我們凡人看不到的，這樣的惡果持續的時間更長，當事人受到的折磨也更嚴重。因此，這兩段都是在警示世人，斷惡行善、改過自新要及時，要趁早，不能有半點遷延和僥倖，否則不僅自己受苦，還會殃及子孫。

【原典】

第三，須發勇心。人不改過，多是因循[一]退縮，吾須奮然振作，不用遲疑，不煩等待。小者如芒刺在肉[二]，速與抉剔[三]；大者如毒蛇齧指，速與斬除，無絲毫凝滯[四]。此風雷[五]之所以為益也。

【注釋】

一、因循：流連，徘徊。

二、芒刺在肉：如同有芒刺扎在肉裡。形容內心惶恐，坐立不安。芒刺，指植物莖葉、果殼上的小刺或穀類殼上的細刺。

三、抉剔：拔掉，剔除。抉，挑選。剔，拔除。

四、凝滯：拘泥；黏滯；停止流動。

五、風雷：指《易經》第四十二卦的益卦，上巽，下震；巽為風，震為雷。這一卦，象徵萬物生長、得大利益的意思。

【譯文】

第三，必須發起勇猛之心。人不能改正錯誤，多是因為得過且過、畏難退縮，我們必須立即振作，不能延遲、疑惑，更不能等待。小的過失，要像尖刺戳進肉內一般對待，必須趕快剔除；大的罪業，要像被毒蛇咬到手指一樣對待，必須第一時間將指頭切除，不可以有一點點猶豫和停頓，否則毒液蔓延到全身，就會立即死亡。這便是《易經》中，風雷之所以構成益卦的道理所在。

【原典釋評】

具備改過之勇心，關鍵在於一個「速」字。無論是大錯還是小過，一經發現必須迅速處置，這樣才可以將損失控制在最小的範圍之內。就像羊圈破了，亡羊補牢猶時未晚，若聽之任之，甚至放縱擴大，損失只會越來越大，直到無法收拾的地步。具體而言，對待小錯，要像對待刺進肉中的芒刺一樣。如果有芒刺扎進了肉裡，我們的第一反應就是把它挑出來，以免芒刺繼續深入，引發痛苦。對待小錯也是如此，一旦發現，就要立即改正，以免小錯變大錯。對待大錯，就要像對待被毒蛇咬過的手指一樣。若手指不小心被毒蛇咬傷，在數百年前沒有特效藥時，最好的方法就是當機立斷，斬下手指，避免毒性進一步蔓延，威脅生命安全。對待大錯就是如此，必須第一時間處置，有壯士斷腕的決心，若任其發展，就會被大錯毀了終生。因此，具備改錯的勇心，就是要做到「速」——迅速發現、迅速改正。

「此風雷之所以為益也」，「風」指八卦中的巽卦，巽卦的卦象為風，有順從的意象；「雷」指八卦中的震卦，震卦的卦象為雷，乃震動的意象；「益」是六十四卦中的第四十二卦，上為巽卦，下為震卦，有風雷激盪，相助互長，交相助益之意。

【原典】

具是三心，則有過斯[一]改，如春冰遇日，何患不消乎？然人之過，有從事上改者，有從理上改者，有從心上改者，工夫不同，效驗[二]亦異。

【注釋】

一、斯：乃，就。

二、效驗：功效；預期的效果。

【譯文】

如果具備了恥心、畏心和勇心這三種心，一旦犯了過失就能夠馬上改正，就好像春天的冰雪遇到陽光，何須擔心它不會融化？然而人們的過失，有從所犯過失的事實本身上戒除的，有從瞭解其中的道理上去改正的，也有從心念上來改正的，他們所付出的努力程度不一樣，因此所得到的效果也有所不同。

【原典釋評】

本段是對改過自新方法的小結，想要改過自新，恥心、畏心、勇心缺一不可。沒有恥心，就沒有內源的動力，改過自新缺乏內在的動機和前提，就算偶有改過自新之心，亦會因為缺乏本源的動力而覺得知錯改過的過程過於枯燥無味，沒有發自內心的真實訴求，很難達到積善修德的效果。沒有畏心，就是缺乏對鬼神天地及社會輿論的敬畏之情，缺少了外在的監督，便很容易懈怠；尤其是對於自制力不強的人，很難做到慎獨，改過自新便容易流於形式，缺乏實質，難收實效。沒有勇心，就是缺乏將知錯改過的想法付諸行動的勇氣，會使得知錯改過成為空想，會因為種種原因遲疑、退縮，會安於現狀，得過且過，因此也無法完成改過自新這個曠日持久的工程。

人如果具備了恥心、畏心、勇心這三種心，就能做到有錯便知，知錯能改，改過自新。若將人之過錯視為冰雪，這三種心就是能夠融化冰雪的春日暖陽，冰雪到了春日便會消融，遁於無形；在三心的加持之下，過錯也會煙消雲散，一日比一日更少，最終所有過錯便會如春冰一般消於無形。

具備恥心、畏心、勇心這三心是改過自新的必要條件，亦是改過自新的綱領性要求，但是就算具備了這三心，每個人具體的改過之法亦有所不同。有些人改過，是就事論事，哪件事錯了就改哪件事，哪個行為錯了就改正哪個行為，這屬於從事上改者。有些人改過，是由事及理，不同的錯事或者錯誤行為，背後的道理可能是一致的，比如考試時把一＋一的結果寫成一，把一×一的結果寫成二，雖然兩個錯誤不同，但是其背後都是因為粗心大意，因此便該從理上進行改正，才可以杜絕類似錯誤。有些人改過，是透過現象直達本質，不看事情也不看道理，而是從自己的內心找原因，再加以改正。從事上改、從理上改、從心上改，三種改過之法，需要的功夫有深有淺，因此改過的效果也就各不相同。

【原典】

如前日殺生，今戒不殺；前日怒詈[一]，今戒不怒。此就其事而改之者也。強制於外，其難百倍，且病根終在，東滅西生，非究竟[二]廓然[三]之道也。

【注釋】

一、怒詈：發怒，責罵。
二、究竟：畢竟；到底。
三、廓然：阻滯盡除的樣子。

【譯文】

比如，有人前一天還殺害生命，但今天就已戒除不再殺了；前一天還發怒罵人，今天也戒除不再發怒了。這就是從所犯事情的本身上來改過。但是這種改過之法只是從外在來強制約束自己，這會比從根本上自然改正要難上百倍；而且其犯過的根源仍然存在，在東邊把它消滅了，西邊又會冒出來，這實在不是徹底改過的方法。

【原典釋評】

本段開始對三種改法進行闡述，首先闡述的是從事上改者。什麼樣的改法是從事上改？了凡舉了兩個例子，一是「前日殺生，今戒不殺」。以前不愛護生命，沒有好生之德，殺害生命，現在可能還是想殺害生命，也不明白為何不能殺害生命，只一味努力強忍著，避免做出殺害生命的行為，這就是從事上改。第二個例子是「前日怒詈，今戒不怒」。「怒」就是生氣、易怒，愛發脾氣；「詈」是罵人、責罵的意思。「前日怒詈，今戒不怨」就是原先動不動就生氣、發脾氣，動不動就破口大罵、責怪他人，現在遇到事情也許還是心生怒火，想要開口罵人，但是因為知道改過自新，所以強壓心中的怒火，強抑心中的不滿，不讓怒氣發出來，不讓髒話罵出來，這就是從事上改。這種改法是很流於表面的，治標不治本，因為只改其行，未改其心，雖然沒有殺生的行為了，但還是缺乏仁慈之心；雖然不發怒、不罵人了，但還是有怒氣，有不滿。這種改法也很難見效，因為一個心念或者一個道理，會表現在千千萬萬的行為上，也會表現於千千萬萬件事情上，由事而改，需要改正的行為或者過錯，不僅數量多，而且見效慢。這種改法，也很容易傷害到自己，因為這種改正不是順從內心而為，而是強壓怒火，強忍不滿，很容易失控，反受其害。

了凡繼續闡述從事而改是不可取的，並分析從事而改難以見效的原因。首先，從事而改是只改表面，不改內在，是強行透過外在約束改正而不是從心而行自然而改，因此改過的過程異常艱難。其次，從事而改只能治標不能治本，就像治病一樣，或許這樣的改法能夠讓某個症狀暫時消退，但病因、病根未除，這個症狀消退後，很可能出現新的症狀，也就是了凡所說的「東滅西生」——這個行為矯正過來了，那個過錯又冒了出來，讓人應接不暇、疲於奔命。所以說，從事而改，「非究竟廓然之道也」。「廓然」本義是指遠大高邈的樣子，這裡是說這樣的改法不是根本之計，不能合於大道。

【原典】

善改過者，未禁其事，先明其理。如過在殺生，即思曰：上帝[一]好生，物皆戀命，殺彼養己，豈能自安？且彼之殺也，既受屠割，復入鼎鑊[二]，種種痛苦，徹入骨髓。己之養也，珍膏[三]羅列[四]，食過即空，疏食菜羹，盡可充腹，何必戕[五]彼之生，損己之福哉？

【注釋】

一、上帝：上蒼，上天。

二、鼎鑊：鼎與鑊，古代兩種烹飪器具。

三、珍膏：此指美味佳餚，山珍海味。

四、羅列：排列，陳列。

五、戕：殺害。

【譯文】

善於改過的人，在還沒有戒除某種事情之前，會先去瞭解此事不可以做的道理。例如一個人即將犯殺生的過失，他當即就應該想到：上天有好生之德，凡是萬物都會珍惜自己的生命，如果將牠們殺了來滋養自己的身體，又怎麼能夠心安？而且牠們被殺時，已經遭受到了宰割，在尚未斷氣之前，還要被放到鍋子裡烹煮，那種種無法形容的痛苦，直接穿透到了骨髓裡。再者，人們為了蓄養自己，滿足口腹之欲，將各類珍稀美味擺在面前，盡情享受，卻從未想過這些美食入口之後，便會化成糞渣排出，到最後什麼都不會留下；其實蔬菜素湯，盡可以提供營養、增長壽命，又何必一定要去傷害別的生命，來折損自己的福報！

【原典釋評】

本段繼續對三種改法進行闡述，闡述的是從理上改者。從理上改者，不是用強壓、強制、忍耐等方法強行改正過錯，而是透過理解過錯背後的道理，追尋過錯產生的前因後果，分析過錯帶給人的得失，從理性的角度加以權衡，進行取捨，勸己向善。所以說，能夠改正過錯的人，善於改正過錯的人，不會強行禁止自己做某件事，而是會在強制自己的行為之前，想盡辦法明白其中的道理。這種改過之法比從事上改者進步很多。

接下來，了凡以前文提到過的殺生之例，詳細闡述從理而改者對殺生的認識、理解及改過過程。那些犯殺生之過的人，想要改過，就應該認真思考一下：聖賢教育我們，上天有好生之德，人愛惜自己的生命，想延年益壽，因此有趨利避害的本能。動物也是一條生命，牠們同樣愛惜自己的生命，想要活得久一點，如今，我們為了一己私欲，卻要殺害其他生命，自己的心裡真的好受嗎？真的過意得去嗎？這是就殺生之過，想要從理改之，應該做的第一層思考。

殺生之過，想要從理改之，應該做的第二層思考是關於被人所殺的動物所承受的痛苦。動物被活生生地用利器殺死，承受屠割之苦，牠們聲嘶力竭地嘶鳴，想要保住一條性命；在繩索的束縛之下，牠們的嘶鳴由強而弱，最終沒了聲息。此後，牠們的肉身還要被放入「鼎鑊」，也就是鍋中去蒸，去煮。牠們的痛苦，是我們被水燙、被刀劃的千倍萬倍。這樣的痛苦，深入骨髓，牠們帶著深沉的痛苦殞命，怎會不對人心生怨憤、仇恨？

殺生之過，想要從理改之，應該做的第三層思考是關於殺生是否必要，也就是殺生之人得到什麼。我們為了保養自己的身體，為了自己所謂的營養健康，不惜將珍饈美味羅列在自己面前，可是這些東西吃到嘴裡，下到肚中，無非是經過消化、排出體外，「食過即空」。況且，我們不是別無選擇，蔬食菜羹，哪一樣都能果腹充饑，何必非要透過戕害生命的方式滿足自己的食欲，而讓自己的福報折損？

三層道理由聖賢之語及所殺之生命，由所殺之生命到自我之所得，層層深入，說服力極強，這便是從理而改。明晰道理之後，就無須強制地矯正某種行為，而是自然地被自己說服，進而杜絕一類行為的發生。

【原典】

又思血氣之屬[一]，皆含靈知；既有靈知[二]，皆我一體，縱不能躬修至德，使之尊我親我，豈可日戕物命，使之仇我憾我於無窮也？一思及此，將有對食痛心，不能下嚥者矣。

【注釋】

一、血氣之屬：指有血有氣的生命體。

二、靈知：猶靈覺。指所有生命體所具有的靈性。

【譯文】

同時還要想到，凡是有血有氣的生命，都具有靈性知覺；既然有靈性知覺，就與我們人類一樣有情，就算我們自己無法修到至高的德行境界，使牠們來尊崇我、親近我，又怎麼可以天天殺害牠們的生命，使牠們與自己結下生死冤仇，恨我怨我一直沒有盡期？一想到這裡，面對著滿桌的血肉之食，不禁生出悲傷憐憫之心，不再忍心吞食了。

【原典釋評】

本段繼續闡釋從理上改者，並且將從理上改與從心上改略作了對比。從理上改，我們沒有修心，所以心地還如以前一樣，不會修行到「至德」的程度，也就是說，從理上改不會使道德修養接近於圓滿。既然道德修養不圓滿，心地也沒有多麼善良、清淨、慈悲，生靈自然不會有感應，因此這些生靈也不會若有所應地尊敬自己、愛護自己、親近自己。但是，因為懂得其中的道理，也斷然不會戕害生靈，為自己引來仇恨，讓諸多生靈對自己生出無限的恨意。能將不能殺生之理分析到這種程度，對著滿桌的珍饈美味，就會心生傷悲，不忍下嚥，如此一來，就從理念上懂得不能殺生的道理，從行為上杜絕殺生的行徑，這便是從理上改。

從理上改比從事上改有所進步，但是仍然沒有達到從心上改的至高境界。

【原典】

如前日好怒，必思曰：人有不及，情所宜矜[一]；悖理相干[二]，於我何與？本無可怒者。又思天下無自是[三]之豪傑，亦無尤人[四]之學問；有不得，皆己之德未修，感未至也。吾悉以自反[五]，則謗毀之來，皆磨練玉成[六]之地，我將歡然受賜，何怒之有？

【注釋】

一、矜：同情、哀憐。

二、干：干擾；侵犯。

三、自是：自以為是。

四、尤人：怨恨、抱怨別人。

五、自反：自我反省。

六、玉成：敬辭，促成、成全之意。

【譯文】

比如以前我喜歡發脾氣，就應該想到：每個人都會有短處，從情理上來說，這本來就應該加以同情和原諒；如果有人違反情理而冒犯了我，那是他自己的過失，與我又有什麼關聯？這本來就沒有什麼可憤怒的。還應想到，天下沒有自以為是的英雄豪傑，也沒有怨恨別人的學問；如果所做的事情不能稱心如意，那都是自己的德行修得不好，涵養不足，感動人的力量還不夠！如果這些我都可以自我反省，各種外來的毀謗與傷害，都將成為磨練我、成就我的助緣。因此，我將高高興興地接受別人的指摘和批評，又有什麼可怒可恨的？

【原典釋評】

本段首先以發怒為例，闡述如何從理上改正發怒之過。想要改正發怒之過，要先知道為何發怒。發怒一般是因為別人做錯了事情，自己便生氣了，生氣之後氣向上湧，便為發怒。從理上改，就要先懂得「金無足赤，人無完人」的道理。每個人都不是完美的，所以人總是會犯錯的。人犯了過錯，我們應該想到，每個人都不是完美的，對此我們應該對他抱以同情、憐憫之心，進而以寬容的態度原諒、包容他的不足和過失。而不應該用發怒的方式，用他的過錯來懲罰自己。

其次，對於他人毫無緣由的冒犯，或者違背常理的冒犯，我們要明白，這不是我們的行為導致的，是他自己修行不夠。所以本質上，這種冒犯是與「我」無關的，是他自己要完成的修行。

這樣分析之後，我們便會明白，他人的不足和缺點是不值得我們發怒的，與我們無關之事，更是不值得我們發怒的。這樣一來，本來快升起來的怒氣自然就消散了，較之從事上改者的強壓怒氣，是巨大的進步。但是較之於從心上改的根本不會生出怒氣，尚有繼續修行以進步的空間。

發怒之過由理上改者的第二層道理，就是古往今來的聖賢豪傑，沒有自以為是、剛愎自用的，都是聞過則喜，善於改過自新的。他們從不怨天尤人，而是樂於自省，不放過任何反省自己、完善自己的機會。聖賢豪傑身處逆境之時，不會將過錯歸咎於上天或者他人，他們總是將問題歸於自己：是不是我的德行還未修到家？是不是我的涵養還不夠？透過這些反省，他們便會把這些逆境、磨難當作錘鍊自己品行的機會。「發怒」之人，要認真想一想，自己為何發怒？是不是因為別人說出自己的缺點？若真如此，更應該接受，並且感謝別人，因為自己沒有發現的缺點被別人發現了，自己便能更加完善、進步，這是好事。若能以感恩之心對待毀謗、磨難，就做到了把絆腳石變成墊腳石，怎麼還會生氣發怒？

三皇五帝是古之聖賢，他們是中國原始社會的部落首領或部落聯盟首領，因為做出了傑出、偉大的貢獻，被後人尊稱為「皇」或者「帝」。其中，五帝之中有一個出身貧寒的農家子弟，被孟子形容為「發於畎畝之中」的，他就是舜帝。這樣一位出身貧寒的農家子弟，是如何被身為部落首領的堯帝知曉並看重，成為下一任首領人選的？這就不得不提到舜帝的德行了。

舜家境清貧，所以從小就在家鄉從事各種體力勞動，他曾在歷山耕耘種植，在雷澤打魚，在黃河之濱製作陶器。在勞作之中，他總是替別人著想，帶領大家一起勞動，因此人們被他的德行感染，越聚越多，凡是他工作過的地方，都會很快發展成為富庶且民風淳樸的城郭。

舜在二十多歲的時候，就已經聞名四方了。讓他聞名的，除了上述德行，還有他的仁孝。舜自幼喪母，他的父親瞽叟續娶了一個妻子，繼母生了一個兒子取名為象。他的父親、繼母和弟弟對他很不好，經常虐待他。但是他從來不把這些事情放在心上，而是更加誠懇謹慎地孝順父母，友愛兄弟。堯聽說了他的德行，便賞賜給他絺衣、牛羊，並且為他修築了倉房，還把自己的兩個女兒娥皇、女英嫁給了舜，以考察他的人品德行。

舜得到上述賞賜之後，瞽叟和象對舜的財物非常眼紅，便想殺死舜，霸佔他的財物。瞽叟便說自己的屋頂壞了，讓舜幫自己修理屋頂。舜十分孝順，自然樂意幫忙，誰料到，他剛登上屋頂，象便把梯子撤走了，還在下面放起了火，想要燒毀倉房，燒死舜。舜急中生智，把兩個斗笠當作翅膀，從房頂上跳了下來，才倖免於難。

可是，瞽叟和象還是不肯甘休，又找理由讓舜幫他們挖井。舜孝順仁愛，便不知辛苦地幫父親、弟弟挖井，井挖深了，瞽叟和象就開始在井上填土，意圖堵住井口，把舜活活悶死在井中。幸虧舜機智應變，提前在井道旁挖好了一條通道，才保全了性命。舜並未因此對父親和弟弟心生怨恨，而是把這些磨難當作錘鍊自己品格的機會，加倍地孝敬父母，友愛兄弟。

此後，舜帝的孝順之名傳得更遠了，部落上下無人不知。堯帝也對自己選的接班人十分滿意。就這樣，一個出身貧寒的農家子弟，因為父母兄弟的虐待而成就了孝順之名，因為仁孝友愛、德行昭著被首領看重，成為首領的接班人。

聖賢的確與普通人不同，舜帝就是將謗毀作為磨練玉成之地，欣然受賜、不生怒氣的典範！

【原典】

又聞而不怒，雖讒焰熏天，如舉火焚空，終將自息；聞謗而怒，雖巧心[一]力辯，如春蠶作繭，自取纏綿[二]；怒不惟無益，且有害也。其餘種種過惡，皆當據理思之。此理既明，過將自止。

【注釋】

一、巧心：巧妙的心思。

二、自取纏綿：意即自己困住自己。

【譯文】

再者，如果聽到別人的毀謗而能不發怒，即使這些壞話說得像火焰熏滿天空，也只是癡人拿著火把，想要焚燒虛空一樣，最終將會自己熄滅、停止。如果聽到毀謗就動怒，即使費盡巧妙的心思努力為自己辯護，也只會像春天的蠶兒吐絲作繭一樣，將自己纏縛住。所以，發怒不僅對自身沒有好處，而且還會有害處。至於其他的各種過失和罪惡，都應該依據客觀實際來認真思考。

若是能夠明白這種道理，過失自然就會停止，不會再犯。

【原典釋評】

上段透過聖賢豪傑與凡夫俗子對待逆境、困境時的不同態度，引導讀者正確看待他人的毀謗，勸導讀者把握時機修身養性。本段了凡繼續闡釋應對別人的誹謗應該持有「聞而不怒」的態度，並且透過生動具體的比喻，讓我們明白人能做到「聞而不怒」的背後邏輯。

了凡將他人的誹謗和讒言比作熏天的火焰，而把遭受誹謗的人比作天空，天空空無一物，純淨自然，因此再大的火焰也無法焚燒天空。一個人若如天空一般純淨、寬厚，再厲害的讒言都無法傷害到他。焚燒天空的火焰最後只會耗盡自己，誹謗他人而人不辯不爭，最後受累的只會是口出惡言之人。

兩人之間若有了爭執，一人先挑起話柄，另一個也應聲而起，多半要吵上半天，最後即使雙方都疲憊不堪也不一定能吵出個所以然。但是若一人挑起話柄之後，另一人恍若未聞，不予理睬，第一個人嚷上一會兒，也就不會再繼續下去了。他沒有對手，自己吵嚷，很快就會筋疲力盡，圍觀之人往往還會指指點點，說他沒有風度，只知道大呼小叫。不應聲的一方，既可以保存體力，又顯得懂禮明事，不斤斤計較，可以說是雙重收穫。這是了凡從正面對「讒焰熏天，如舉火焚空，終將自息」之理進行論述，將聞謗不怒之理向讀者剖析得明明白白。

「聞而不怒」的反面是「聞謗而怒」，了凡又從「聞而不怒」的反面，用具體生動的比喻對「聞謗而怒」的危害進行深刻剖析。

金無足赤，人無完人，每個人都不完美，做人做事很難讓人百分之百地滿意，因此難免會被人在背後議論，有時甚至會遭受誹謗。別人說了你的壞話，是應該費盡心思、極力地辯白，一定要在口才上贏得對方？還是應該隨他去說，把這當作改正、進步的機會，不斷修身養性、完善自己？了凡先生告訴我們，如果我們無法控制自己的情緒，聽到誹謗就憤怒不已，還要竭盡全力地為自己辯護，這種行為就像是春蠶吐絲，最終卻蠶被繭縛，不得自由一樣。因此，用怒火來應對誹謗，不僅毫無益處，而且對自己的身體和心理都有害處。其實，不僅對自己有害處，生氣之時的口舌之快，難免也會傷及他人，自己因為受誹謗而辯駁，最終卻成為誹謗他人之人，於人於己皆有百害而無一利。無論是活生生的歷史之中，還是繪聲繪色的文學作品裡，都有許多因性情暴躁，時常發怒而損及自身的案例，三國名將張飛甚至因此殞命，真是得不償失，讓人不勝唏嘘。

我們都知道，張飛勇猛無敵，但是性情暴躁，喜怒無常，並且愛喝酒，常因喝酒誤事，但是他卻始終未能改正。話說，張飛鎮守閬中之時，二哥關羽敗走麥城殞命的噩耗傳來，張飛一天到晚號泣不止，血淚把衣襟都沾濕了。諸位將領見狀，只得用酒勸解張飛，張飛借酒消愁愁更愁，醉酒之後，怒火反而更大了。凡是他統轄之下的官兵，只要稍有過失或者稍微不遂他的心意，他便會動用軍鞭責罰，有很多士兵因此喪命。劉備聽說後，便好言相勸，對他說：「這些士兵日日跟在你的身邊，你應該對他們寬厚仁慈些。像這樣喜怒無常，動輒鞭打，難免招致怨恨，反受其害。」某日，張飛下令，要求兵士在三日內備好白旗白甲，以便全軍掛孝伐吳。第二天，張飛帳下的兩名小將范彊和張達進入軍帳，稟告張飛道：「三日之期太短，來不及準備足量的白旗白甲，還望將軍寬限些時日。」張飛聞言，怒不可遏，喝斥道：「二哥被吳賊害死，我恨不能立時率兵殺入逆賊之境，替二哥報仇。爾等竟敢違抗軍令，要求寬限時日！」說罷，張飛便令左右將范彊和張達綁到營內樹上，鞭打每人五十軍鞭。鞭打之後，張飛餘怒未消道：「所製白旗白甲明天定要全部備齊，誤了期限，就將你二人項上人頭取下示眾！」二人被打得皮開肉綻，口吐鮮血，被扶進營內後，范彊開口道：「你我二人今日受此鞭打，明日如何能製好全部的白旗白甲？此人性暴如火，若明日再置辦不齊，只怕你我二人就真的性命難保了！」張達道：「與其被他殺，不如先動手，殺了他！」范彊道：「只是無計靠近他。」張達道：「若你我二人命不該絕，今晚就讓他醉倒在床；若你我二人命該如此，那也只能聽天由命了！」是夜，張飛果然酩酊大醉，醉臥在帳中。范、張二人聽聞之後，於初更時分，懷揣著利刀秘密潛入張飛帳中，殺死張飛，割下他的首級，趁夜逃往東吳。張飛因為發怒丟了性命，發怒之害實在不能說不大！

最後是對從理而改這個改過之法的總結，了凡以殺生之過、發怒之過為例，從正反兩個方面闡述從理而改的思考方法。天下的道理一通百通，因此他便以十分精練的語言對從理而改這個改過之法進行總結，那就是「其餘種種過惡，皆當據理思之。此理既明，過將自止」。不論犯了何種過錯，做了何種惡行，若想從理而改，都應該認真思考、分析犯錯的原因、過程及不良後果。只要明白犯錯的原因，知悉了犯錯的經過，知悉了犯錯的惡果，就不會再犯此類錯誤，此類過錯便能自行停止了。這兩句話，可以說是從理而改的最高宗旨和原則。如果把事情本身當作植物的枝葉，道理便是植物的莖幹，植物生病後，從莖幹上治療，枝葉上的病便能自癒；若從枝葉上治療，不僅費時費力，往往也難取得成效。

【原典】

何謂從心而改？過有千端，惟心所造。

【譯文】

怎樣叫做從心地上來改過？人們所犯下的過失，雖然有千種之多，但都是從心裡造作出來的。

【原典釋評】

本段繼續對三種改法進行闡述，闡述的是從心而改的改過之法。為什麼改過要從心而改？因為過錯的表現有千千萬萬種，易怒也好，殺生也罷，這些不同的過錯有不同的外在表現，但是在這些不同的外在表現之下，都有一個共同的源頭，這個源頭就是心。了凡先生將其概括為八個字，那就是「過有千端，惟心所造」。所有的過錯皆是由心生出來的，所以從心而改便是改過最徹底、最根本的方法。

所謂從心而改，就是行為要發自內心，思考要發自內心，一切都是自然而然的隨心之舉，因為心地符合大道，慈悲、清淨，所以也就不會再犯錯了。所以，從心而改的本質便是要修心，不斷去除心中的妄念和分別，使心地達到慈悲、清淨的境地。

【原典】

吾心不動，過安從生？

【譯文】

如果能夠不起心動念，過失將從哪裡產生出來？

【原典釋評】

從心而改是改過的最高原則，也是改過最徹底、最根本的方法。一切行為和思想都受到心的指揮和控制，如果一個人的心思純淨，沒有妄念、邪念、分別心，就不會出現惡念，也不會做出惡行。

想要做到「吾心不動」，不下一番苦功夫是不行的。無論是功過格還是念經念咒，都是修練內心的好方法。最初，是用行善積德的念頭壓倒由心而生的妄念。隨著修行的不斷深入，行善積德的念頭便不需要太多意識參與，便能自然地存在於思想之中，踐行於行為之下。最終，它就會變成和吃飯、睡覺一樣的本能，是我們拋開外物之後的本真之性。修行的過程就和學開車一樣，剛開始總是要照著規章，勤學苦練，修練到較高境界之後，一切便都發乎自然，並且「隨心所欲不逾矩」。

【原典】

學者於好色、好名、好貨[一]、好怒，種種諸過，不必逐類尋求。

【注釋】

一、貨：財物。

【譯文】

一個追求學問的讀書人，對於愛好美色、喜得浮名、貪愛財物、喜歡發怒等各種過失，不必一項一項地去尋找改過的方法。

【原典釋評】

本段透過實例，來說明人所犯過錯之多，闡述從心而改的原則及方法。

大千世界，熙熙攘攘，人的過錯，不勝枚舉：有些人貪戀美色，有些人愛好浮名，有些人貪圖財物，有些人暴躁易怒。這種種的過失，如果按照從事而改的方法，恐怕是要改上許多遍，要費上許多時間。然而，如果按照從心而改的方法進行改正，以上種種過錯，不論多少種，都無須一個一個地改了。只要把心修練好了，沒有分別、沒有妄念、沒有執著，過錯便失去存在的土壤，以上種種枝節自然會向善、向好，這也就是六祖慧能所說的「本來無一物，何處惹塵埃」。

【原典】

但當一心為善，正念現前，邪念自然汙染不上。

【譯文】

只要可以全心全意地發善心、做好事，時時觀照自己的心思，等正大光明的心念湧現，就不會被偏邪的惡念所沾染。

【原典釋評】

本段闡述為何用從心而改的改過之法改正錯誤時「不必逐類尋求」。這是因為，人若一心為善，發善心、做好事，每時每刻都修心，修練到了心地清淨，心念光明的程度，心中時時充盈著正念，自然容不下偏邪惡念，偏邪惡念無法沾染心地，過錯就自然改好了，又何必費時費力地一一改正，逐類尋求？

何為「一心為善」？一心，就是沒有二念，真正地相信，絲毫不懷疑。為善，就是要多為他人著想，不要總想著個人；就是要多為社會謀福利，不要總想著一己私利。「正念現前」就是心中的為善之念多，為惡之念少；為別人著想的多，為自己著想的少；安然清淨的成分多，邪思妄念的成分少。心念被正念所統，自然沒有多餘的來徒生妄念。就像一個地方，都是好人，惡人便沒有了生存的土壤。

蘇武牧羊的故事流傳千古，是何種信念支撐著他，不改初心，在偏僻苦寒的北海牧羊十九年，終得歸漢？蘇武是漢朝人，當時漢朝和匈奴的關係時好時壞。西元前一〇〇年，匈奴有一位新單于即位，他為了與大漢親近，便尊奉大漢為丈人。漢武帝為彰顯國威，與匈奴修好，派遣蘇武率領一百多人出使匈奴，向單于奉送厚禮答謝、祝賀。然而，就在蘇武完成出使任務，即將返回大漢之時，匈奴發生內亂，蘇武一行被扣。匈奴要求蘇武背叛漢朝，臣服單于。

單于首先派出衛律遊說蘇武，向其許以高官厚祿，但是被蘇武嚴詞拒絕。匈奴見利誘不成，便開始威逼。當時正值嚴冬，天上下著鵝毛大雪，蘇武被關進一個露天大地穴中，斷食斷水，受盡折磨。但是，蘇武並未因此而屈服，渴了，他就挖一把雪來吃；餓了，他就嚼一口身上穿的羊皮襖；冷了，他就縮在角落之中。許多天過去了，蘇武奄奄一息卻志氣不改，單于明白，自己不可能降服蘇武，他發自內心地敬重蘇武的氣節，不忍痛下殺手，也不願放其歸漢，權衡之下，蘇武被流放到了遙遠的北海，也就是今天的貝加爾湖一帶牧羊。蘇武臨行，單于曾召見他，並且說：「既然先生不願為我所用，那就去北海牧羊吧！待到羊群誕下羊羔之日，便是你的歸漢之期。」就這樣，蘇武被迫與同伴分開，來到了人跡罕至的北海。蘇武發現，羊群中盡是公羊，是不可能誕下羊羔的，他的歸漢之期……在遙遠的北海，只有羊群和從大漢出發時手持的旄節陪伴著他。他每天都望著旄節發呆，日思夜想地盼望回到大漢。一天過去了，一年過去了，十九年過去了，曾經豐盈無比的旄節上的旄牛尾裝飾物也已經掉光了，蘇武的頭髮、鬍鬚盡皆蒼白了。那個令其來北海牧羊的單于早已過世，派他出使匈奴的漢武帝也已駕崩，漢朝的天下已經傳到了漢武帝之子漢昭帝手中。西元前八五年，匈奴內亂再起，單于無力與大漢抗衡，便派出使者求和。所幸，大漢沒有忘記他們！漢昭帝的使者抵達匈奴，要求放回被扣留的蘇武、常惠等人。匈奴謊稱蘇武已死。漢朝再度派常惠出使匈奴，常惠買通單于手下，得知蘇武尚在的消息。得知實情的常惠對單于說：「大漢天子在上林苑狩獵時，射得一隻大雁，大雁的爪子上拴著一條綢子，綢子上有蘇武的親筆信。他說自己尚在世間，正在北海牧羊！」單于聽罷，心下大駭，忙遮掩道：「蘇武忠義，感天動地，連大雁都為他送信。」單于立即表示，定會送蘇武歸漢。就這樣，出使時正當壯年的蘇武，頂著蒼蒼白髮，終於返回了朝思暮想的大漢。

蘇武對大漢的忠心就是他心中的正念，有這個正念在他的心中，一切威逼利誘、磨折痛苦都無法改變他的志氣和決心。

【原典】

如太陽當空，魍魎[一]潛消，此精一[二]之真傳也。過由心造，亦由心改，如斬毒樹，直斷其根，奚[三]必枝枝而伐，葉葉而摘哉？

【注釋】

一、魍魎：古代傳說中的山川精怪。一說為疫神，傳說為顓頊之子所化。泛指鬼怪。

二、精一：精純。

三、奚：疑問代詞，相當於「胡」「何」。

【譯文】

這就好像太陽在空中普照著大地，所有的妖怪自然就會隱藏、消失，這是改過最為精誠專一的訣竅。人的過失是由心所造作的，所以也應該從心地上來改正。這就如同要斬除毒樹，必須直接砍斷它的根，不讓它再度發芽，又何必一枝一枝地去砍伐，一葉一葉地去摘除？

【原典釋評】

本段透過生動具體的比喻，闡述從心而改是最為精妙的改過自新之法。若把人們心中的正念比作太陽，邪思妄念便是「魍魎」。魍魎就是妖魔鬼怪，妖魔鬼怪只敢趁著夜色出來作惡，絕不敢也不能出現在光天化日之下。也就是說，只要人的心中被正念充盈，邪思妄念便沒有用武之地，就不會發揮作用。所以，改過自新的方法中，從心而改是最為精妙的。想要從心而改，就要做到「一心為善，正念現前」，這樣一來，人的心中就不會有邪思妄念了，就像太陽當空而照之時，天地之間不會出現妖魔鬼怪一樣。

所有的過錯，雖然或為殺生，或為易怒，或為貪戀美色，或為貪圖錢財，或為貪慕浮名，但究其根本，都是由心而生的，都是心中的邪思妄念引發的。既然過錯的病根在於心，改正的時候，也應該從根來改，從心而改。這就像是想要斬伐一棵毒樹，只要從根部將其砍斷即可，何必費時費力地一條枝一條枝地砍下來，一片葉子一片葉子地摘除？從心而改是砍除毒樹時「直斷其根」，讓其無法再繼續發芽、生長；從事上改則是只見枝葉，不見樹根，因此改正時費力費時，要一條枝一條枝地砍下來，一片葉子一片葉子地摘除去，而且過錯往往是邊改邊生，永無止境。

【原典】

大抵最上[一]治心，當下清淨；才動即覺，覺之即無。

【注釋】

一、最上：最好的、最上乘的方法。

【譯文】

大抵最高明的改過方法，是從修心上來下功夫，這樣當下就可以讓心地清淨；每當心中壞念剛起時，就能夠立刻察覺到，然後馬上讓這種念頭消失，過失自然不會再產生。

【原典釋評】

本段繼續對從心而改的高妙之處進行闡述。了凡認為，從事而改、從理而改和從心而改這三種改過之法中，最高明、最精妙的改過之法就是從心而改，所以他說「大抵最上治心」。會治心的人，每天都在進步，對己慎獨，對人包容，他們總是越活妄念越少，越活煩惱越少，越活心越清淨，因此看起來容光煥發，往往身體也非常健康，這就達到「當下清淨」的效果。從心而改的效果是立竿見影的，也是功效長久的，因為源頭好了。就像一條水流，我們想要截斷一條水流，用土蓋住它，它有可能越聚越多，沖破而出；多開幾條溝，引導它，雖然可以使其暢通，但是終究無法截斷；只有找到水的源頭，關緊閥門，水才會停止流動，從根本上將其截斷。這個源頭就是我們的心，只要閥門一關，水立馬就停住了，其他方法是比不了的。

為何從心而改，治心修心便能獲得清淨？因為把心修好了，心就會無時無刻不在工作，心中升起一個邪思或是妄念，還未來得及付諸行動，心馬上就能感知到，察覺到。一旦心感知、察覺到邪思妄念的產生，便會立即停止這種妄念邪思，這些妄念邪思還未及付諸行動便消失了，行為上沒有過錯，念上的過錯一經萌芽便已消止，因此便沒有過錯了。

「動」指的是心動，心中的邪思妄念妄動；「覺」是察覺、覺醒。心中妄念一動便被察覺，正念充盈心間，這個妄念也就熄滅了、消失了。因此，惡念邪思沒有繼續增長的空間，也沒有付諸行動的機會，這就是從源頭上改。心中毫無雜念，人就找回了真誠、清淨、平等、慈悲的本性，真誠不虛假，清淨不汙染，平等無分別，慈悲之人能夠拋卻一己之私，一己之利，愛護芸芸眾生。心中沒有分別，沒有妄念，虛懷若谷，合乎自然，修心就修到家了。

【原典】

苟[一]未能然，須明理以遣之；又未能然，須隨事以禁之。以上事[二]而兼行下功[三]，未為失策。執下而昧上，則拙矣。

【注釋】

一、苟：如果。

二、上事：行以最上乘的方法。

三、下功：指最下等的功力成就。

【譯文】

如果達不到這種境界，就必須明瞭其中的道理，以便將壞念頭打發掉。若再辦不到，那就只好隨著惡事將犯時，以強制的方式來禁止自己犯過。如果能以上乘的治心工夫，並且兼用明理與禁止兩種較下乘的方法來約束自己的念頭，這也不失為一個好方法；如果只是執著於下乘方法，而不知道用上乘的方法，那就實在是太愚笨了。

【原典釋評】

本段對三種改過之法進行總結，透過比較，闡述從心而改、從理而改、從事而改三種改過之法的優劣，以及修行之中對以上三種方法的取捨原則和選擇次序。

每個人的悟性不同，對於改過之法的選擇也有所不同。有些人悟性高，能夠不斷修心，從根源上斷惡修善，起心動念之時就把妄念邪思剎住。但是有些人悟性一般，或者修行的時間不夠長，無法從容、自如地運用從心而改的改過之法，這便是了凡先生所謂的「苟未能然」，也就是達不到從心而改這種高妙境界的人應該如何改過，怎樣選擇改過之法？這樣的人，「須明理以遣之」。如果做不到從心而改，就退而求其次，從理而改。去探尋自己犯錯的過程和原因，明瞭其中的道理，通情達理之後，便能從道理上知曉一類錯誤的共同原因，便能從莖幹之上改正錯誤。這種改法，雖然不及從根、從心而改來得徹底，但總算可以從「理」上明瞭善惡，平息心境，減少惡念，化解怒氣，消除惡行。若悟性太差，或者剛開始修行，連從理而改都做不到，也就是了凡先生所謂的「又未能然」，那依然不能故步自封，自暴自棄，這種情況下依舊有改過之法，那就是「須隨事以禁之」，也就是做不到從心而改，也做不到從理而改，便只能不怕費時費力地從事而改了。就像《射雕英雄傳》中的郭靖，他悟性不高，資質平平，亦不通曉太多道理，勝在心思單純，有一股韌勁，從小勤學苦練，笨鳥先飛，也成為一代大俠。改過也是同理，如果掌握不了從心而改和從理而改的方法，就在怒氣將發之時，控制自己不去發怒；在惡行將犯之時，強制自己不去作惡。雖然是從細枝末節入手，但是惡行也會慢慢減少，惡念亦會慢慢減少，也是改過之法。

但是在改過時，還是要掌握以上統下的原則。也就是說，要不斷從修心治心上下功夫，不論悟性如何、修行時間長短，都要有修心治心的理念，在修心治心的過程中，可以配合從理而改、從事而改的改過之法，多管齊下，這樣改過，「未為失策」。但若本末倒置，只知道從細枝末節入手，執著在法令規章中，雖然樣樣都能遵守，但是不明其理，也不懂得從心而改，那就是「執下而昧上」，這樣的改法就很笨拙，很不可取。所有的戒律都是為了幫助修心而制定的，如果心已經到達清淨之境，便不必執著於戒律本身。

明朝末年有一位和尚，他為了救逃到寺廟裡的難民，在山賊面前吃肉喝酒。當時山賊說，只要他吃肉喝酒，便能放過寺廟中的難民，於是這位和尚氣定神閒地端起酒杯，說道：「我以酒代茶。」說完一飲而盡，接著又拿起碗裡的肉，說道：「我以肉為菜，請！」酒肉下肚之後，和尚面不改色，坦然自若。山賊見狀，心下大駭，便信守諾言，饒過了寺中難民的性命。道濟和尚說：「酒肉穿腸過，佛祖心中留。世人若學我，如同進魔道。」他說的「世人」，指的是未修得清淨心的凡人。高僧從心而改，便可不必執著於細枝末節。

【原典】

顧[一]發願改過，明須良朋提醒，幽須鬼神證明；一心懺悔，晝夜不懈，經一七[二]、二七，以至一月、二月、三月，必有效驗。

【注釋】

一、顧：但，只是。

二、一七：猶一週。泛指七天。後述「二七」同理。

【譯文】

但是發願要改過也需要有助緣，明處須有良師益友從旁提醒，暗處須有鬼神來做證明。只要可以真誠懇切、全心全意地懺悔以往所造作的過失，如此日夜施行，毫不怠惰，經過一星期、兩星期，一直到一個月、兩個月、三個月之後，必定會產生效果。

【原典釋評】

前文講過，改過自新需要發恥心、發畏心、發勇心，這是從個人角度來說的，改過自新是否需要外力的幫助？答案是肯定的，發改過自新之願以後，在明處離不開良朋益友的提醒。每個人在以往的生活中都會形成很多習慣，這些習慣單靠自己改正很難，這時，如果身邊有朋友不時提醒，一來可以避免我們犯錯，二來可以及時糾正我們所犯之錯，對於改過自新是大有裨益的。《世說新語》中記載一個故事：管寧和華歆是好朋友，某天他們二人一起在園中鋤草，恰巧地上有一片金，管寧心思純淨，心神合一，所以泰然自若地揮動著鋤頭繼續鋤地，和看到瓦片石頭時沒有任何區別。華歆則不同，他看到金子，歡欣鼓舞，得意揚揚地拾起金片又將其扔到地上。他們二人讀書之時，曾經同坐一張席子，關係非常親近。某天，有一個乘坐華蓋穿著禮服的人從學堂下經過，管寧依舊專心地讀書，華歆卻禁不住誘惑，放下書出門圍觀。管寧見狀，就割斷席子和華歆分開坐，並且對他說：「你不是我的朋友了。」管寧可謂良朋益友，他用實際行動向華歆詮釋著何為過，如何改過自新。如果沒有朋友在側，我們就應該充分發揮敬畏之心的作用，敬畏天地鬼神，做到慎獨，誠心而為，必會有所感應，這便是了凡所說的「幽須鬼神證明」。

改過自新，應該持之以恆，勤奮不怠，也就是了凡先生所說的「一心懺悔，晝夜不懈」。「一心懺悔，晝夜不懈」就是下定決心改過自新，就要隨時提醒自己保持慈悲、平等、清淨之心，晝夜都不能間斷，不能生妄念邪思，更不能做出惡行。保持這種一心懺悔，晝夜不懈的狀態，經過一七也就是七天，或者二七也就是十四天，乃至一個月、兩個月、三個月，一心懺悔、改過自新的行為必然會產生效驗。產生效驗之後，改過之人會有何種感受？下文將會對此進行詳細說明。

【原典】

或覺心神恬曠[一]，或覺智慧頓開，或處冗遝[二]而觸念皆通，或遇怨仇而回嗔作喜[三]，或夢吐黑物，或夢往聖先賢提攜接引，或夢飛步太虛[四]，或夢幢幡寶蓋[五]，種種勝事[六]，皆過消滅之象也。然不得執此自高，畫[七]而不進。

【注釋】

一、恬曠：淡泊曠達。

二、冗遝：繁雜。

三、回嗔作喜：由生氣轉為喜歡。嗔，生氣。

四、太虛：太空，宇宙。

五、幢幡寶蓋：幢幡，特指剎上之幡。幡，用竹竿等挑起來直著掛的長條形旗子。幢，古代原指支撐帳幕、傘蓋、旌旗的木杆，後借指帳幕、傘蓋、旌旗。寶蓋，佛道或帝王儀仗等的傘蓋。

六、勝事：殊勝、美好的事情。

七、畫：指畫地自限，畫地為牢。意思是把自己上進的路斷了。

【譯文】

到了這個階段，你或者感覺精神愉悅，心境開闊；或是感覺智慧突然大開，觸理便悟；或者雖處在繁忙紛亂之際，心理上都能清清朗朗，無所不通；或者是遇到往日冤家仇人而能把嗔恨心消除，心生歡喜；或者夢到吐出因過去造作的惡業所形成的汙穢黑物，而頓生清涼；或者夢見古聖先賢來幫助接引，前程光明；或者夢到在太空中飛行漫步，自在逍遙；或者夢見各類莊嚴的旗幟，以及用珍貴的珠寶所裝飾的傘蓋。像這些殊勝的情況，都是過失消除、罪業滅去的徵象。但是我們不能因為遇到這種種祥瑞的象徵、勝境，就自以為高人一等，因此畫地自限，不再努力求進步。

【原典釋評】

誠心誠意懺悔，全心全意改過自新，經過一段時間，便會產生效驗。這個效驗可以表現在個人的感覺上，了凡先生為我們列舉三個感覺上的變化，分別是「心神恬曠」「智慧頓開」「處冗遝而觸念皆通」。

「或覺心神恬曠」，有些人過去感覺悶悶不樂，浮躁不安，經過懺悔和改過，就會產生心神恬曠之感。「恬」是安然、平靜、坦然，不再浮躁不安；「曠」是心神開朗，心境闊大，不再鬱結沉悶。說明修行之人，心結解開了，心情疏闊開朗，平靜坦蕩。

「或覺智慧頓開」，有些人過去糊里糊塗，昏昏沉沉，頭腦很不清晰。經過一段時間的懺悔和改過，就會產生智慧頓開的感覺，他們每天不再時時事事有迷惑昏沉之感，而是頭腦清晰明白。

「或處冗遝而觸念皆通」，有些人每日面對很多繁雜難解之事，從前會浮躁易怒，心中煩躁，不知如何下手處理。經過一段時間的懺悔和改過，再面對這些繁雜難解之事，能夠保持平靜了，不再覺得麻煩了，而是可以分門別類、觸類旁通地將其很好地完成或者解決。也就是，以前的難事現在變得容易了，情緒上也平靜了，不再心生煩惱。

這就是懺悔改過之後，在自我感覺上的三個效驗。

誠心誠意懺悔，全心全意改過自新，除了會在自我感覺上有效驗，也會在待人接物上有效驗，對待他人的態度也會有所變化。這個變化在遇到與自己素有怨仇之人時，表現得最為明顯，那就是「或遇怨仇而回嗔作喜」。過去看到自己的冤家仇人，一定是會心生厭惡、憎恨，甚至會發怒、罵人。但是，經過一段時間的懺悔和改過，看到過去讓自己不高興的人，或者曾經跟自己過不去的人，不再會產生厭惡、憎恨的感覺，也不會出言不遜地罵人，而是能夠心平氣和地以禮相待。以上各種變化說明，經過修行和改過，清淨心增長了，嗔怒怨念減少了。

前文闡述懺悔和改過的效驗，是自我感覺上的，或是待人接物的態度上的變化，都是人事上的改變；繼續對懺悔改過的效驗進行闡述，懺悔改過之後，在人事改變之外，夢境亦會出現種種效驗跡象。

「或夢吐黑物」，有些人會夢到吐出汙穢黑物，這些黑物就是過去作惡形成的髒東西，夢中將它吐出來，就是自己已然棄惡從善的象徵。

「或夢往聖先賢提攜接引」，有些人會夢到往聖先賢教誨、引導自己。可以在夢中聽到往聖先賢的教誨，本身就是極大的榮耀；往聖先賢，字字珠璣，聽他們的教誨自然受益良多，這也是自己棄惡從善不斷修行的一種福報。

「或夢飛步太虛」，夢中的自己騰雲駕霧，一身輕盈，飄飄欲仙，是懺悔改過得法的徵兆。「或夢幢幡寶蓋」，夢中看到很多莊嚴旗幟，還有珍寶裝飾的傘蓋。「種種勝事，皆過消滅之象也」，以上種種跡象，都是莫大殊榮，都是感應，說明過去各種過失或者過錯的不良影響正在慢慢消除，懺悔、改過之舉正讓福報逐漸降臨。

上述種種殊勝瑞象都象徵著過去的過失正在慢慢消除，是否應該因為自己夢此勝境而沾沾自喜，四處宣揚？當然不是，一個真正的懺悔改過之人，絕不會因此而沾沾自喜，四處宣揚，更不會執著於這些事相，並滋生出驕傲自滿的情緒。了凡告誡大家，「不得執此自高，畫而不進」。「執」就是執著，深陷其中；「此」就是上述種種殊勝瑞象；「自高」就是驕傲自滿、自以為是；「畫」就是畫地自限，畫地為牢，也就是終止修行，不再為此勤奮努力；「進」就是進步。也就是說，不能因為取得一點成績，就沾沾自喜，驕傲自滿，自以為是，故步自封，不求上進，這樣只會害了自己，應該不斷進取，不斷追求更高的境界。

【原典】

昔蘧伯玉當二十歲時，已覺前日之非而盡改之矣。至二十一歲，乃知前之所改未盡也；及二十二歲，回視二十一歲，猶在夢中。歲復一歲，遞遞改之。行年五十，而猶知四十九年之非。古人改過之學如此。

【注釋】

一、遞遞：連續。

【譯文】

從前，春秋時代衛國的賢大夫蘧伯玉，在二十歲的時候，就已經能夠時時反省、察覺自己以往的過失，進而完全地改正過來。到了二十一歲，知道以前的過失尚未完全改掉；及至二十二歲，回頭檢點二十一歲時的自己，就如同身處夢中一般，還會糊里糊塗地犯過。這樣一年又一年地逐步改正過失，直到五十歲那年，還察知過去四十九年尚存的過失。古人的改過之學就像這樣。

【原典釋評】

本段以衛國大夫蘧伯玉為例，說明「不得執此自高，畫而不進」的道理。

蘧伯玉是春秋時期衛國人，大約生於西元前五八五年，卒於西元前四八四年之後，是春秋時的大賢，也是一位長壽之人。他自幼聰明過人，飽讀經書，能言善辯，外寬內直，生性忠恕，虔誠坦蕩。蘧伯玉在衛獻公即位之初就已入仕，在獻公中期已經成為舉世皆知的賢大夫。蘧伯玉一生，侍奉過衛獻公、殤公、靈公三代國君，主張以德治國，認為執政者應該以自己的模範行為去感化、教育、影響人民，他體恤百姓、關注民生，主張實施弗治之治。衛國經歷數次戰亂、內訌，在數個大國的夾縫之中求生存，但是因為蘧伯玉等數位大臣的努力，衛國始終穩立中原，民眾安居樂業，孔子周遊列國進入衛國時，發出「庶已乎」的驚歎。

蘧伯玉和孔子是摯友，二人分別在衛國和魯國出仕之時，就曾互派使者致問。孔子周遊列國十四年，其中有十年都在衛國，曾經兩次在蘧伯玉家設帳。二人無事不談，充分交流思想。此外，蘧伯玉「弗治之治」的政治主張，是道家「無為而治」思想的濫觴。

蘧伯玉取得如此巨大的成就，和他的自省、改過分不開。他的一生是不斷反省，不斷進步的一生。他在二十歲時，就意識到過往的錯誤，並能立志改正、盡數改正。但是他並未就此止步，二十一歲時，他仍舊在不斷自我反省，「乃知前之所改未盡也」，於是繼續改正，繼續完善自己。「及二十二歲，回視二十一歲，猶在夢中。歲復一歲，遞遞改之」，蘧伯玉能成為大賢，離不開他的恆心，二十歲醒悟以來，他從未間斷，每時每刻每年都在反省自己的過錯，然後改正，進而再度反省、完善。他從二十歲起，一直反省改錯，直到「行年五十，而猶知四十九年之非」，從未停止斷惡修善、改過自新的步伐。這就是斷惡行善的榜樣和典型，值得所有人學習。

【原典】

吾輩身為凡流一，過惡蝟集二，而回思往事，常若不見其有過者，心粗而眼翳也。

【注釋】

一、凡流：平凡之人；庸俗之輩。

二、蝟集：事情繁多，像刺蝟的硬刺那樣叢聚，比喻眾多。

【譯文】

像我們這種庸碌的凡夫，所犯的過失就像是刺蝟身上的毛一般，叢集於一身，但回想以前所做過的事情，卻常會像是看不到有什麼過失一樣；這實在是由於自己太過粗心大意，不曉得要仔細去省察，眼睛像是長了翳病一般，看不清楚自己的過失！

【原典釋評】

上段以衛國大賢蘧伯玉為例，說明聖賢如何斷惡修善、改過自新；本段則將視角轉回凡夫俗子，透過對比，來闡述凡夫俗子與聖賢的差距。

孔子教育我們，要見賢思齊，蘧伯玉珠玉在前，為改過自新樹立了一個非常好的榜樣，平凡之人和聖賢的差距在哪裡？首先，庸碌凡夫的過錯、過失、過惡比聖賢多，所犯過惡就像是刺蝟身上的刺一般，全身都是。其次，庸碌凡夫缺乏正確的自我認知，身上有這麼多過錯，他們卻非常粗心大意，就像是眼睛有病一樣，對自己的過惡視而不見。一個人身上過惡叢集，自己卻視而不見，如何會改過自新？這就是庸碌凡人和以蘧伯玉為例的聖賢，在對待自身過錯問題上，產生的鮮明對比。

【原典】

然人之過惡深重者，亦有效驗：或心神昏塞一，轉頭即忘；或無事而常煩惱；

【注釋】

一、昏塞：昏聵閉塞。

【譯文】

然而一個人的過失、罪惡如果較為深重，也會出現徵兆以作檢驗的：有的精神昏沉，所交付的事情轉身就忘記；有的雖然沒有什麼可以煩惱的事，卻常現出一副煩惱相；

【原典釋評】

之前提到，一個人下定決心懺悔，改過自新，全心全意地堅持一段時間之後，就會有效驗。這效驗既可能表現在個人的感覺上，也可能表現在待人接物的態度上，還有可能表現在夢境之中。同理，一個人過惡深重，往往也會有種種跡象和徵兆。這些跡象和徵兆表現在個人感覺上，就是「或心神昏塞，轉頭即忘」「或無事而常煩惱」。

「或心神昏塞，轉頭即忘」，這樣的人往往頭腦不清楚，不通透，記憶力也不好，每天昏昏沉沉，糊里糊塗的，十分健忘。

「或無事而常煩惱」，也有些會因為妄念太多而自尋煩惱，明明沒有困難，也沒有人招惹，可他就是思多想多，心煩意亂，煩惱不堪。

以上兩點，是過惡深重之人在自我感覺上的效驗。

【原典】

或見君子而赧然[一]相沮[二]；或聞正論而不樂；或施惠而人反怨；或夜夢顛倒，甚則妄言失志。皆作孽[三]之相也。苟一類此，即須奮發，捨舊圖新，幸勿自誤。

【注釋】

一、赧然：形容難為情的樣子，羞愧的樣子。

二、沮：阻止；毀壞。

三、作孽：指作亂，作惡。

【譯文】

有的遇到品格高尚的人，就因羞愧而去毀謗人家；有的聽到聖賢之道，心裡卻不歡喜；有的在佈施恩惠給別人時，反而招致對方的埋怨；有的夜裡夢見一些顛顛倒倒的噩夢，甚至經常語無倫次，失去正常的神志。這些都是過去造作的罪孽，所應現出來的表徵。如果出現與此類似的情況，就應該振作精神，捨棄過去不好的思想行為，力圖開闢嶄新而正確的人生大道，希望你不要耽誤自己的前程。

【原典釋評】

一個人如果過惡深重，除了會在自我感覺上有所效驗外，在待人接物的態度上、在夢境之中也會表現出種種跡象、徵兆。

在待人接物的態度上，「或見君子而赧然相沮」，往往不敢面對正人君子，一旦遇到品格高尚的君子，往往會表現出局促不安、不好意思的情態。這雖然是過惡深重的一種表現，但這樣的人，尚有羞恥之心，只要決心而改、斷惡修善，還是能去除過惡的。「或聞正論而不樂」，有些人因為過惡太多，形成了惡習，聽不進正經話，看不慣正經道理，會覺得別人是在故意為難自己，因此聽到別人勸他棄惡從善就一臉不高興。「或施惠而人反怨」，有些人向別人施惠，反而招致怨恨，這樣也是過惡深重之人。

在夢境之中，過惡深重主要表現為「夜夢顛倒，甚則妄言失志」。「夜夢顛倒」就是晚上做噩夢。之前講過，一心懺悔、改過自新之人，夢境中都是些殊勝瑞象，而過惡深重之人，卻是夜夢顛倒，不能安眠，這就是對比。有些嚴重的，甚至會「妄言失志」，胡言亂語或者語無倫次，甚至精神失常。

以上種種，都是過惡深重的作孽之相。

不論是個人的自我感覺，還是待人接物的態度，或者是夜夢顛倒，甚至是妄言失志，只要出現上述跡象，其實都是效驗，都是提醒，是在提醒當事者過去的惡行、惡念太多，已經非常嚴重，需要從現在起立即回頭、認真懺悔、革除習氣、捨舊圖新。如若繼續我行我素，不知懺悔改過，只會害了自己，自毀前途。

說到底，改過之法是自己救自己，別人雖然可以產生提醒監督的作用，但根本上還是要靠自己。如果自己不能認識到自身的錯誤，不能發恥心、發畏心、發勇心，不能從理而改、從心而改，那便是自己誤了自己的一生。

—第三篇—

《積善之方》

【原典】

易[一]曰：「積善之家，必有餘慶。」昔顏氏[二]將以女妻叔梁紇[三]，而歷敘其祖宗積德之長，逆知其子孫必有興者。孔子稱舜之大孝，曰：「宗廟饗[四]之，子孫保之。」皆至論[五]也，試以往事徵[六]之。

【注釋】

一、易：此指《易經》。

二、顏氏：指孔子的母親家姓氏。孔子之母姓顏，二十歲時嫁給孔子的父親。

三、叔梁紇：孔子的父親，名紇，字叔梁，生於西元前六二二年，卒於西元前五四九年。春秋時期宋國人。宋國君主的後代。後來，流亡到魯國的昌平陬邑（今山東曲阜東南）。其人品出眾，博學多才，兼會武功，又是陬邑的大夫（古代高級官職），與魯國的著名將領狄虒彌、孟氏家臣秦堇父合稱為「魯國三虎將」。

四、饗：用酒食招待客人，泛指請人受用。

五、至論：指高超的或正確精闢的理論。

六、徵：證明，證驗。

【譯文】

《易經》上說，積善的家庭，一定會有很多喜慶的事。例如，從前姓顏的人家，要把他的女兒許配給孔子的父親，就將孔家所做的事情，一件一件列舉出來，覺得孔家祖先所積的德，多而且長久，所以預知孔家的子孫中一定會有取得大成就的人。後來果然生出了孔子。還有，孔子稱讚舜的孝，是不平凡的孝順，孔子說：「像舜這樣的大孝，不僅祖先要享受他的祭祀，並且他的子孫可以世世代代保住他的福德，不會敗落。」這些都是至情至理的說法。現在我再以過去發生的真實事情，來證明積善的功德。

【原典釋評】

自這一段開始，本書由第二部分改過之法，進入了第三部分積善之方。

本段開頭，了凡便引用《易經》原文，對積善一事進行立論，那就是「積善之家，必有餘慶」。從古至今，人們都認為，積善行德的家庭、家族一定會有許多喜慶之事，先輩積善能夠福澤子孫。事實真的如此嗎？為了論證這個觀點，了凡以歷史上的孔子家族為論據，向讀者介紹了孔子父母結緣成家的因由及這個家族的發展情況。

「昔」是過去的意思，很久以前，顏家有一個女兒，她的父親顏氏為她擇了一門親事，將他許配給了叔梁紇。顏氏為何會選中叔梁紇作為自己的女婿？是出於門當戶對的考慮，還是他們二人兩情相悅的緣故？這些了凡先生都沒有交代，因為上述因素都不是顏氏為女兒擇婿時看重的因素，他看重的是叔梁紇的家族、家風。顏氏為女兒「歷敘其祖宗積德之長」，「歷敘」就是一件一件地說，將叔梁紇祖上積善行德之事全部向自己的女兒講了一遍。從這句話中可以看出，叔梁紇的祖上做了很多好事，他們積善行德是有家族傳承的，可以說是代代相傳，成為家風。因此，顏氏看中了這個家族的小夥子叔梁紇，他的觀念十分樸素——這樣積善行德之家教育出的孩子，在這樣的家族氛圍中成長起來的孩子，一定是值得託付的；這樣的家族，必定會子孫興旺，人才輩出。果不其然，顏氏女嫁給叔梁紇後，生了一個兒子，就是萬世師表、流芳百世的孔子。叔梁紇是孔子的父親，顏氏女便是孔子的母親，那個為女兒擇婿時「歷敘其祖宗積德之長」的顏氏，就是孔子的外公。

叔梁紇，子姓，孔氏，名紇，字叔梁，生於春秋時期宋國栗邑，為逃避宋國戰亂，流亡到魯國昌平陬邑（今山東省曲阜市東南）。他人品出眾，博學多才，能文善武，曾經擔任陬邑大夫一職，與魯國名將狄虒彌、孟氏家臣秦堇父合稱「魯國三虎將」。叔梁紇向魯國顏氏求婚時，年紀已經很大了，顏家有三個女兒，顏父對她們說：「陬大夫叔梁紇的祖上六代積德，他定會子孫興旺，後代之中必出聖賢。儘管他年紀不小了，性情也略顯急躁，但這些都不足掛齒，你們三個誰願意嫁給他？」大女兒和二女兒默不作聲，三女顏徵在上前對父親說：「一切聽從父親決斷，不必再問了。」顏父見狀，說道：「看來嫁給他的就是你了。」於是便將顏徵在嫁給了叔梁紇。

其實，這個故事不僅有力地論證「積善之家，必有餘慶」這個觀點，也在擇偶標準這個問題上給了大家許多啟發：你看重什麼，便會收穫什麼，所以擇偶時一定要方向正確、找對重點，才可以為自己贏得幸福。

前面講孔子家世，接著引孔子言論，由孔子的稱讚，向讀者介紹了歷史上能夠稱之為大孝的舜帝。孔子稱讚舜帝是大孝之人，舜的親生母親去世以後，他的父親續娶了一位妻子，後母、父親及他們的兒子象都對舜極其惡劣，甚至想害他的性命，霸他的家產。可是舜始終不生怨念，總是從自己身上找原因，不斷反省、改過自新，最終感化了家人，並因「大孝」而美名遠播。孔子在《中庸》一書中寫道：「舜其大孝也與！德為聖人，尊為天子，富有四海之內。宗廟饗之，子孫保之。」意思是說，舜應該是最孝順的人了吧！他有聖人般的德行，後來成為尊貴的天子，富有四海，享受宗廟的祭祀，子孫長盛不衰，始終保持著他的功業。

在了凡看來，孔子對舜帝的稱讚和論斷極有道理，是至理名言。接下來他將要用一些真實發生的案例，來論證這個觀點。為了論證上述觀點，了凡總共舉了十個例子，這些人、這些事就發生在了凡生活的明朝，可以說是當時大家的身邊人、身邊事，以這些人和事為例，既可以增加親切感，又可以增強說服力。

【原典】

楊少師榮[一]，建寧人。世以濟渡[二]為生，久雨溪漲，橫流沖毀民居，溺死者順流而下，他舟皆撈取貨物，獨少師曾祖及祖惟救人，而貨物一無所取，鄉人嗤其愚。逮[三]少師父生，家漸裕，有神人化為道者，語之曰：「汝祖父有陰功[四]，子孫當貴顯，宜葬某地。」遂依其所指而窆[五]之，即今白兔墳也。後生少師，弱冠[六]登第，位至三公[七]，加[八]曾祖、祖、父，如其官。子孫貴盛，至今尚多賢者。

【注釋】

一、楊少師榮：楊榮（一三七二—一四四〇），初名子榮，字勉仁，福建建寧人。建文二年（一四〇〇年）進士，累官謹身殿大學士、工部尚書，宣德十年（一四三五年）加為少傅，正統三年（一四三八年）升任少師。謚「文敏」，有《楊文敏集》傳世。

二、濟渡：擺渡。用舟渡人過河。

三、逮：到，及。

四、陰功：陰德。

五、窆：下葬。

六、弱冠：過去男子滿二十歲時行冠禮，表示已經成人，但體還未壯，所以稱為弱冠。後泛指男子二十歲左右的年紀。

七、三公：古官名，其說法各異。此指明代三公，即太師、太傅、太保（少師、少傅、少保包括在內）。明仁宗之後，三公皆為虛銜，為勳戚文武大臣加官、贈官。

八、加：封官。

【譯文】

有一位做過少師的人，姓楊名榮，是福建省建寧人。他家世代以擺渡為生。有一次，雨下得太久，溪水暴漲，水勢洶湧橫衝直撞，把民房都沖毀了，被淹死的人順著水勢一直流下來。其他的船都去撈取水中漂來的各種財貨，只有楊少師的曾祖父和祖父，專門去救水裡漂來的災民，財物一件都沒有撈取，鄉人都偷笑他們是傻瓜。等到少師的父親出生後，他們的家道也逐漸變得寬裕了。有一位神仙化作道士的模樣，向少師的父親說：「你的祖父和父親，都積了許多陰功，所生的子孫應該發達做大官。你可以將你的父親葬在某一個地方。」少師的父親聽了，就按照道士所指定的地方，把他的祖父和父親安葬了。這座墳，就是現在大家所知道的白兔墳。後來少師出生了，二十歲時就中了進士。一直做官，做到三公中的少師。皇帝還追封他的曾祖父、祖父、父親，與少師一樣的官位。而且少師的後代子孫，都非常興旺，一直到現在還有許多賢能之士。

【原典釋評】

在本段，了凡講述第一個案例，這個案例的主角名為楊榮，是福建建寧人，官至少師，但是他並非生於簪纓世家，而是靠著祖上積善行德，家境逐漸富裕起來，到他這一代，透過科舉取士，考中進士，才位列三公，光宗耀祖。

俗話說「靠山吃山，靠水吃水」，楊家本來是生活在福建建寧一帶的普通人家，要維持生計，自然要做些什麼。楊家祖上因為靠近水邊，因此「世以濟渡為生」，楊家祖祖輩輩都是靠著划船擺渡為生的。明朝時期，生產力不發達，划船擺渡基本是依靠體力，這個工作不算輕鬆，得到的報酬應該也沒有多豐厚，所以這個時候楊家的家境應該不寬裕。

在這樣的背景之下，他家擺渡的那條河上「久雨溪漲」，因為長時間下雨，雨水過多，河水大漲，河堤無法承載如此大的水量，因此形成水災，造成很嚴重的後果。河水橫流沖出河堤，「沖毀民居，溺死者順流而下」，沿途的村莊飽受水災之患，房屋被沖毀，還有些災民被水沖走，溺死水中，被水流沖到了下游。

面對災情災民，楊家和其他船家的行為形成鮮明的對比：「他舟皆撈取貨物」，水火無情，洪水來時，沖刷而下的自然會有貨物錢財，見到這般情形，其他船家見錢眼開，都紛紛趁機撈取水中的貨物；「獨少師曾祖及祖惟救人，而貨物一無所取」，只有楊榮的曾祖父和祖父只顧著划船救人，沒有對這些貨物產生非分之想，一心用在救助災民上。這種積善行德之事，本來應該是為人稱道的，可是鄉親父老對他們這種救人的行為不僅沒有心生敬佩，也沒有被他們的精神所感召，而是「嗤其愚」，對他們救人危難的行為嗤之以鼻、言帶譏諷，認為楊家這種只知道費勁救人，不知道趁機發財的行為是愚昧無知。

楊榮的曾祖和祖父在洪災中不取貨物，一心救人的事，十分鮮明地表現出楊家和其他人家的不同，也為楊家後來的際遇埋下伏筆。果然，好人有好報，「逮少師父生，家漸裕」，得益於祖上積善行德，等到楊榮父親出生時，楊家的家境便逐漸好轉，慢慢寬裕起來了。而後，有一得道高人指點楊榮的父親道：「汝祖父有陰功，子孫當貴顯，宜葬某地。」這個道人對楊榮的父親說，因為他的祖父、父親，也就是楊榮的曾祖、祖父積了陰德，所以他的子孫會顯貴，能當大官，並且為楊榮之父指點了祖墳的位置。楊榮的父親按照道人的指點，埋葬祖父、父親，這個墳墓就是白兔墳。有人也許會說這只能說明楊家有貴人相助，祖墳風水好。可是，為何別家沒有貴人相助，貴人卻要助楊家？究其根本，還是因為楊家和別家不同，他們有慈悲心，輕錢財，重人命，家風好，以自己的所作所為，潤物無聲、潛移默化地為後人留下了許多精神財富。

「後生少師，弱冠登第，位至三公」，再往後，楊榮便出生了，楊榮於弱冠之年進士及第，而後一路成長，位列三公。古時候，男子二十歲的時候成年，這時便會行冠禮，也就是戴上帽冠，以示成年，但是這個時候他們的身體還不算強壯，也還年少，因此在「冠」前加一「弱」字，稱為「弱冠」。楊榮二十歲左右就中了進士，成為天子門生，可謂年少得志、前途無量。他也果然不負眾望，官至少師，位列三公。「三公」之職歷來說法不一，在明朝多指太師、太傅、太保三種官職的合稱，是正一品的高官；少師、少傅、少保則合稱為三少或三孤，是從一品，比三公略低。《清史稿・官職志》記載：「太師、太傅、太保為三公，正一品。少師、少傅、少保為三孤，從一品。掌佐天子，理陰陽，經邦弘化，其職至重。」

「加曾祖、祖、父，如其官。子孫貴盛，至今尚多賢者」，楊榮不僅自己官至高位，位列三公，還光宗耀祖，他的曾祖父、祖父、父親也因為他，被追封了少師的官職，這對於一個原本靠著划船渡河維生的家族來說，可以算得上是無上榮耀！楊家子孫繁盛，顯貴尊崇，直到了凡著書之時，仍然有許多賢德之人。先祖與子孫，本就是一脈相承，一榮俱榮，一損俱損的。若非先祖積德行善，家境漸裕，得高人指點，楊榮未必能夠官至三公；若非楊榮爭氣，弱冠及第，他的曾祖、祖父和父親根本不可能有機會被追封官職；若非楊家家風傳承，楊家未必會成為世家，後代也未必會子孫繁盛，直到了凡著書之時仍有許多顯貴賢德之人，光耀門楣、造福社會。

由此可見，人的確應該心存善念，積善行德。

【原典】

鄞[一]人楊自懲[二]，初為縣吏[三]，存心仁厚，守法公平。時縣宰[四]嚴肅，偶撻一囚，血流滿前，而怒猶未息，楊跪而寬解[五]之。宰曰：「怎奈此人越法悖理[六]，不由人不怒。」

自懲叩首曰：「上[七]失其道，民散久矣，如得其情，哀矜勿喜[八]；喜且不可，而況怒乎？」宰為之霽顏[九]。

家甚貧，饋遺[十]一無所取，遇囚人乏糧，常多方以濟之。一日，有新囚數人待哺，家又缺米，給囚則家人無食，自顧則囚人堪憫，與其婦商之。

婦曰：「囚從何來？」曰：「自杭而來。沿路忍饑，菜色可掬[十一]。」因撤己之米，煮粥以食囚。後生二子，長曰守陳，次曰守址，為南北吏部侍郎[十二]，長孫為刑部侍郎[十三]，次孫為四川廉憲[十四]，又俱為名臣；今楚亭、德政[十五]，亦其裔也。

【注釋】

一、鄞：地名，今浙江省寧波市鄞州市。
二、楊自懲：明朝人，具體生平不詳。
三、縣吏：古時縣裡的吏役書辦。
四、縣宰：縣令、縣長的別稱。
五、寬解：寬慰勸解，使解除煩惱。此指為人求情，請求寬恕。
六、越法悖理：指違反法律、常理。
七、上：此指當時的朝廷。

八、哀矜勿喜：指對遭受災禍的人要憐憫，不要幸災樂禍。哀矜，哀憐，憐憫。語出《論語・子張》。

九、霽顏：指收斂威怒的樣子。

十、饋遺：贈送。

十一、菜色可掬：形容人因饑餓而臉如又青又黃的菜色，幾乎可以用手捧起來。

十二、南北吏部侍郎：在明代，南指南京（明代的分都）；北，指北京，是正式首都。吏部，是當時政府六部之首，主管國家人事。侍郎，是該部的副首長，如同今天的副部長。

十三、刑部侍郎：刑部主管司法行政。刑部侍郎，即司法副首長。

十四、廉憲：原是提刑按察司，又稱意訪，又叫臬台，主管省級司法風紀。

十五、楚亭、德政：均為人名，楊自懲後代。

【譯文】

浙江寧波人楊自懲，起初在縣衙做書辦，仁慈厚道，而且守法公平，做事公正。當時的縣官，為人嚴厲方正，有一次打了一個囚犯，打到鮮血流滿了眼前的地面，縣官還是沒有息怒。楊自懲見了就跪下，替囚犯向縣官求情，請縣官寬諒那個囚犯。縣官說：「你求情本來沒有什麼不能寬恕的，但是這個囚犯不守法律，違背道德倫理，讓人不能不生氣啊！」

楊自懲一邊叩頭一邊說：「朝廷政治黑暗、貪汙、腐敗，已經沒有是非可言了，民心散失也已經很久了。如果案件審出了實情，我們應該替他們傷心，應該憐憫他們，而不應幸災樂禍，不可以因為審出了案情，就心生歡喜。既然歡喜都不可以，又怎麼能夠生氣發怒？」縣官聽了楊自懲的話，非常感動，面容立即和緩下來，不再發怒了。

楊自懲的家裡很是貧窮，即使如此，別人送他東西，他也一概不肯接受。遇到囚犯缺糧時，他卻經常想盡辦法去弄來一些米，救濟他們。有一天來了幾個新的囚犯，沒有東西吃，非常餓，而當時他自己家裡剛巧也缺米，若是拿來給囚犯吃，自己家人就沒得吃了；如果只顧自己吃，囚犯又餓得很可憐。沒有辦法，便與他的妻子商量。

他的妻子問他：「犯人從什麼地方來的？」他回答：「從杭州來的。沿途挨餓，臉上餓得沒有一點血色，就像一種又青又黃的菜色，幾乎可以用手捧起來。」

因此，夫婦倆就把自己所存的一些米煮成稀飯，給新來的囚犯吃。後來，他們生了兩個兒子，大的叫做楊守陳，小的叫做楊守址，官做到了南北吏部侍郎。大孫子做到了刑部侍郎，小孫子做到了四川按察使。兩個兒子，兩個孫子，都是名臣。現今的兩個名人楚亭和德政，也是楊自懲的後代。

【原典釋評】

本段，了凡講述第二個案例，這個案例的主角名為楊自懲，是鄞人，也就是如今的浙江寧波人。楊自懲並非大人物，他只是縣衙中的一個小小縣吏，就是這個小小的縣吏，他的兩個兒子都官至吏部侍郎，兩個孫子分別官至刑部侍郎和四川廉憲，後代名人輩出。這就不得不讓人好奇：楊自懲到底是一個怎樣的人，楊家到底是一個怎樣的家庭、有怎樣的家風，讓這個家族的後代在短短兩三代之中實現了階層的跨越？了凡先生講了兩個小故事，來解答眾人心中的疑惑。

「鄞人楊自懲，初為縣吏」，鄞縣人楊自懲，曾經在縣衙中當差，做縣吏。儘管現在我們經常將古時候為朝廷效力、在政府任職的人統稱為「官吏」，但實際上，官和吏在古代是有嚴格區別的。從身分上來說，官一般是科舉出身，由國家統一任命、考核、發放俸祿，有品級，地位很高，權力較大，地方官可以看作是中央政府在地方的代理人。而吏一般並非科舉出身，而是由官員聘用、任命，他們的工作是對官員負責，可以通俗地理解為沒有品級的小公務人員，所以吏的地位是低於官的。楊自懲作為一名小小的縣吏，為人「存心仁厚」，做事「守法公平」。當時的縣令和楊自懲的風格很不一樣，這個縣令為人嚴厲方正，有一次遇到一個囚犯，縣令把這個囚犯打得血流不止，仍舊無法平息心中的怒氣。

一般人遇到這種情況，想必是沒有太大的勇氣向自己的上級提意見的，但是楊自懲不同，一方面他宅心仁厚，另一方面他對犯人觸犯刑法有自己的見解，所以就「跪而寬解之」，跪下來為這個囚犯求情，希望縣令能夠寬宥囚犯。這個縣令倒也不是草包，他只是為人嚴厲方正而已，於是便說出了自己大怒的理由，那就是：「怎奈此人越法悖理，不由人不怒。」縣令認為自己並非無故發怒，只是這個罪犯犯的罪過太多、太重，讓人不得不生氣、發怒。這個時候，楊自懲仍然沒有放棄為罪犯求情，只是他求情不是說「求求您饒了他吧，看他多可憐」，而是有理有據，讓人不得不信服、採取他的意見。自徵叩首曰：「上失其道，民散久矣，如得其情，哀矜勿喜；喜且不可，而況怒乎？」楊自徵首先為縣令分析這個囚犯犯罪的原因，他分析問題時站的高度很高，說話也很直接。「上失其道」簡單的四個字就說明，百姓犯罪，固然有錯，但是國家承擔著教化百姓的責任，上級政府乃至國家沒有履行好教化百姓的責任，才會導致「民散久矣」的惡果。「民散久矣」是說政府不得民心，沒有教化好百姓，使得百姓無所適從，沒有依靠。八個字，就切中肯綮地概括罪犯犯罪的原因。既然百姓犯罪，上級也有罪，身為百姓的父母官應該如何對待百姓犯罪這件事？這時，楊自徵便水到渠成地指出縣令的錯誤，他說「如得其情，哀矜勿喜；喜且不可，而況怒乎？」也就是說，如果知道百姓犯罪的原因，審問出實情，應該為自己沒有盡到教化百姓的責任而慚愧，應該為百姓不明事理、違背律法而難過；根本不能因為自己審出實情、完成工作就沾沾自喜；連沾沾自喜尚且不該，何況是生氣動怒？楊自徵對縣令的勸導，既表現出他的菩薩心腸，又表現出他非凡的勇氣和循循善誘的語言藝術，也說明他對國家教化、百姓犯罪的認識。縣令亦是讀書之人，聽他這樣分析之後，「為之霽顏」，怒氣消了，臉色也好看了。「霽」本義是指雨雪停止，天放晴，後來引申為怒氣消除的意思。這件事不大，但是充分表現出楊自徵的勇氣膽識、善心德行、智慧口才。

接下來，了凡開始講楊自徵的第二個故事。在講故事之前，先對楊自徵的家庭情況進行簡單的介紹。楊自徵「家甚貧」，之前說過，吏的地位較低，俸祿由雇傭他們的官員發放，因此收入不高，楊家以此謀生，家中的經濟狀況也不樂觀，可以說是一貧如洗。楊自懲又是一位「守法公平」的縣吏，雖然收入微薄，但是他卻做到了「饋遺一無所取」，別人向他送禮送錢他一概不接受，分文不取。他不僅清廉如此，還是一個擁有慈悲心腸的人，「遇囚人乏糧，常多方以濟之」。不僅不收取犯人家屬的禮品禮金，遇到有些犯人糧食少、吃不飽飯，他還想盡辦法地扶危濟困，多方籌措，救濟那些缺糧的囚犯。

楊自懲的第二個故事，就發生在這樣的背景下。「一日，有新囚數人待哺，家又缺米，給囚則家人無食，自顧則囚人堪憫。」某次，楊自懲又遇到一件讓他犯難的事，縣衙裡來了幾個新囚犯，這些囚犯都缺少糧食，饑腸轆轆。楊自懲樂善好施，自然是願意拿出家中糧食扶危濟困的，然而，他的家境本就不富裕，把糧食給了囚犯，自己的家人就無糧可食了；可是若只顧自己飽腹，囚犯的處境又實在是讓人心生憐憫。楊自懲自己尚在困境之中，還可以設身處地地為囚犯著想，生憐憫之心，是非常可貴的。面對這樣的兩難選擇，他回到家中便與妻子商議，他的妻子問道：「囚從何來？」楊自懲回答：「自杭而來。沿路忍饑，菜色可掬。」「杭」就是如今的杭州，按照現在的行政區劃，從杭州到寧波有一百五十多公里的路程。犯人完全靠著雙腳由杭州走到寧波，而且身上戴著腳銬手鐐枷鎖之類的刑具，肯定是經過了數天的辛苦跋涉才到的。這些囚犯想必家中也不富裕，或者本就沒有家人照顧，一路上忍饑挨餓，臉上帶著菜色，讓人不由得心生憐憫。楊自懲的夫人也是菩薩心腸，她聽到丈夫如此說，便「撤己之米，煮粥以食囚」，把自己家裡的米煮成粥，分給了那幾個囚犯吃。從這個舉動可以看出，楊家的確存糧無多，只能煮粥來吃；楊家夫婦都有一副慈悲心腸，寧可自己挨餓，也要幫助他人。在這樣的家庭氛圍的薰陶下成長起來的孩子，必然是正直善良的。

這樣的心善、果敢、正直、智慧的人物，果然是有好報。「後生二子，長曰守陳，次曰守址，為南北吏部侍郎」，楊自懲有兩個兒子，大兒子名叫楊守陳，二兒子名叫楊守址，這兩個兒子分別做了北京吏部和南京吏部的侍郎。之前說過，明成祖朱棣將首都從南京遷到了北京後，保留南京的中央行政機構，也就是六部，所以南吏部就是指南京的吏部，北吏部就是指北京的吏部。吏部是古代主管官員的官署，明朝的吏部掌管全國文官的銓選、考課、爵勳，武官則歸兵部。除內閣大學士、吏部尚書由廷推或奉特旨外，內外百官皆由吏部會同其他高級官員推選或自行推選。吏部設尚書一員，左、右侍郎各一員。吏部侍郎大約相當於現在的中央組織部副部長，是很高的官職。「長孫為刑部侍郎，次孫為四川廉憲」，刑部也是六部之一，和吏部平級，是主管全國刑罰政令及審核刑名的機構，與都察院管稽察、大理寺掌重大案件的最後審理和覆核，這就是所謂的「三法司制」。刑部侍郎大約相當於現在的中央司法部副部長，也是很高的官職。「廉憲」是廉訪使的俗稱，是主管監察事務的官員，職位級別低於省長高於市長。楊自懲的兒孫不僅官居高位，而且「俱為名臣」，把地方治理得很好，官德也很好。「今楚亭、德政，亦其裔也」，當世（了凡先生著書時）名人楊楚亭和楊德政也是楊自懲的後人。

楊自懲夫妻二人品格高尚、扶危濟困、捨己為人，樹立了非常好的家風，所以他的子孫後代都很成器，繼承並且發揚優良的家風，既光宗耀祖，又造福社會。

【原典】

昔正統[一]間，鄧茂七倡亂[二]於福建，士民從賊者甚眾，朝廷起鄞縣[三]張都憲[四]楷南征，以計擒賊，後委布政司謝都事[五]，搜殺東路賊黨。謝求賊中黨附冊籍，凡不附賊者，密授以白布小旗，約兵至日，插旗門首，戒軍兵無妄殺，全活萬人。後謝之子遷，中狀元，為宰輔[六]；孫丕，復中探花。

【注釋】

一、正統：明英宗年號，從一四三六年至一四四九年。

二、倡亂：造反，帶頭作亂。

三、鄞縣：地名，今浙江省寧波市鄞州區。

四、都憲：明代都察院、都御史的別稱。主管全國官吏之風紀、彈劾、糾舉。

五、布政司謝都事：布政司，清時稱藩台，主管省級行政、錢糧及官吏賞罰去留。都事，是布政司的重要屬員。

六、宰輔：輔政的大臣。

【譯文】

過去明英宗正統年間，有一個土匪首領叫鄧茂七，在福建一帶造反。福建的讀書人和老百姓，跟隨他一起造反的很多。當時朝廷就起用曾經擔任都御使的鄞縣人張楷，去搜剿他們。張都憲用計策把鄧茂七捉住了。後來張都憲又派了福建布政司的一位都事謝某，來搜剿福建沿海一帶的殘匪。謝都事怕殺錯人，不肯亂殺。於是他便向各處尋找依附賊黨的名冊，查出來凡是沒有依附賊黨，名冊裡還沒有他們姓名的人，就暗中給他們一面白布小旗，和他們約定，在搜查賊黨的官兵到來的那一天，就把這面白布小旗插在自己家門口，表示是清白的民家，並且禁止官兵亂殺。因為有這種措施而避免被殺的人，大約有一萬人之多。後來謝都事的兒子謝遷，中了狀元，官至宰輔。而且他的孫子謝丕，也考中探花。

【原典釋評】

本段，了凡講述第三個案例，這個案例的主角是謝都事。正統年間，正統是明朝第六任和第八任皇帝明英宗的年號。他即位以後改年號為正統，後來因為御駕親征發生土木堡之變，兵敗被俘。明英宗被俘後，孫太后聯合兵部侍郎于謙，扶持郕王朱祁鈺登基稱帝，是為景泰帝明代宗。明英宗後被迎回北京，幽於南宮，後發動奪門之變，再度登基為帝。正統是明英宗第一次在位時的年號，正統年間是西元一四三六年到一四四九年。話說，正統年間，「鄧茂七倡亂於福建」，一個名為鄧茂七的匪首造反、叛變，「士民從賊者甚眾」，有很多百姓都跟隨鄧茂七一起造反。「朝廷起鄞縣張都憲楷南征，以計擒賊」，面對叛亂，朝廷自然是鐵腕出擊，便派出了張楷南征剿賊。和楊自懲一樣，張楷也是鄞縣、如今浙江寧波人，他擔任都憲一職。都憲是明代對都察院、都御史的別稱，是專糾劾百司，辨明冤枉，提督各道，為天子耳目風紀之司的正二品官員。「後委布政司謝都事，搜殺東路賊黨」，剿滅賊首之後，就要搜查同夥，剿滅餘黨，為了完成這項工作，朝廷派出了一位在福建布政司任職的謝都事。布政司是省級行政區的最高行政機關，主管一省的行政和財政事務；布政司、按察司、都指揮使司合稱「三司」。

後面接著講述謝都事是如何搜殺東路賊黨的。他雖然手握生殺大權，但是沒有為了便宜從事而大開殺戒，而是十分謹慎地運用了手中的權力，不辭煩瑣地找到「賊中黨附冊籍」，以這個名冊為基礎，排除沒有參與其中的無辜百姓。「凡不附賊者，密授以白布小旗，約兵至日，插旗門首」，只要是沒有附庸賊眾作亂的百姓，都暗中給了他們一面白布的小旗作為暗號，約定等到官兵來剿匪之時，讓這些無辜百姓把白布小旗插到自家的門口，以示身家清白，並未作亂。謝都事清查賊眾名冊，安頓無辜百姓以後，就開始嚴格約束部下，「戒軍兵無妄殺」，禁止手下官兵胡亂殺人。因為他心存善念的妥善安排和周密部署，保全了萬餘無辜百姓的性命。謝都事以百姓為念，不濫殺無辜，軍紀嚴明、嚴於馭下，因此累積很大的功德。「後謝之子遷，中狀元，為宰輔；孫丕，復中探花」，後來，謝都事的兒子謝遷中了狀元，並官至宰輔。明朝自朱元璋罷黜李善長後就不再設置宰相職位，宰輔與宰相類似，但不是一個具體的職位，而是統稱參與政事的重要輔臣。謝都事的孫子謝丕，也中了探花，也就是科考的全國第三名。古時候參加全國科舉考試，第一名稱為狀元，第二名稱為榜眼，第三名稱為探花。謝都事後代之優秀，由此可見一斑。

【原典】

莆田[一]林氏，先世有老母好善，常作粉團施人，求取即與之，無倦色[二]。一仙化為道人，每旦索食六七團，母日日與之，終三年如一日，乃知其誠也。

【注釋】

一、莆田：縣名，地處福建。

二、倦色：懈怠厭倦的神色。

【譯文】

在福建省莆田縣的林家，他們的上輩中，有一位老太太喜歡做善事，時常用米粉做粉團給窮人吃。只要有人向她要，她就立刻給，臉上沒有表現出一點厭煩的樣子。有一位仙人，變作道士，每天早晨向她討六七個粉團。老太太每天給他，一連三年，每天都是這樣的佈施，沒有厭倦過，仙人就曉得她做善事的誠心了。

【原典釋評】

本段，了凡講述第四個案例，這個案例的主角是莆田林氏先輩中的一位老太太。莆田是福建的一個縣，莆田林氏是有名的名門望族，說起這個家族的興旺發達，就不得不提及先輩中的這位老太太。「先世有老母好善，常作粉團施人，求取即與之，無倦色」，莆田林氏的先輩中，有一位老太太，心腸特別好，喜歡做好事。封建社會的老太太，自然不能像官員那樣施政一方、造福百姓，她做的善事很普通，就是每天製作粉團，提供給需要的人。粉團是閩南地區的特色地方小吃，一般使用地瓜粉和米粉等加上其他配料，攪拌均勻，弄成團狀，放入熱水之中烹煮。雖然她做的事情很普通，但是她的境界非常人能比，那就是做善事無所圖，並且數年如一日。凡是有人想要吃她做的粉團，她都會拿出來給人吃，並且面無倦色，不嫌煩擾，這種矢志不渝和不區別對待的精神，是十分難能可貴的。後來，有一個老道人，每天早上都去找她要六七個粉團吃，這個老太太不厭其煩，三年時間裡，始終不急不躁，無怨無悔地向這個道人提供粉團。俗話說「日久見人心」，道人便知道老太太一心向善、堅持不懈的誠心，明白她做好事是發自內心、不圖回報的。

【原典】

因謂之曰：「吾食汝三年粉團，何以報汝？府後有一地，葬之，子孫官爵，有一升麻子之數。」其子依所點葬之，初世即有九人登第，累代簪纓[一]甚盛，福建有無林不開榜之謠。

【注釋】

一、簪纓：古代達官貴人的冠飾。後遂借指高官顯宦。

【譯文】

於是，仙人對她說：「我吃了你三年的粉團，要怎樣報答你？這樣吧，你家後面有一塊地，若是你死後葬在這塊地上，將來你的子孫做官的，會有一升麻子那樣多。」後來老太太去世了，她的兒子依照仙人的指示，把老太太安葬在屋後那塊地裡。林家的子孫第一代考取科第的，就有九人。後來，世代做大官的人都非常多。因此，在福建省有一句「如果榜上沒有林家子弟的名字，就不會放榜」的傳言。

【原典釋評】

這個道人吃了老太太三年粉團，知道她的誠心，便想報答她。於是便向這個老太太指點了死後埋葬之地，他說：「你家院子後面有一塊風水寶地，如果你去世之後葬在那個地方，你的子孫後代就會官運亨通、興旺發達，做官的會多得如一升芝麻的數量。」眾所周知，芝麻是非常小的，一升的芝麻是非常多的，簡直難以數得清楚。「其子依所點葬之」，老太太去世之後，他的兒子就按照這個道人的指點，把老太太葬到了那塊風水寶地上。

這位普通的林家老太太，因為長年堅持行善而獲得好報。「初世即有九人登第」，老太太的兒子一輩中，就有九個人中進士。這是很了不起的，一方面說明老太太兒孫眾多，另一方面也說明這些兒孫都是才學出眾之輩。「累代簪纓甚盛」，她的後代之中，每代都有很多人做官。「簪纓」，簪為文飾，纓為武飾，都是古代達官貴人的冠飾，因此便引申為高官顯宦之意。林家後代人才輩出，高官很多，福建甚至出現了「無林不開榜」的說法。一個家族之中，長輩對於後輩的影響是重大、深遠的，而且身教重於言傳。一個家族的家風的形成、傳承，雖然看不見摸不著，卻是一股可以在無形之中塑造後輩、錘鍊後輩、影響後輩的極其強大的力量。

【原典】

馮琢庵[一]太史[二]之父，為邑庠生[三]。隆冬早起赴學，路遇一人，倒臥雪中，捫[四]之，半僵矣。遂解己綿裘衣之，且扶歸救蘇。夢神告之曰：「汝救人一命，出至誠心，吾遣韓琦[五]為汝子。」及生琢庵，遂名琦。

【注釋】

一、馮琢庵：馮琦（一五五九—一六〇三），字用韞，號琢庵、朐南，山東臨朐人。明神宗萬曆五年（一五七七年）進士。官至禮部尚書。後卒於官。

二、太史：翰林的敬稱。

三、邑庠生：古代學校稱庠，故學生稱庠生。明清科舉制度中，府、州、縣學生員稱為邑庠生，州縣學稱為「邑庠」，庠生也就是秀才，因此秀才也叫「邑庠生」。

四、捫：摸。

五、韓琦：字稚圭，相州安陽（今河南省安陽市）人，生於一〇〇八年，卒於一〇七五年。宋仁宗天聖五年（一〇二七年）進士，仁宗末年拜相，累官永興節度使、守司徒兼侍中，封爵魏國公。謚「忠獻」，有《安陽集》傳世。

【譯文】

馮琢庵太史的父親在縣學裡做秀才的時候，冬天一個寒冷的大清早，在去縣學的路上，遇到一個倒在雪地裡的人。用手一摸，發現那人已經凍得半死了。於是馮老先生馬上把自己穿的棉袍，脫下來給那人穿上，並且把他扶到家裡救醒了。馮老先生救人後做了一個夢，夢中一位天神告訴他說：「你救了他人一命，而且完全出自一片至誠之心，所以我將讓韓琦投生到你家做你的兒子。」等到後來生了琢庵，就替他取名為馮琦。

【原典釋評】

本段，了凡講述第五個案例，這個案例的主角是馮琢庵的父親馮老先生。故事開頭，了凡就已經向讀者亮明馮琢庵的身分，他是一名「太史」，明朝的太史一般是在翰林院任職。馮琢庵的父親「為邑庠生」，「邑」指縣，「庠」是學校，「庠生」一般指秀才，馮父曾經是縣學中的一名秀才。「隆冬早起赴學，路遇一人，倒臥雪中」，有一天早上他在去縣學上學的路上，遇到一個人，倒臥在大雪之中。「捫之，半僵矣。遂解己綿裘衣之，且扶歸救蘇」，馮父見到這種情況，沒有置之不理，而是走上前去，用手摸了摸這個人，發現他的身體已經快要僵住了。他心存善念，便不顧寒冷，解下自己身上的外衣，穿在這個人身上。不僅如此，他還把這個人扶了起來，帶到自己家中，把他救了過來。脫下自己的外套給別人穿，是雪中送炭，更是捨己為人，對素不相識之人尚有如此善心，可見他是不圖回報、沒有分別的真正的善良。

馮父因其善舉，而得好報。在睡夢之中，夢到了一個天神對他說：「汝救人一命，出至誠心，吾遣韓琦為汝子。」你誠心誠意、別無所圖地救人性命，所以我把韓琦派下去做你的兒子。韓琦字稚圭，是北宋的政治家、詞人。韓琦於宋仁宗天聖五年，也就是西元一〇二七年中進士，由此步入仕途。宋夏戰爭爆發後，他與范仲淹率軍防禦西夏，在軍中頗有聲望，人稱「韓范」。後來，韓琦又與范仲淹、富弼等人共同主持「慶曆新政」，在仁宗末年官拜宰相，後來又被封為魏國公。韓琦去世以後，神宗為他御撰「兩朝顧命定策元勳」之碑，追贈尚書令，謚「忠獻」，配享英宗廟庭。因為救人性命，馮父就得到一個韓琦般優秀出色的兒子。「及生琢庵，遂名琦」，後來馮家果然添一子，馮父便替他取名為馮琦。馮琦，字用韞，號琢庵，明萬曆五年，也就是西元一五七七年進士，歷任編修、侍講、禮部右侍郎、禮部尚書等職。

【原典】

台州[一]應尚書[二]，壯年習業於山中。夜鬼嘯集，往往驚人，公不懼也。一夕聞鬼云：「某婦以夫久客不歸，翁姑[三]逼其嫁人。明夜當縊死於此，吾得代矣。」公潛[四]賣田，得銀四兩，即偽作其夫之書，寄銀還家。其父母見書，以手跡不類，疑之。既而[五]曰：「書可假，銀不可假，想兒無恙。」婦遂不嫁。其子後歸，夫婦相保如初。

【注釋】

一、台州：地名，位於浙江省中部沿海，東瀕東海，南鄰溫州市，西與金華和麗水市毗鄰。

二、應尚書：應大猷（一四八七—一五八一），字邦升，號容庵，浙江仙居人。明武宗正德九年（一五一四年）進士，官至刑部尚書。受嚴氏父子誣陷，於嘉靖四十年（一五六一年）被迫告老。

三、翁姑：指公公婆婆。

四、潛：悄悄地，偷偷地。

五、既而：不久，一會兒，副詞，指上件事情發生後不久。

【譯文】

浙江台州有一個叫應大猷的尚書，壯年的時候在山中讀書。夜裡鬼常聚集在一起，發出多種怪嚎聲來嚇唬人，但是應公不怕鬼。有一天夜裡，應公聽到一個鬼說：「有一個婦人，因為丈夫出遠門，很久沒回來，她的公婆認為兒子可能已經死了，所以要逼這個婦人改嫁，而這個婦人卻要守節，不肯改嫁。

所以明天夜裡，她會在這裡上吊，那樣我便可以找到一個替身了。」應公聽到這些話，便偷偷地把自己的田賣了，得了四兩銀子，並馬上假託那位婦人丈夫的名義寫了一封信，連同銀子寄回了婦人家。這位婦人的公婆看了信以後，因為筆跡不像，所以懷疑信是假的。但是後來又一想：「信可以是假的，但是銀子不能是假的！想來兒子應該沒事。」於是他們就不再逼媳婦改嫁了。後來他們的兒子回來了，這對夫婦就像從前初婚時一樣，能安心地廝守一起了。

【原典釋評】

本段，了凡講述第六個案例，這個案例的主角是一位姓應的尚書，但是這個故事發生的時候，應尚書還是一個在山中讀書學習的青年。「習業」就是讀書、學習的意思。以前的公立教育不像現在這麼發達，有錢人家往往設有私塾，供自家子弟學習、讀書；平民百姓家的孩子有很多會到山中的寺院讀書。一方面，山中寺院環境清幽，氛圍清淨，適合讀書；另一方面，寺廟中往往會有藏經之處，除了佛教典籍也會收藏諸子百家之作、經世致用之學，就像如今的圖書館一樣，有益於學生汲取知識。

「夜鬼嘯集，往往驚人，公不懼也」，山中人煙稀少、人氣不旺，因此就成為鬼怪聚集之所。白天還好，到了晚上，原本就靜得嚇人的深山之中，風聲、雨聲伴隨著夜鬼的聲聲鬼叫，難免讓人膽戰心驚、不寒而慄。然而，這位姓應的年輕人身處其中卻不覺得害怕，他正氣凜然、心地光明，因此不害怕鬼怪夜嚎。想必在這樣的寂靜之夜中，應書生正孜孜不倦地挑燈夜戰、奮發學習。

某天晚上，應書生聽到這些夜鬼的對話，「某婦以夫久客不歸，翁姑逼其嫁人。明夜當縊死於此，吾得代矣」。「客」是外出客居他鄉之意，「翁姑」是指丈夫的父親和母親，也就是公婆的合稱。原來是有一個野鬼一直在找替身，這天剛好聽說有一個女子，她的丈夫外出很久仍未歸家，這個女子的公婆就以此為由，逼迫這名女子另嫁他人。這位女子性情剛烈，想等自己的丈夫回家，不願委身他人，無奈手無縛雞之力，沒有反抗的資本，被逼無奈之下，便想自縊，一了百了。這個夜鬼知道這個女子明晚就要來這裡自縊了，於是便對另一個夜鬼說打算把這個女子當作自己的替身。

這位姓應的書生無意之中聽到夜鬼的對話，其中牽扯人命，便想要救人。他既有救人的善心，又有救人的頭腦，還有很強的執行力。聽到這段話之後，他沒有聲張，而是首先做了一件事——賣田。想來他在山中讀書，家境沒有特別富裕，但是人命關天，情急之下只能賣田換錢。換錢做什麼？他賣田換來四兩銀子，「即偽作其夫之書，寄銀還家」，原來賣田換錢是為了把「戲」做足、做真，換來錢後，書生便馬上以這位女子丈夫的身分偽造了一封家書，將銀子和家書一起送到了這位女子的家中。「其父母見書，以手跡不類，疑之」，這位女子的公婆看到兒子寄來的家書，果然心生疑慮，因為這封家書中的筆跡不像他們兒子所寫，這時隨著家書一起寄來的銀兩便產生至關重要的作用。「既而曰：『書可假，銀不可假，想兒無恙。』」女子的公婆看到家書筆跡本心生疑竇，但是看到隨信而來的銀兩，就覺得沒有人會冒充自己的兒子向家裡寄錢，因此判定兒子還安然無恙地活在世間。讀到此處，不得不佩服應書生料事如神的智慧和捨財救命的善心。如此一來，女子的公婆便不再逼迫她另嫁他人。「其子後歸，夫婦相保如初」，後來，這家的兒子終於回到了家中，夫婦二人甜蜜如初。

不經意聽到夜鬼對話，應書生便心生善意，當即賣田，挽救了一條性命，保全了一個家庭。他做這一切，不是為了揚名，也不是為了求報，只是發自內心地想要助人、救人，這樣的人物如何會懼夜鬼？

【原典】

公又聞鬼語曰：「我當得代，奈此秀才壞吾事。」

傍一鬼曰：「爾何不禍[一]之？」

曰：「上帝以此人心好，命作陰德尚書矣，吾何得而禍之？」

應公因此益自努勵，善日加修，德日加厚；遇歲饑，輒捐穀以賑之；遇親戚有急，輒委曲[二]維持；遇有橫逆[三]，輒反躬自責，怡然[四]順受。子孫登科第者，今累累[五]也。

【注釋】

一、禍：禍害。

二、委曲：殷勤周至。

三、橫逆：橫暴無理的行為。
四、怡然：安適自在的樣子。
五、累累：表示很多的意思。

【譯文】

隔天晚上，應公又聽到那個鬼說：「我本來可以找到替身了，哪知道被這個秀才壞了我的事啊。」旁邊一個鬼說：「你為什麼不去害死他？」那個鬼說：「天帝因為這個人心好，有陰德，已經派他去做陰德尚書了，我怎麼還能害他？」

應公聽了這兩個鬼的對話，從此更加努力，更加發心勉勵，善事一天一天去做，功德也一天一天地增加；遇到荒年的時候，便捐出米穀救人；遇到親戚有急難時，便想盡辦法幫助他們渡過難關；遇到蠻不講理的人或不如意的事，便總是反省自己的過失，心平氣和地接受事實。所以他的子孫得到功名與官位的，到現在也還有很多。

【原典釋評】

這件事過後，應姓書生一如往常地在山中讀書學習。某夜，他又聽到這位夜鬼跟同伴的對話，這位夜鬼說：「我當得代，奈此秀才壞吾事。」原來是夜鬼在跟自己的同伴抱怨：「我本來都找到替身了，誰知道這個秀才卻壞了我的好事，害得我現在還在這裡做鬼。」這時，夜鬼的同伴便向他出主意說：「爾何不禍之？」意思就是，既然他壞了你的好事，你就應該報復他，給他點顏色瞧瞧。這位夜鬼答道：「上帝以此人心好，命作陰德尚書矣，吾何得而禍之？」舉頭三尺有神明，應姓書生救人一命，他做的好事上帝也就是天帝已經知道，天帝覺得應姓書生的心眼好，於是為他安排陰德尚書的職務，所以夜鬼無法報復他了。

由此可見，鬼怪為非作歹也不會憑空來的，也是有因有果的。正所謂「平生不做虧心事，半夜不怕鬼敲門」，誠不我欺！

應姓書生聽到夜鬼對話，便已知道自己的前途。他並未因此驕傲自滿，而是更加努力勤勉，每日躬身自省，斷惡修善，因此德行一天比一天進步。應姓書生是如何做的？了凡列舉三點：一是遇到饑荒年景，應姓書生就會捐出米穀賑災救人；二是遇到親戚有急事、急難，應姓書生就會想盡辦法地幫助他們渡過難關；最難得的是，遇到「橫逆」，也就是有人詆毀中傷他的時候，他不會勃然大怒，也不會極言爭辯，而是不斷地反思自己的過失，欣然接受別人的批評，可以說是聞過則喜，寬容大量。正是因為這種心胸氣度，不僅他自己官居尚書，而且有許多子孫後代都科舉中第步入仕途。

【原典】

常熟徐鳳竹栻[一]，其父素富，偶遇年荒，先捐租以為同邑[二]之倡，又分穀以賑貧乏。夜聞鬼唱於門曰：「千不誑，萬不誑，徐家秀才，做到了舉人郎。」相續[三]而呼，連夜不斷。是歲，鳳竹果舉於鄉，其父因而益積德，孳孳不怠[四]，修橋修路，齋僧接眾，凡有利益，無不盡心。後又聞鬼唱於門曰：「千不誑，萬不誑，徐家舉人，直做到都堂[五]。」鳳竹官終兩浙[六]巡撫[七]。

【注釋】

一、徐鳳竹栻：徐栻，字世寅，號鳳竹。江蘇常熟人，累官南京工部尚書。

二、邑：此指縣。

三、相續：連續不斷。

四、孳孳不怠：勤勉努力，毫不懈怠。孳，同「孜」。

五、都堂：尚書省總辦公處的稱呼。「都」是總攬的意思。明代各衙署之長官因在衙署之大堂上處理重要公務，故稱堂官；都察院長官都御史、副都御史、僉都御史，以及被派遣到外省帶有這些兼銜的總督、巡撫，均通稱都堂。

六、兩浙：浙東、浙西，合稱兩浙，包括浙江全省。

七、巡撫：官名，中國明清時地方軍政大員之一，又稱撫台。巡視各地的軍政、民政大臣。

【譯文】

江蘇常熟有一位徐鳳竹先生，他的父親一向很富有，偶然遇到荒年，就先把他應收的田租全部捐掉，作為全縣有田人的榜樣，再把他原有的稻穀分發出去，救濟窮人。有一天夜裡，他聽到有一群鬼在門口唱道：「千不說謊，萬不說謊，徐家的秀才，做到了舉人郎！」那些鬼連續不斷地呼叫，夜夜不停。這一年，徐鳳竹去參加鄉試，果然考中舉人。他的父親因此更加高興，努力不倦地做善事，積功德。他修橋鋪路，施齋飯供養出家人，接濟貧苦百姓，凡是對別人有好處的事情，無不盡心去做。後來他又聽到鬼在門前唱道：「千不說謊，萬不說謊，徐家舉人，做官直做到了都堂！」結果徐鳳竹做官真的做到了兩浙的巡撫。

【原典釋評】

本段，了凡講述第七個案例，這個案例的主角名為徐栻，號鳳竹，是江蘇常熟人。「常熟徐鳳竹栻，其父素富」，江蘇常熟有一個名為徐栻的人，號鳳竹；「素」是向來、一向的意思，徐鳳竹的父親一向很富有。「偶遇年荒，先捐租以為同邑之倡，又分穀以賑貧乏」，農業社會，生產力不發達的時候，基本上是靠天吃飯，很多時候人力無法應對大自然帶來的種種災難，雨水不足或者洪水氾濫，抑或是蝗蟲成災，都可能導致顆粒無收，民不果腹。遇到這樣的饑荒年景，「先捐租以為同邑之倡」，徐家就會首先為佃戶免去佃租，佃戶的負擔就會小一點，能夠繼續維持生計。「又分穀以賑貧乏」，徐家不僅會為佃戶免去佃租，還會打開自家的糧倉，把自己家的存糧拿出來，分給貧困的人吃，讓他們得以保存性命、度過荒年。無論是捐租還是分穀，都是救人危難、功德無量的好事。

徐父堅持做好事，於是便有了效驗。某天夜間，就聽到夜鬼在他家門前唱道：「千不誆，萬不誆，徐家秀才，做到了舉人郎。」「誆」是欺騙的意思，「千不誆，萬不誆」就是實事求是、不打妄語、不說謊，「徐家秀才」指徐鳳竹，「做到了舉人郎」，就是說徐鳳竹將來可以考中舉人。夜鬼接連呼叫，夜夜不停，果不其然，徐鳳竹在當年中了舉人。

中舉是光宗耀祖之事，徐父十分欣慰，更有行善積德的動機，「其父因而益積德，孳孳不怠」，自此之後，徐父更加孜孜不倦地積善行德。「修橋修路，齋僧接眾，凡有利益，無不盡心」，徐父做好事不拘一格，只要是對別人有益的事他都願意做，修橋修路，施齋供飯，接濟眾人，無不盡心盡力。

而後，夜鬼又聚集在他家門口，唱道：「千不誆，萬不誆，徐家舉人，直做到都堂。」明朝時期，都察院長官都御史、副都御史、僉都御史都可以稱為都堂；派遣到外省的總督、巡撫等帶有都察院御史銜的，亦稱都堂。果然，徐鳳竹步入仕途之後，官至兩浙巡撫，成為總管兩浙政務的最高長官。

【原典】

嘉興屠康僖公[一]，初為刑部主事[二]，宿獄中，細詢諸囚情狀[三]，得無辜者若干人，公不自以為功，密疏[四]其事，以白[五]堂官[六]。後朝審[七]，堂官摘其語，以訊諸囚，無不服者，釋冤抑[八]十餘人。一時輦下[九]咸頌尚書之明。

【注釋】

一、屠康僖公：康僖，是謚號。屠康僖公，名勳，浙江平湖人。明憲宗成化年間進士，官至刑部尚書。著有《太和堂集》，《明史》有傳。

二、主事：官名，屬於封建品級制度中較小的底層辦事官吏。

三、情狀：情況，情由、經過。

四、密疏：密奏。

五、白：告訴，奏明。

六、堂官：明清對中央各部長官如尚書、侍郎等的通稱，因在各衙署大堂上辦公而得名。

七、朝審：明朝的一種審判制度，在秋後處決犯人之前，召集朝廷大臣共同復審死罪囚犯。這實際上是一種會審覆核制度，表示對人生命的重視。

八、冤抑：冤屈；冤枉。

九、輦下：「輦轂下」的省稱。猶言在皇帝的車輿之下，代指京城。

【譯文】

浙江省嘉興縣有一位屠康僖公，起初在刑部裡做主事的官。一天夜裡，他住在監獄裡，仔細地盤問每個囚犯的案情，結果發現被冤枉的有不少人。屠公沒有因此覺得自己有功勞，而是暗中把這件事的原委寫成文章，告訴刑部尚書。後來到了秋審的時候，刑部堂官就把屠公所寫的奏文，揀些要點來審問那些囚犯。囚犯們都老實地向堂官供認，沒有一個不心服的。堂官因此還釋放了原來冤枉的、被逼招認的十多個人。因此，這個時期京裡的百姓都稱讚刑部尚書能夠明察秋毫。

【原典釋評】

本段，了凡講述第八個案例，這個案例的主角是屠康僖公，他是浙江嘉興人，曾經擔任刑部主事一職。刑部相當於現代的司法部，是封建社會掌管刑法、獄訟事務的官署。屠公在刑部任職，不尸位素餐，也未曾想著如何盤剝犯人，從犯人及其家人身上撈取好處，而是兢兢業業、恪盡職守、尊重事實，為有冤情的犯人平反，讓沒有冤情的犯人伏法受罰。「宿獄中，細詢諸囚情狀」，屠公在獄中過夜，詳細地觀察、詢問囚犯的情況，以求還原真相。「得無辜者若干人，公不自以為功」，透過耐心的觀察、詢問，他發現囚犯之中確實有若干人蒙受了不白之冤，屠公並未因此沾沾自喜，也不認為這是自己的功勞，而是「密疏其事，以白堂官」，把這些情況一五一十地寫成公文，上報給了刑部的堂官。透過這個舉動可以看出，屠公夜宿獄中、詳問情由，並非出於功利目的，既不是為了撈取高升的資本，也不是為了獲得浮名，而是發自內心地尊重事實，追求真相。「後朝審，堂官摘其語，以訊諸囚」，等到朝審的時候，堂官就依據屠公遞上來的公文來審訊囚犯。「無不服者，釋冤抑十餘人」，那些犯了罪的囚犯沒有不心悅誠服的，除此之外，還為十餘人平了反。「一時輦下咸頌尚書之明」，「輦下」和天子腳下是同一個意思，都是指京城；「咸」是全部、都的意思；因為這件事，一時之間，京城百姓全都稱揚讚頌刑部尚書公正廉明。

【原典】

公復稟曰：「輦轂之下[一]，尚多冤民，四海之廣，兆民[二]之眾，豈無枉者？宜五年差一減刑官，核實而平反之。」

尚書為奏，允其議。時公亦差減刑之列，夢一神告之曰：「汝命無子，今減刑之議，深合天心，上帝賜汝三子，皆衣紫腰金[三]。」是夕夫人有娠，後生應塤、應坤、應埈，皆顯官[四]。

【注釋】

一、輦轂之下：義同上段之「輦下」。輦轂，帝王的車駕。比喻帝王管轄下的京城，即天子腳下之意。

二、兆民：古稱太子之民，後泛指眾民，百姓。

三、衣紫腰金：身穿紫袍，腰佩金銀魚袋。這是大官裝束，亦指做大官。衣，穿。

四、顯官：達官，高官。

【譯文】

後來，屠公又向刑部尚書上了一份公文說：「天子腳下，尚且有那麼多被冤枉的人，全國那麼大的地方，有千千萬萬的百姓，怎麼會沒有被冤枉的人？應該每五年派一位減刑官，到各地去詳細核實每個囚犯的實情，據案情來減輕或者釋放被冤枉之人。」

刑部尚書聽了，就代為上奏皇帝，皇帝也准了他建議的方法。當時，正好屠公也在派遣之列。有一天晚上，屠公做了個夢，夢見一位天神告訴他說：「你命裡本來沒有兒子，但是因為你提出減刑的建議，正與天心相合，所以上天賜給你三個兒子，將來都可以衣紫腰金，做大官。」這天晚上，屠公的夫人就有了身孕，後來生下了應塤、應坤、應埈三個兒子，他們果然都做了高官。

【原典釋評】

屠康僖公並未將百姓稱頌刑部堂官卻未曾知曉他這個實際推動人的事放在心上，而是一心關注這件事帶來的啟示。於是，他又寫了一道公文，說到「輦轂之下，尚多冤民」，「輦轂之下」和上段中的「輦下」含義相同，都是指京城，京畿之地、首善之區尚且有這麼多蒙冤的百姓；「四海之廣，兆民之眾，豈無枉者」，天下這麼大，百姓這麼多，不知道還有多少平白無故蒙受冤屈的百姓！這就是此事帶給屠公的思考，他心地的純淨、對名利的淡泊由此可見一斑。針對這種情況，他便向自己的上司提出建議：「宜五年差一減刑官，核實而平反之。」建議每五年向地方派出一名減刑官，負責查訪、核實各地囚犯的犯罪事實，若確實有罪，就要公平定罪；若平白蒙冤，就要為他們平反。刑部尚書聽取了他的建議，就把這個建議寫成一份奏章，上奏皇上。皇上看到奏章，就恩准了。「時公亦差減刑之列」，就這樣，屠公也成為一名減刑官。

從這則故事中，一則可以看出屠公的心地十分善良，不忍百姓蒙受不白之冤；二則可以看出屠公為官公正廉明，以百姓為念，並非只為追求功名利祿之徒；三則可以看出屠公是一位德才兼備的官員，他的兩份公文，第一份為十餘人平冤，第二份造福之人不可勝數，積德甚厚。

之後又講述屠公行善積德之後的效驗。某晚，屠公做夢夢到了一位天神，這位天神對他說：「汝命無子，今減刑之議，深合天心，上帝賜汝三子，皆衣紫腰金。」屠公的命中本來是沒有子嗣的，可是他所提的建議實在是功德太大，因此天帝便賜給了他三個兒子，而且這三子將來都是出將入相的高官。

「衣紫腰金」，穿紫衣服束金帶是古代達官顯貴的裝束，這裡代指高官。就在這天晚上，屠公的夫人有了身孕，果然先後生下了應塤、應坤、應峻三子，這三個兒子也真的如夢中天神所言，成為衣紫腰金的高官。

【原典】

嘉興包憑，字信之，其父為池陽[一]太守，生七子，憑最少，贅[二]平湖[三]袁氏，與吾父往來甚厚，博學高才，累舉不第，留心二氏之學[四]。

【注釋】

一、池陽：今安徽池州。
二、贅：招女婿。此指包憑入贅到平湖袁氏家。
三、平湖：地名，今浙江嘉興下轄其級市。
四、二氏之學：此指佛、道兩家學說。

【譯文】

有一位嘉興人，姓包，名憑，字信之。他的父親做過安徽池陽太守，生了七個兒子，包憑是最小的。包憑被平湖縣姓袁的人家，招贅做女婿。他和我父親經常來往，交情很深。他的學問廣博，才氣很高，但是每次考試都考不中。於是他對佛教、道教的學問，很注意研究。

【原典釋評】

本段，了凡講述第九個案例，這個案例的主角的名字叫做包憑，字信之，浙江嘉興人士，是了凡父親的至交好友，兩家算是世交。包憑的父親曾經擔任池陽太守一職。池陽是如今的安徽池州，池陽太守相當於現在的池州市市長。「生七子，憑最少，贅平湖袁氏」，包憑的父親包太守生了七個兒子，包憑排行最末、年齡最小，就入贅給平湖的袁家。平湖位於浙江嘉興一帶。「與吾父往來甚厚，博學高才，累舉不第，留心二氏之學」，「二氏之學」指佛學和道教，包憑和了凡的父親來往密切，包憑這個人學問很好，只是多次應考都未能考中舉人，所以有些心灰意冷，不再熱衷科舉，轉而研究佛學、道教。

【原典】

一日東遊泖湖，偶至一村寺中，見觀音像，淋漓露立，即解橐[一]中得十金，授主僧[二]，令修屋宇，僧告以功大銀少，不能竣事[三]；復取松布[四]四匹，檢篋[五]中衣七件與之，內紵褶[六]，係新置，其僕請已之。

憑曰：「但得聖像無恙，吾雖裸裎[七]何傷？」

僧垂淚曰：「捨銀及衣布，猶非難事。只此一點心，如何易得？」後功完，拉老父同遊，宿寺中。公夢伽藍[八]來謝曰：「汝子當享世祿矣。」後子汴，孫檉芳，皆登第，作顯官。

【注釋】

一、橐：口袋。

二、主僧：寺廟的住持。

三、竣事：了事；完事。

四、松布：此指江蘇松江出產的布。

五、篋：箱子一類的東西。

六、紵褶：紵麻的夾衣。紵，用苧麻纖維織成的布。褶，夾衣。

七、裸裎：露體。脫衣露體，這是一種無禮的行為。

八、伽藍：此寺廟護法神。

【譯文】

有一天，包憑到東邊的泖湖遊玩，偶然到了一處鄉村的佛寺裡。因為寺內房屋壞了，觀世音菩薩的聖像便露天而立，被雨淋得很濕。他當時就打開自己的口袋，裡面有十兩銀子，便把銀子拿給寺裡的住持，讓他修理寺院的房屋。住持告訴他說：「修寺的工程大，銀子少，不夠用，無法完工。」因此，他又拿出四匹松江出產的布，從竹箱裡揀了七件衣服給住持。這七件衣服裡，有一件紵麻的夾衣，是新做的，他的僕人勸他不要佈施這件衣服。

包憑聽了以後說：「只要觀世音菩薩的聖像能夠安好，不被雨淋，我就是赤身露體又有什麼關係？」

和尚聽了流著眼淚說：「施主施送銀兩和衣服布匹，這還不是件難事；只是施主的這一點誠心，很是難得啊！」

後來，寺廟房屋修好了，一天包憑拉著他父親同遊這座佛寺，當晚住在寺中。那天晚上，包憑做了一個夢，夢見寺裡的護法神來謝他說：「你的兒子可以世世代代享受官祿了。」後來他的兒子包汴，孫子包槤芳，都中了進士，做了高官。

【原典釋評】

上段交代了包憑的背景，這裡開始講他積善行德的事蹟。話說某天，包憑東遊泖湖，機緣巧合之下來到了一個村寺之中，「見觀音像，淋漓露立」，看到了一尊觀音像，露天而立，被雨所淋。這說明這座村寺年久失修，屋頂損壞，所以才會漏雨，淋了觀音像。此情此景，包憑深受觸動，他「即解橐中得十金，授主僧，令修屋宇」，不假思索、毫不遲疑地打開了隨身帶著的錢袋，拿出十兩銀子給了寺中住持，讓他修繕寺內的房屋。「僧告以功大銀少，不能竣事」，住持卻說，修繕房屋所需甚多，十兩銀子是不夠的。包憑聽到住持的話，修繕寺廟之心並未動搖，「復取松布四匹，檢篋中衣七件與之」，又拿出了四匹松布，還從藤箱之中拿了七件衣服，交給住持，讓他換了銀兩修繕寺廟。「內紵褶，係新置，其僕請已之」，包憑給住持的衣服中有一件新做的麻質夾衣，價值不菲，僕人便提醒包憑不要佈施這件衣服。包憑卻說：「但得聖像無恙，吾雖裸裎何傷？」只要寺中房屋能夠修好，觀音像不受風吹雨淋、安然無恙，就算是讓我赤身裸體，又有何妨？這句話說得情真意切、赤誠無私，住持深受感動，垂淚道：「捨銀及衣布，猶非難事。只此一點心，如何易得？」是呀，佈施銀錢、衣物的大有人在，可是一片赤誠，無私無求的，又有幾人？

後來，寺廟修葺完畢，觀音像也不再被風吹雨淋，包憑便帶著父親一起舊地重遊，晚間就住在了寺中。這晚，包憑夢到伽藍神向他致謝，並且對他說：「汝子當享世祿矣。」「世祿」就是世世代代享有爵祿的意思；「世祿之家」就是指貴族，因為他們的爵位官職往往是世襲的。包憑屢試不第，伽藍神卻說他的兒子能夠享受世祿，其實就是在暗示他的後代會步入仕途、光宗耀祖。而後，果然如伽藍神所言，包憑的兒子包汴、孫子包檉芳都科舉中第，做了高官。這便是包憑一片赤誠、毫無私念地積善行德的效驗。

【原典】

嘉善[一]支立[二]之父，為刑房[三]吏，有囚無辜陷重辟[四]，意哀之，欲求其生。囚語其妻曰：「支公嘉意，愧無以報，明日延之下鄉，汝以身事之，彼或肯用意[五]，則我可生也。」

【注釋】

一、嘉善：縣名，位於中國長江三角洲東南側，江、浙、滬兩省一市交匯處長三角城市群核心區域，是浙江省接軌上海第一站。

二、支立：明嘉善縣人，字可與，號「十竹軒主人」。事母孝，與羅一峰交密，深通經學，時人稱為「支五經」。

三、刑房：過去指對人用刑的地方。

四、重辟：極刑，死刑。

五、用意：指用心研究或處理問題。

【譯文】

浙江嘉善人支立的父親，曾經擔任刑房吏。他知道獄中有一個囚犯蒙冤入獄，被判重刑，內心十分同情這位囚犯，也十分替這位囚犯哀痛，便想要替這位囚犯平反。囚犯得知支父的好意之後，告訴他的妻子說：「對支公的好意，我覺得很慚愧，無法報答。明天請他到鄉下，你就嫁給他，他或者會感念這份情，我就可能有活命的機會了。」

【原典釋評】

這是了凡講述的第十個案例，這個案例的主角也是浙江人士，姓支，生了一個兒子名為支立。支父曾經在刑房任職，是一位小吏。他當差的時候，遇到一位囚犯，這位囚犯無辜受冤，被判了重刑，支父「意哀之，欲求其生」，心中為這位囚犯哀痛，想要挽回他的性命。這位囚犯知道後，深受感動，就想著報答支父，可身在獄中，無以為報，只能對前來探監的妻子說了如下一段話：「明日延之下鄉，汝以身事之，彼或肯用意，則我可生也。」這位囚犯想要讓自己的妻子改嫁給支父，以求支父盡心盡力幫忙挽回性命。此時囚犯雖然知道支父的好心，也想要知恩圖報，但是沒有把支父當作一個「但做好事，不求回報」的人，所以才會忍痛對妻子說了這番話。

【原典】

其妻泣而聽命。及至，妻自出勸酒，具告以夫意。支不聽，卒為盡力平反之。囚出獄，夫妻登門叩謝曰：「公如此厚德，晚世[一]所稀，今無子，吾有弱女，送為箕帚妾[二]，此則禮之可通者。」支為備禮而納之，生立，弱冠中魁[三]，官至翰林孔目[四]。立生高，高生祿，皆貢[五]，為學博[六]。祿生大綸，登第。

【注釋】

一、晚世：近世。

二、箕帚妾：持箕帚的奴婢，借作妻妾之謙稱。

三、中魁：考中第一名。魁，為首的，居第一位的。

四、翰林孔目：即翰林院的孔目。官職名，掌管圖籍。

五、貢：貢生。

六、學博：州縣公立學校的教師。

【譯文】

一他的妻子聽了之後，沒有其他方法，就一邊哭一邊答應了。到了第二天，支父到了鄉下，囚犯的妻子就自己出來勸支父喝酒，並且把她丈夫的意思完全告訴支父。但是支父沒有聽從，卻還是盡了全力，替這個囚犯把案子平反了。後來，囚犯出獄，夫妻兩個人到支父家裡叩頭拜謝說：「您這樣厚德的人，在近代實在是少有，現在您沒有兒子，我有一個女兒，願意給您做掃地的小妾。這在情理上是可以說得通的。」支立的父親聽了他的話，就預備了禮物，把這個囚犯的女兒迎娶為妾，後來生下了支立。支立剛二十歲時就考了舉人頭名，官做到翰林院的孔目。

後來支立的兒子支高，支高的兒子支祿，都被保薦做了州縣公立學校的教師。支祿的兒子支大綸，則考中進士。

【原典釋評】

囚犯的妻子想必也沒有其他方法為丈夫平冤，只得含淚聽從了丈夫的安排。她把支父請到家中，親自出來勸酒，並且把丈夫的意思一五一十地告知支父。「支不聽，卒為盡力平反之」，支父沒有聽從他們夫婦二人的安排，還是竭盡全力為囚犯平反。支父是一個心中有正氣的人，他做這件事，只是為了自己的良心和職責，不是為了求取回報。就這樣，囚犯被無罪釋放，夫婦二人一起來拜謝支父的救命之恩，並且對他說：「你這個人宅心仁厚，真是世間少有，現在你還沒有兒子，我們願意把女兒嫁給你做一個小妾。」原來這對夫妻見支父這麼好的人卻沒有兒子，很為他擔憂，便想把自己的女兒送給支父為妾，一來報答他的救命之恩，二來希望可以為他開枝散葉。夫婦二人認為此事合乎禮法，不算逾矩。封建社會女子地位較低，正妻無後，丈夫可以休妻，可以納妾，因此這對夫妻才想到了這個報答支父的主意。

支父也覺得這個辦法可行，便備下禮品，納了囚犯的女兒為妾。後來這個女子果然為他生下了一個兒子，取名為支立。支立「弱冠中魁，官至翰林孔目」，「弱冠」就是指男子二十歲左右，「中魁」即科舉中第。翰林院在明朝是養才儲望之所，主要職責是修書撰史，起草詔書。在翰林院任職的人一般會成為皇室成員的侍讀，或者擔任科舉考官職位，「孔目」是翰林院中的事務官。

至此，了凡向讀者講述十則真實的案例，這十則案例的主角有老有少、有男有女，事蹟行為也各不相同，但講的都是行善積德、善有善報的事理。之所以舉這麼多案例，就是意在說明善有善報不是一種存在於內心的願景，而是真實發生的事實，真實本身就是最強的說服力。

【原典】

凡此十條，所行不同，同歸於善而已。若復精而言之，則善有真，有假；有端[一]，有曲；有陰，有陽；有是，有非；有偏，有正；有半，有滿；有大，有小；有難，有易。皆當深辨。為善而不窮理[二]，則自謂行持[三]，豈知造孽，枉費苦心，無益也。

【注釋】

一、端：端正，直。

二、窮理：窮究事物之理。

三、行持：佛教語，謂精勤修行。此指做善事。

【譯文】

以上這十則故事，雖然每人所做的各不相同，但都可以歸納為一個「善」字。如果要再精細地加以說明，做善事有真的，有假的；有直的，有曲的；有陰的，有陽的；有是的，有不是的；有偏的，有正的；有一半的，有圓滿的；有大的，有小的；有難的，有易的。這種種善事，應該要仔細加以辨別。如果做善事，卻不知道考究做善事的道理，就說自己做了善事，有了怎樣的功德，哪裡知道可能是在造孽？這樣做真是冤枉，白費了苦心卻得不到一點益處。

【原典釋評】

上文中，了凡透過十則真實案例，提出「善」這個核心概念。本段了凡則對何為善進行具體論述。為了更好地辨析「何為善」這個命題，了凡提出八對概念，分別是「真假」「端曲」「陰陽」「是非」「偏正」「半滿」「大小」「難易」。想要明白到底「何為善」，就必須先辨析好這八對概念，明白「善」背後的道理，不能盲目地「修善」。

俗話說，「方向不對，努力白費」，修善也是同樣的道理。「為善而不窮理，則自謂行持，豈知造孽，枉費苦心，無益也」，便是明白「何為善」這個問題的重要意義。如果盲目地修善，卻不明白修善背後的道理，只知其然不知其所以然，雖然自己覺得自己在做善事，但卻很有可能是在造孽。這樣名為修善，實為作孽的舉動，對於修正自身是毫無益處的，只是白費功夫，甚至會適得其反。

【原典】

何謂真假？昔有儒生數輩[一]，謁中峰和尚[二]，問曰：「佛氏論善惡報應，如影隨形。今某人善，而子孫不興；某人惡，而家門隆盛。佛說無稽[三]矣。」

中峰云：「凡情未滌，正眼[四]未開，認善為惡，指惡為善，往往有之。不憾己之是非顛倒，而反怨天之報應有差乎？」

眾曰：「善惡何致相反？」

中峰令試言。

一人謂：「詈人毆人[五]是惡，敬人禮人是善。」

中峰云：「未必然也。」

一人謂：「貪財妄取是惡，廉潔有守是善。」

中峰云：「未必然也。」

眾人歷言其狀，中峰皆謂不然。因請問。

【注釋】

一、數輩：數人。

二、中峰和尚：元代僧人。法號智覺，號中峰，又號幻住道人。浙江錢塘人，俗姓孫。一二六三年生，幼年睿敏，十五歲出家，參高峰禪師於雁蕩山師子院。一日讀金經有省，高峰授以「話頭」，苦參十年，方始超脫。鋒銳機敏，時稱巨擘。二十四歲始剃頭受具。高峰寂時，隱於湖海，晚年居天目山，仁宗召不出，賜衣號。元至治三年（一三二三年）八月卒，壽六十一歲。元統中，賜號「普應國師」。有《天目中峰和尚廣錄》行世。

三、無稽：無可查考，沒有根據，不可信。

四、正眼：佛教語，即正法眼藏。佛的心眼通達真理智慧，名「正法眼」，故能洞徹實相萬德含藏之無盡「藏」。正法眼藏，《法華經》謂之「佛知見」，也就是由釋尊付囑迦葉，輾轉相傳，佛所徹悟的不可思議、無有分別的涅槃妙明真心。

五、詈人毆人：罵人、打人。

【譯文】

什麼是真善、假善？從前元朝時有幾個讀書人，去拜見天目山的高僧中峰和尚，問他說：「佛家講善惡的報應，像影子跟著身體一樣，人到哪裡影子也到哪裡，永遠不分離。也就是說行善定有好報，造惡定有惡報。但是，現在有一個人行了善，他的子孫卻不興旺；有一個人作了惡，他的家卻反而很隆盛。這樣是不是說，佛講的報應是沒有根據的？」

中峰和尚回答：「平常人被世俗的見解所蒙蔽，這顆妙明真心，沒有洗除乾淨，法眼未開，所以把真的善行反認為是惡行，真的惡行反算它是善行，這是常有的事情。你們不為自己顛倒是非感到遺憾，反而抱怨上天的報應有錯嗎？」

眾人說：「善就是善，惡就是惡，怎麼會弄反？」

中峰和尚聽了，便讓他們說說自己認為的善行、惡行。

一個人說：「罵人、打人是惡行；對人恭敬，禮貌待人是善行。」

中峰和尚說：「不一定。」

另外一個讀書人說：「貪財，去拿不屬於自己的東西是惡行；不貪財，清清白白守正道，是善行。」

中峰和尚說：「不一定。」

那些讀書人把各人平時看到的自認為的種種善惡行為都講了出來，但是中峰和尚都說不一定是這樣。於是，他們幾人便請教中峰和尚，究竟什麼才是善，什麼才是惡。

【原典釋評】

這裡，了凡開始對上述八對概念一一進行辨析。首先是「真假」這對概念，也就是何為真善、何為假善。

為了更好地闡明真善和假善的不同，了凡講了一個故事，借用了一個典故。這個典故的主角是中峰和尚，故事發生在中峰和尚和數個儒生之間。

中峰和尚即中峰明本禪師，生於西元一二六三年，卒於西元一三二三年，俗姓孫，號中峰，法號智覺，錢塘人士。他少喜佛事，稍通文墨就誦經不止，常伴燈誦到深夜。二十四歲赴天目山，受道於禪宗寺，白天勞作，夜晚孜孜不倦誦經學道，遂成高僧。生前為元代臨濟宗一代祖師，圓寂後被尊稱為「江南古佛」。

這些儒生，也就是讀書人，前來拜謁中峰和尚，向他問了一個關於善惡的問題。儒生們問道：「佛家講究善惡報應，這報應和人的關係就像是影子和人的關係一樣。可是我們卻發現，有些人積德行善，卻子嗣凋零；有些人為非作歹，卻子孫繁盛。如此看來，佛家講的因果報應似乎不是很有道理。」這是借儒生之口，說出世間常見的現象，表白世人心中普遍存在的疑惑。

第二段是中峰和尚對於世人觀察到的善惡因果的解釋，他說，凡人囿於世情之中，心地不夠純淨，難免有邪思妄念，而且凡人的智慧往往不夠通達，所以會把善當作惡，把惡認作善，這種情況是普遍存在的。中峰和尚指出問題的關鍵，那就是普通人一般很難辨別清楚善與惡，並且基於對善惡的錯誤認識去否認佛家所說的善惡因果。

在指明凡人在善惡認識上的錯誤之後，中峰和尚進而指出，凡夫俗子不懂得自我反省，不怪自己無法辨明是非，怎麼反而抱怨蒼天因果顛倒，報應有差？此時，這些儒生產生新的疑惑：「善惡分明，人怎麼會顛倒善惡？」

中峰禪師是一個好老師，他面對人的疑惑，不是強行解答灌輸，而是循循善誘。見到這些讀書人有疑問，就引導他們說出對善惡的認識。其中有一個儒生說：「詈人毆人是惡，敬人禮人是善。」「詈」是罵、責罵的意思，「毆」即毆打。在這位儒生心中，善惡取決於對待他人的態度和行為：罵人、打人便是惡，對人禮敬便是善。

中峰禪師認為，一個人對別人的態度和行為不能作為善惡的絕對標準。緊接著，另一個儒生提出他對於善惡標準的看法，這位儒生認為，貪圖錢財、總想得到不屬於自己的東西便是惡，清正廉潔、有操守便是善。這是在用人們的品格和行為來辨析善惡，仍舊是只見其表，不見其本。所以中峰禪師再次否定了這位儒生的觀點。這些讀書人你一言我一語地述說著自己所見的種種善惡行狀，中峰禪師一一對他們的觀點進行否定。這時，大家便要求中峰禪師講一講善惡的標準到底是什麼。這場對話可以說是「不憤不啟，不悱不發」，是非常經典的啟發式教學。

【原典】

中峰告之曰：「有益於人，是善；有益於己，是惡。有益於人，則毆人詈人皆善也；有益於己，則敬人禮人皆惡也。是故人之行善，利人者公，公則為真；利己者私，私則為假。又根心[一]者真，襲跡[二]

者假；又無為而為[三]者真，有為而為者假。皆當自考[四]。」

【注釋】

一、根心：指出自本心。

二、襲跡：謂沿襲他人的行徑，不知變化地學樣。

三、無為而為：出自老子的無為思想，是一種對道的追尋方式，講求道法自然。無為乃針對有為而言。

四、自考：指自我考察，省察。

【譯文】

中峰和尚告訴他們：「所做對別人有益的事情，是善行；所做對自己有益的事情，是惡行。如果所做的事情，可以讓別人得到益處，哪怕是罵人、打人，也都是善的；而如果所做的事情是有益於自己的，就算是恭敬待人、禮貌待人，也是惡的。所以一個人做的善事，使他人得到利益的便是公，凡事為公那便是真了；只想著自己要得到利益，這便是私，凡事為私那便是假了。另外，凡是從本心出發所做的事情，是真善；如果只是為了表面上要個善名，做得也像行善的模樣，這便是偽善。再者，不求報答、不露痕跡的行善，是真善；為了某種目的，懷有求回報之心的行善，便是假善。像這樣種種不同的善行標準，我們要自己細細地去考察。」

【原典釋評】

在這些儒生的追問之下，中峰禪師說出了自己的善惡標準：「有益於人，是善；有益於己，是惡。」在中峰禪師看來，辨別善惡不能只看一個人的行為、態度這些表象；而應該突破這些表象，挖掘其做出各種行為的內在動機，也就是看一個人的內心、本質。判斷善惡，就是要看作一件事，是為人還是為己：那些一心為他人謀福利的人，是善；那些一心只想自己的人，就是惡。只要是為他人謀福利、於人有益，就算是毆打、謾罵別人，也是善；如果只是為了一己私利，就算對人禮敬有加也是惡。前者如老師教育、責問學生，應尚書為了救人性命而偽作家書，從行為本身看，好像是惡，但是究其本質，是善；後者如歷史上口蜜腹劍的李林甫，他對唐玄宗自然是禮敬有加，可那完全是為了諂媚和討好，看似是善，實則是惡。

我們應該學會透過現象去分析其本質，也就是行為背後的動機和內心的出發點：那些為人謀福利、為公眾著想的，就是真善；那些出於私心、為了一己私利的，就是假善。

熱心公益、愛心捐贈，這個行為本身是行善積德。有些人做公益是為了讓貧困地區的學生吃上熱飯、喝上乾淨水，是為了讓那裡的孩子不要失去接受教育的機會，這就是心思純淨、為他人著想、為他人謀福，這是真善。有些人做公益，根本不管受贈者的狀態，拉著條幅招搖過市，生怕別人不知道他做了好事，生怕留不下熱心公益的美名，這便是假善。

中峰禪師提出，應該透過人行善的公和私來判斷其善的真假；並且在「公和私」的基礎上，提出「根心和襲跡」「無為而為和有為而為」兩組概念，藉以辨別善之真假。

「根心」，就是指由心而發，真誠、真實地想要行善；「襲跡」，就是模仿，看到別人行善自己就模仿人家的行為，就是徒有其形而無其神，就是東施效顰。因此，根心行善之人是真善，襲跡行善之人是假善。

「無為而為」就是內心善意的自然流露，沒有想著求報答，也不需要別人知道；「有為而為」就是並非出自內心善意，而是別有所圖，另有目的。因此，無為而為是真善，有為而為是假善。

辨別善之真假時，一定要從「為公與為私」「根心和襲跡」「無為和有為」三個方面認真分析、細心考察。

【原典】

何謂端曲？今人見謹願[一]之士，類稱為善而取之，聖人則寧取狂狷[二]。至於謹願之士，雖一鄉皆好，而必以為德之賊。是世人之善惡，分明與聖人相反。推此一端，種種取捨，無有不謬。天地鬼神之福善禍淫，皆與聖人同是非，而不與世俗同取捨。凡欲積善，絕不可徇[三]耳目，惟從心源隱微處，默默洗滌[四]。純是濟世之心，則為端；苟有一毫媚世[五]之心，即為曲。純是愛人之心，則為端；有一毫憤世之心，即為曲。純是敬人之心，則為端；有一毫玩世之心，即為曲。皆當細辨。

【注釋】

一、謹願：謹慎，誠實。
二、狂狷：指志向高遠的人與拘謹自守的人。
三、徇：順從，曲從。
四、洗滌：清洗。
五、媚世：取悅於世人。

【譯文】

怎樣叫做端曲？現在的人看見謹慎而不倔強的人，都稱他是善人，而且都很看重他，然而古時的聖賢，卻寧願欣賞那些志向高遠的人和安分守己不亂來的人。至於那些看起來謹慎小心而不倔強的好人，雖然鄉里的人都喜歡他，但是因為這種人個性軟弱，隨波逐流，沒有志氣，所以聖人一定會說這種人是傷害道德的賊子。這樣看來，世俗人的善惡觀念，分明是與聖人相反的。從這個觀念推衍到其他種種事情，俗人的取捨就沒有不出問題的。天地鬼神庇佑善人，懲罰惡人，他們的看法與聖人是一樣的，而不與世俗之人採取相同的看法。所以，凡是想要積功累德的，絕對不可以順從耳朵所喜歡聽到的，眼睛所喜歡看到的；必須要從起心動念的隱微之處，將自己的心默默地洗滌清淨，不可讓邪惡的念頭，汙染了自己的心。所以，凡是救濟世人的心，便是直；如果存有一絲討好世俗的心，就是曲。全是愛人的心，便是直；如果有一絲對世人怨恨不平的心，就是曲。全是尊敬別人的心，就是直；如果有一絲玩弄世人的心，便是曲。這些都應該細細地去分辨。

【原典釋評】

上文講完善之真假，本段開始講善之端曲。「端」，就是正、不歪斜，即正派正直之意；「曲」，就是彎曲、彎轉，就是不直、不正。在生活中，應該如何區分善之端曲？了凡還是從世人的善惡觀念論起。

「今人見謹願之士，類稱為善而取之」，這是世人的是非善惡觀念。「謹願」指謹慎誠實，「謹願之士」就是那些謹慎小心、恭敬順從之人，世人多喜歡這種人，認為這樣的人是好人、善人。這種人為人謹慎、順從、恭敬、守禮，很難與別人起衝突，和這樣的人相處起來關係往往比較融洽，在世人眼中這便是善。

講完世人的善惡標準以及對善的取向，了凡開始講聖人的善惡標準以及聖人對善的取向。

「聖人則寧取狂狷」，「狂狷」在古時用以形容人不拘一格，積極進取而又潔身自好的品性；在聖人眼中，這種人雖然有時候不守禮，行為方式也與常人不同，但是他們積極進取的態度和潔身自好的品格，是聖人所欣賞的，聖人認為這是「端」。那些謹慎小心、恭敬順從的人，雖然鄉里人都喜歡他，都說他好，但是聖人認為這種人是「德之賊」。「德之賊」是指破壞風俗道德的賊人，每個人都學著這些人的樣子來做人做事，道德就會敗壞。狂狷之士雖然有時會逾矩、無禮，但其內心端方、有所堅持，積極進取，不怕得罪人，這樣的人往往是想做事、能做事的；謹願之士雖然恭敬順從、謹慎小心、恪守禮儀，但是其往往愛惜自己的名聲，很難去放開手腳做事，也很難做成事。

「是世人之善惡，分明與聖人相反」，世人和聖人的善惡標準是大相徑庭的，是完全相反的：世人往往被表象迷惑，喜歡那些偽裝的善；聖人獨具慧眼，可以直達本質，因此「寧取狂狷」。

善惡的標準一旦錯誤，基於這個標準辨別出的善惡必然也是錯的，所以世人以為的善事、善行，往往顛倒錯漏，「無有不謬」，沒有不出錯的。

「善有善報，惡有惡報」，這裡的善和惡必然是真善、真惡，和世人眼中的善惡不同，而與聖人的判斷標準相同，這就是所謂的「天地鬼神之福善禍淫，皆與聖人同是非，而不與世俗同取捨」，即對於善惡的標準及辨別，天道的標準是與聖人的標準相同的，和世人的認知往往不同。

這就給了世人很多啟發，尤其是那些想要行善積德的人，更應該注意：凡欲積善，絕不可徇耳目。

行善積德的時候，千萬不能被表象所迷惑，不能因為耳朵喜歡聽好聽的就淨說些甜言蜜語，不能因為眼睛喜歡看好看的就偽善作秀——不能被感覺迷惑，助長邪思妄念。正確的做法應該是「惟從心源隱微處，默默洗滌」，要透過這些感覺和表象，去看一個人的內心深處，要從自己動心動念的本源之處入手，不斷洗滌心靈、淨化心靈、修練心靈，才可以真正地斷惡修善、行善積德。

「端」和「曲」的判斷標準到底是什麼？世人應該如何辨別善之端曲？了凡透過三組對比，進行解說。「純是濟世之心，則為端；苟有一毫媚世之心，即為曲」，判斷善之端曲要從內心來看、從本質來說，那些完全發自濟世之心所做的善事、善行，就是端；如果這濟世之心中有一絲一毫的取悅世人、討好群眾的媚世之心，那就不是端而是曲。「純是愛人之心，則為端；有一毫憤世之心，即為曲」，那些純粹為他人著想、為他人謀福利的善，是端；只要有一絲一毫的雜念，摻雜著一點憤恨不平的心態，就是曲。「純是敬人之心，則為端；有一毫玩世之心，即為曲」，那些純粹地、發自內心地對人的尊敬、恭敬、禮敬是端，如果有一絲一毫玩弄之心，譬如送禮求人辦事，看似尊敬，實則玩弄，就是曲。

【原典】

何謂陰陽？凡為善而人知之，則為陽善；為善而人不知，則為陰德。陰德，天報之；陽善，享世名[一]。名，亦福也。名者，造物[二]所忌。世之享盛名而實不副者，多有奇禍[三]；人之無過咎[四]而橫被[五]惡名者，子孫往往驟發。陰陽之際[六]微矣哉。

【注釋】

一、世名：世上的名聲。

二、造物：此指創造萬物的天地。

三、奇禍：使人不測的、出人意料的災禍；橫禍。

四、過咎：過錯，過失。

五、橫被：廣泛覆蓋，遍及。

六、際：交界或靠邊的地方；彼此之間的關聯。

【譯文】

什麼叫做陰陽？凡是做善事而被人知道的，就叫做陽善；做善事而別人不知道的，就叫做陰德。有陰德的人，上天自然會知道並且會回報他。有陽善的人，大家都知道他，稱讚他，他便能享受世上的美名。享受好名聲，這也是福。但是名聲這個東西，為天地所忌，天地往往不喜歡愛名之人。世上那些享受極大名聲的人，如果他的實際功德配不上他所享受的名聲，便常會遭遇到料想不到的災禍；一個沒有過失差錯而被冤枉，無緣無故被人栽上惡名的人，他的子孫往往會突然之間發達起來。可見，陰德和陽善之間的關聯真是太微妙了，不可不加以分辨啊！

【原典釋評】

對善之真假、端曲進行辨析之後，本段開始辨析善之陰陽。了凡開宗明義，一開始就為善之陰陽下了定義。「凡為善而人知之，則為陽善」，「陽」即公開之意，「陽善」是指做了好事，並且為人所知，這樣的善可以獲得別人的稱讚和尊重；「為善而人不知，則為陰德」，做了好事善行，別人卻不知道，自己也不張揚著想讓別人知道，這樣的善就是陰德，積了陰德雖然不為人知，但是越積越多，得到的效驗也往往越深厚。

陽善、陰德都是善，都是做好事，但是其得到的效驗報償卻不盡相同，「陰德，天報之；陽善，享世名」。做了好事不為人知，就是積陰德，陰德越積越厚，雖然世人不知，但是上天自會報償；做了好事為人所知，這是陽善，別人知道你行善事，就會加以稱讚，行善之人便會留下好名聲，知名度也會提高。這是陽善和陰德的不同結果。

「名，亦福也」，好名聲本身亦是福報的一種表現，只是得了好名聲之後，所行之善便得報償，這是世人能夠看得見的，也是大多數人認為的善。「名者，造物所忌」，名聲雖然是一種福報，但是在了凡看來，名聲本身不是一件多好的事，因為這是造物主所忌諱的，也就是說，上天不會垂青追求浮名之人。「世之享盛名而實不副者，多有奇禍」，世間名不副實之人，往往會遭受大禍。名氣大了，關注度高了，本身修為又不足，難免會露出破綻，一點紕漏就可能被人抓住，嘗受身敗名裂的惡果，因此名氣、名聲是一把雙刃劍，既是福報，又是禍根。「人之無過咎而橫被惡名者」，與名聲大、實不副相對的，就是一個人沒有過錯，卻被汙名化，背上了惡名。這樣的人「子孫往往驟發」，這樣的人寵辱不驚、淡泊名利，子孫往往會興旺發達。

陽善與陰德，都是行善，區別不大，但是報償差別甚巨，需要細細體察、辨別。

【原典】

何謂是非？魯國之法，魯人有贖人臣妾[一]於諸侯，皆受金於府[二]，子貢[三]贖人而不受金。孔子聞而惡之曰：「賜失之矣。夫聖人舉事，可以移風易俗[四]，而教道[五]可施於百姓，非獨適己之行也。今魯國富者寡而貧者眾，受金則為不廉，何以相贖乎？自今以後，不復贖人於諸侯矣。」

【注釋】

一、臣妾：此處所指臣、妾，都是窮苦之人，賣身給貴族，男的稱「臣」，女的稱「妾」。另外，兩國交戰，俘獲對方的俘虜，收為奴隸，男女也稱「臣妾」。

二、受金於府：接受官府的賞金。

三、子貢：端木賜（前五二〇—？），複姓端木，字子貢。春秋末年衛國人。孔子的得意門生，「孔門十哲」之一，孔子曾稱其為「瑚璉之器」。十哲中，他以言語聞名，利口巧辭，善於雄辯，而且有幹濟才，辦事通達，曾經擔任魯國、衛國之相。他還頗通經商之道，為孔子弟子中首富。

四、移風易俗：指改變舊的風俗習慣。

五、道：同「導」。

【譯文】

什麼叫做是非？從前春秋時魯國有一種法律，凡是魯國人被別的國家抓去做了奴隸，若有人肯出錢把這些人贖回來，就可以向官府領取賞金。孔子的學生子貢，替人把被抓去的人贖了回來，但是他卻不肯接受魯國的賞金。他不肯接受賞金，純粹是幫助他人，本意是好的。但是孔子聽到之後，很不高興地說：「這件事子貢做錯了啊。聖賢做事情，做了之後能夠把舊的不好的風俗變好，可以教育、引導百姓哪些事可以做，而不是為了自己覺得舒適就去做。現在魯國富有的人少，窮苦的人多；如果是受了賞金就算是貪財，不肯受貪財之名的人和貧窮的人，又怎麼肯再去贖人？這樣恐怕從此以後，再也不會有人去向諸侯贖人了。」

【原典釋評】

本段開始辨析善之是非，也就是什麼是善，什麼不是善。了凡在辨析善之是非時，沒有直接說出自己的結論，而是透過一個典故，讓大家深入理解善之是非。這個典故發生在距今兩千多年前的春秋時期，主角是孔子和他的弟子。

話說，魯國有一個法令，規定「魯人有贖人臣妾於諸侯，皆受金於府」。春秋時期，有很多諸侯國，魯國是其中之一。魯國的法律規定，如果魯國人把在其他諸侯國中淪為奴隸的同胞贖出來，讓這些奴隸恢復自由之身，就能從官府之中領取賞金。這個法令是為了鼓勵路過人贖回同胞，幫助這些人恢復自由，返回祖國。孔子有一名學生，複姓端木，名賜，字子貢，非常善於經商，被譽為儒商鼻祖，很有錢。他積極回應這條法令，贖回在其他諸侯國的奴隸，卻不肯接受官府的賞金。在世人眼中，這是助人為樂，輕財好義，肯定是積善行德的好事，孔子會如何看待此事？

孔子聽說子貢贖回奴隸之後不肯接受官府的獎金，非常不高興，很不贊同子貢的這種做法，並說「賜失之矣」。「賜」就是子貢的名字。孔子認為贖人不受金這件事子貢做錯了，不僅沒有表揚他，反而批評了他的這種行為。

孔子之所以這樣說，是因為他超越了一個人的道德修養，站在整個社會的高度上去看待這件事的利弊得失。「夫聖人舉事，可以移風易俗，而教道可施於百姓」，聖人為人處世，總是著眼於整個社會，他做的事能夠為整個社會樹立榜樣，能為社會風俗的良性發展做貢獻，並且這種風俗道德必須在百姓的接受範圍內，能夠真正產生引導百姓、教化百姓的作用。「非獨適己之行也」，聖人為人處世，總是從整個社會的層面上考慮問題，而不是從個人角度考慮。站在個體的角度，子貢贖人不要受金，的確是好事，是善事，值得稱讚；但是站在整個社會的角度，情況就完全不一樣了。「今魯國富者寡而貧者眾」，因為就當時的魯國而言，社會上的富人是少數，窮人是大多數，贖人得贖金本來是對贖人者、被贖者和國家都有利的事。一旦子貢因贖人不要賞金的行為得到稱讚和表揚，甚至被樹為榜樣，其他的人再去要贖金，就會被定義為貪財，會背負上道德的枷鎖。大家既不敢背負貪財之名，贖人的熱情便會消退，到最後，就不會再有人積極回應、落實贖人的法令了，最終，這個三方共贏的法令就會成為一紙空文。子貢的行為在無形之中把眾人都能達到的道德標準拔高到了常人難以企及的高度，若鼓勵這樣的個人私德，並且將個人私德轉化為社會公德，只會得不償失，適得其反，「自今以後，不復贖人於諸侯矣」。

【原典】

子路[一]拯人於溺，其人謝之以牛，子路受之。孔子喜曰：「自今魯國多拯人於溺矣。」

自俗眼觀之，子貢不受金為優，子路之受牛為劣；孔子則取由而黜[二]賜焉。乃知人之為善，不論現行而論流弊[三]；不論一時而論久遠；不論一身而論天下。現行雖善，而其流足以害人，則似善而實非

也；現行雖不善，而其流足以濟人，則非善而實是也。然此就一節論之耳。他如非義之義，非禮之禮，非信之信，非慈之慈，皆當決擇。

【注釋】

一、子路：仲由（前五四二—前四八〇），字子路，又字季路。春秋末魯國人，孔子得意門生。

二、黜：罷免；革除；貶低。

三、流弊：指某事引起的壞作用，也指相沿下來的弊端。

【譯文】

子路救了一個掉入水裡的人，那人送了頭牛來答謝子路，子路接受了。孔子知道後很欣慰地說：「從今以後，魯國會有很多人主動救溺水的人了。」

在世俗人的眼中，子貢贖人，不接受官府賞金是好的；子路救溺水之人，接受牛是不好的，然而孔子卻稱讚子路而責備子貢。如此可知，一個人做善事不能只看眼前的效果，而要看是不是會產生流傳後世的弊端；不能只論一時的影響，而要講究長遠的影響；不能只論個人的得失，而要講究它對天下大眾的影響。現在的所作所為，看起來雖然是善的，但是如果流傳下去，其影響卻對人有害，那這就是似善而非善了；現在的所作所為，看起來雖然是不善的，但如果流傳下去，卻對後世的幫助很大，這就是雖似不善而實為善。這只是拿一件事情來舉例講講罷了，其他的其實還有很多。例如：不應做的事情你做了，看起來好像也很合理，但是做不如沒做的好，這叫「非義之義」；超過尺度的禮數，看起來非常謙卑，但太過分了就變成討好對方，這樣有禮也就形同沒有禮，這叫「非禮之禮」；不必拘泥的信約，固執的人看起來必須遵守，但有時會為了「小信」而誤了大事，變成「顧此失彼」，這就導致守信還不如不守的好，這就叫「非信之信」；不應該濫用的慈悲，用得不當便會變成姑息、縱容，看起來是很慈愛，但是這種慈愛卻變成縱容小人，以致惹出大問題，這還不如不慈悲的好，這就叫「非慈之慈」。這些問題，都應該細細地加以判斷，分辨清楚。

【原典釋評】

說完子貢贖人的典故，這裡又講了孔子的另一個弟子子路救人的典故。仲由，字子路，又字季路，魯國人。子路是「孔門十哲」之一、「二十四孝」之一、「孔門七十二賢」之一，受儒家祭祀。子路性情剛直，好勇尚武，曾淩暴孔子，孔子對他啟發誘導，設禮以教，子路接受孔子的勸導，請為弟子，跟隨孔子周遊列國，做孔子的侍衛。後做衛國大夫孔悝的蒲邑宰，以政事見稱。

第一段是說，有一次子路見到一個人溺水，便將其救了出來。那個人為了感謝他的救命之恩就牽了一頭牛給他，子路沒有推卻，欣然接受。孔子聽說後非常高興，非常支持、欣賞子路受牛的行為，他認為這就是一種榜樣，因為這件事，自此之後魯國人會更願意見義勇為，會有更多人對別人伸以援手。因為一個人做了好事，那個被救之人對其心存感激，送以財物表示感謝，魯國百姓見狀，就會深受鼓舞，願意救人。

講完典故之後，第二段開始講孔子贊同子路的行為，不贊同子貢的行為的原因。按照世人的見解，做好事不求回報，救人不要賞金，是一種高尚的行為；而救人之後欣然接受對方送來的牛，雖然也是救人，但是似乎不若前者高尚。這是世人站在個人角度，對二者行為做出的評判。

「孔子則取由而黜賜焉」，這是孔子站在群體以及整個社會和國家的角度對二者行為做出的評判。在孔子看來，就整個社會而言，子由受牛的行為比子貢贖人不受金的行為更值得鼓勵和讚揚。

「乃知人之為善，不論現行而論流弊；不論一時而論久遠；不論一身而論天下。」這是孔子「取由而黜賜」的原因：善之是非的界限，不在於一個人的行為，而在於這個行為流傳開來所帶來的好處和弊端；不在於一時一刻的眼前，而在於長久的影響；不在於一個人自己的榮辱得失，而在於這個行為對整個社會帶來的影響。這就是聖賢與世人的不同，所看角度不同，所站高度不同，得出的結論自然不一樣。聖人的眼光總是可以超脫眼前，放眼萬世；超脫個體，心繫社會；超脫表象，直達本質。

提出善之是非的三個界限、標準之後，了凡又對這三個標準進行具體的分析，來論述何為真善，何為非善。

辨別善之是非，首先要區分現行和流弊。現行就是一個人的行為本身，這是站在現在、個體的角度而言的；流弊就是一個人行為的影響，這是站在未來、群體的角度而言的。如果一個人的行為本身從表面來看是善的，但是從長遠來看、從群體角度來看，會產生不良影響，這個行為就是「似善而實非」的，是不值得鼓勵的，甚至是應該杜絕的。子貢贖人而不受金，就屬此類。

與之相對，如果一個人的行為本身從表面來看是非善的，但是從長遠來看、從群體角度來看，會帶來非常好的影響，有益於社會風氣，這個行為就是「非善而實是」的，是值得鼓勵和大力提倡的。子路救人而受牛，就屬此類。

與「非善而實是」相似的，還有「非義之義」「非禮之禮」「非信之信」「非慈之慈」，都需要細細辨別。譬如，家長教訓孩子，因為孩子有不良行為而讓其面壁思過，或者看著他哭鬧而置之不理，單就行為本身而言這是「非慈」，從長遠來看，卻是有益於孩子的行為養成和品格塑造的，這就是「非慈之慈」。

【原典】

何謂偏正？昔呂文懿公[一]，初辭相位，歸故里，海內仰之，如泰山北斗[二]。有一鄉人，醉而詈之，呂公不動，謂其僕曰：「醉者勿與較也。」閉門謝之。逾年，其人犯死刑入獄。呂公始悔之曰：「使當時稍與計較，送公家[三]責治，可以小懲而大戒；吾當時只欲存心於厚，不謂養成其惡，以至於此。」此以善心而行惡事者也。

【注釋】

一、呂文懿公：呂原（一四一八—一四六二），字逢原，號介庵，秀水（今浙江嘉興）人，正統七年（一四六二年）進士，曾入內閣，四十五歲卒，諡「文懿」。

二、泰山北斗：泰山，即東嶽，在山東省泰安市。北斗，北斗星。比喻道德高、名望重或有卓越成就為眾人所敬仰的人。

三、公家：指官府。

【譯文】

什麼叫做偏正？從前明朝的宰相呂文懿公，剛辭掉宰相的官位回到家鄉，因為他做官清廉、公正，全國的人都敬佩他，就像是群山拱衛著泰山，眾星環繞著北斗星一樣。獨獨有一個鄉下人，喝醉酒後便罵呂公。呂公沒有因為被他罵而生氣，而是對自己的僕人說：「這個人喝醉了，不要和他計較。」於是呂公便關了門，不理睬他。過了一年，這個人因犯死罪而進了監獄。呂公聽聞後懊悔地說：「假使當時與他計較，將他送到官府治罪，可以藉此小懲罰而收到大警誡的效果，他就不至於犯下死罪了。我當時只想著心地厚道些，就沒有與他計較，哪知反而養成他天不怕地不怕的亡命之徒的惡性，而導致如此結果啊。」這就是存善心，反而做了惡事的一個例子。

【原典釋評】

本段開始辨析善之偏正，也就是什麼是偏善，什麼是正善。在辨析時，了凡還提出正中偏、偏中正的概念。辨析善之偏正時，了凡並未開宗明義，為善之偏正下定義，而是透過一個小故事，讓讀者自行體會。

這個故事的主角是明朝的一位高官，他的名字叫呂原。呂原，字逢原，號介庵，秀水人，也就是現在的浙江嘉興人。呂原是正統七年，也就是西元一四四二年的進士，任翰林院編修，歷官翰林學士、右春坊大學士等職，並入內閣。因為他曾經是內閣成員，雖無宰相之名，卻相當於宰相，因此文中說他告老還鄉是「初辭相位」。「文懿」是他去世以後，朝廷追封的諡號。

呂原因其德望功勳，深受世人愛戴和景仰，猶如泰山北斗一般。告老還鄉之後的某天，有一個老鄉喝醉了，便出言不遜，借酒發瘋地罵了呂原。一般人遇到這種情況，肯定是要罵回去的，甚至可能會產生肢體衝突。但是呂原修養很好，而且宅心仁厚，能做到「無故加之而不怒」，所以他不為所動，並且對僕人說：「不要和喝醉之人計較。」於是閉門謝客，置之不理。

次年，這個人竟然犯了死罪，被關獄中。「呂公始悔之」，呂原聽說後，非常後悔，認為自己上次不應該對這個人置之不理，任由他發展下去，導致小錯變成大錯，如今性命不保。他說：「使當時稍與計較，送公家責治，可以小懲而大戒。」他後悔的是，沒有及時制止此人的小錯，沒有產生小懲大誡的作用。反省自己的行為，呂原認為自己「當時只欲存心於厚，不謂養成其惡，以至於此」，也就是說，呂原覺得這個人被判死刑，自己是有責任的。

總結來說，這就是一個「以善心而行惡事」的案例。好心辦壞事的例子，在生活中也是屢見不鮮的，尤其是涉及教育問題，千萬不能一時心慈手軟，未來後悔萬千。

【原典】

又有以惡心而行善事者。如某家大富，值歲荒[一]，窮民白晝搶粟於市；告之縣，縣不理，窮民愈肆[二]，遂私執[三]而困辱之，眾始定；不然，幾亂矣。故善者為正，惡者為偏，人皆知之；其以善心行惡事者，正中偏也；以惡心而行善事者，偏中正也，不可不知。

【注釋】

一、歲荒：指荒年，收成不好。

二、肆：放縱，放肆。

三、執：抓，捉拿。

【譯文】

也有存了惡心，卻反而做了善事的例子。有一個大富人家，遇到荒年，一些窮人大白天在市場上搶米，這個大富人家便告到縣官那裡，可縣官又不受理，窮人的膽子因此變得更大，也更加放肆橫行了。於是，這個大富人家就私底下把搶米的人捉住關押起來，並侮辱他們。這樣，剩下的那些搶米的人害怕也被這大富人家抓起來侮辱，就安定下來，不再搶了。如果不是因為這樣，市面上幾乎大亂了。所以善行是正，惡行是偏，這是大家都知道的。但是也有存善心而做了惡事的，這是存心正而結果卻變成偏，可稱之為正中的偏，也有存惡心卻做了善事的，這是存心偏而結果卻變成正，可稱之為偏中的正。這種道理大家不可不知。

【原典釋評】

有好心辦壞事的，也有「以惡心而行善事者」。了凡先生又講了一個故事：

這年年景不好，很多田地沒有收成。一些窮人青天白日的就在大街上搶奪富戶的粟米糧食，這個富戶就到縣衙去告狀，縣裡沒有受理此案，所以那些窮人便更加猖狂了，搶奪之風愈演愈烈。富戶沒有辦法，只能動用私刑，把這些來搶奪糧食的窮人關了起來，窮人見狀，怕被關押，便收斂了，不敢再亂來。否則，怕是這些地方就要發生動亂，以致無法收場了。

富人關押窮人，是為了懲戒他們，並非為了幫其改錯。然而，雖然富戶並非出於好心，但是客觀上卻產生預防動亂的效果，這便是壞心辦好事。

故事講完，了凡開始引導讀者思考何為正，何為偏。僅就概念而言，必然是「善者為正，惡者為偏」，這是舉世皆知的道理，毋庸置疑。但是善惡有動機的善惡，也有結果的善惡。所以細分下來，像呂原一樣好心辦壞事的，是動機本善結果卻惡，了凡稱之為「正中偏」；像富戶一樣壞心辦好事的，雖然動機是惡但結果卻是善，了凡稱之為「偏中正」，這就是善之偏正的概念和分別。

【原典】

何謂半、滿？易曰：「善不積，不足以成名；惡不積，不足以滅身[一]。」

書[二]曰：「商罪貫盈[三]。」如貯物於器，勤而積之，則滿；懈而不積，則不滿。此一說也。

【注釋】

一、滅身：指殺身之禍，死亡。

二、書：指《尚書》。

三、貫盈：貫，錢串。盈，滿。以繩穿錢，穿滿了一貫。多形容罪大惡極。

【譯文】

怎樣叫做半善、滿善？《易經》上說：「一個人不積善，不會成就好的名譽；不積惡，則不會有殺身的大禍。」《尚書》中記載：「商朝的罪孽，像穿的一串錢那麼滿。」這就是說好比在一個容器裡收藏東西一樣，如果你很勤奮，天天去儲積，終有一天會積滿；如果你很懶惰，不積極去收藏積存，就很難裝滿。這是關於半善滿善的一種說法。

【原典釋評】

本段開始辨析善之半滿，半即部分、不圓滿，滿即完全、圓滿，本段開始講何為圓滿之善，何為不圓滿之善。為了更好地辨析善之半滿，了凡引用《易經》和《尚書》的原文。《易經》有云：「善不積，不足以成名；惡不積，不足以滅身。」即無論是善還是惡，都不是一蹴而就的，都是需要一個累積的過程。《尚書》有云：「商罪貫盈。」殷商的罪惡，惡貫滿盈，若把殷商比作一個器物，把惡比作東西，殷商這個器物中裝滿了惡這種東西。

了凡以《易經》、《尚書》的原文為基礎，向讀者描述了辨別圓滿之善和不圓滿之善的第一個角度。了凡認為，如果一個人勤奮努力，天天往器物中存東西，天長日久，這個器物便會被裝滿，這就是「滿」；如果一個人懶惰懈怠，半途而廢，不能日復一日地往器物中裝東西，這個器物就不會被裝滿，這就是「不滿」。這個角度，主要說明累積和堅持的重要性，積善如此，積惡亦如此。

【原典】

昔有某氏女入寺，欲施而無財，止有錢二文，捐而與之，主席[一]者親為懺悔；及後入宮富貴，攜數千金入寺捨之，主僧[二]惟令其徒迴向而已。

因問曰：「吾前施錢二文，師親為懺悔；今施數千金，而師不迴向，何也？」

曰：「前者物雖薄，而施心甚真，非老僧親懺，不足報德；今物雖厚，而施心不若前日之切[三]，令人代懺足矣。」此千金為半，而二文為滿也。

【注釋】

一、主席：此指寺觀的住持。
二、主僧：佛寺的住持。
三、切：切實，真誠。

【譯文】

從前，有一戶人家的女子到佛寺，想要送些錢財給寺裡，可惜身上沒有多的錢，只有兩文錢，就拿來佈施給了和尚。沒想到寺裡的住持和尚，竟然親自替她在佛前迴向，求懺悔滅罪。後來這位女子進了皇宮做了貴妃，富貴之後，便帶了幾千兩的銀子來寺裡佈施。但此時這位住持和尚，卻只是叫他的徒弟替那個女子迴向罷了。

那位女子就問住持和尚：「我從前不過佈施兩文錢，師父就親自替我懺悔；現在我佈施了幾千兩銀子，師父卻不替我迴向，不知道這是為什麼？」

住持和尚回答她說：「從前你佈施的銀子雖然少，但是你佈施的心卻很真切虔誠，所以非我老和尚親自替你懺悔，便不足以報答你佈施的功德；現在你佈施的錢雖然多，但是你佈施的心卻不像從前那樣真切，所以叫人代為懺悔，也就夠了。」這就是幾千兩銀子的佈施，只算是半善；而兩文錢的佈施，卻算是滿善。道理就在此。

【原典釋評】

引用經典，從累積和堅持的角度闡述何為「滿」，何為「不滿」之後，了凡又舉了一個例子來論證善之半滿。

這個案例是一宗佛家公案，講的是佈施之事。從前有一女子來到寺中，想要佈施卻錢財不夠，全身上下只有兩文錢。這名女子佈施之心甚誠，就把身上僅有的兩文錢全部佈施給了寺廟。「主席者親為懺悔」，「主席」即寺廟的住持、方丈，方丈親自出來為她懺悔、替她祈福，這個規格是很高的。後來，這名女子竟然入了宮，成為皇妃。飛黃騰達之後，她帶著數千兩銀子，再次來到寺中佈施。這次，住持卻沒有親自出面為她懺悔、祈福，只派了自己的徒弟來為她迴向。所謂迴向，是指迴轉自己所修之功德而趨向於所期。這位女子感到非常奇怪，從前自己只佈施了兩文錢，住持就親自為自己迴向；如今佈施了數千兩白銀，住持卻只派了徒弟為自己迴向，她百思不得其解，便向住持說出心中的疑惑。

住持答道：「前者物雖薄，而施心甚真，非老僧親懺，不足報德；今物雖厚，而施心不若前日之切，令人代懺足矣。」由此可見，做善事，不僅要看這件善事的大小，更要看善心真切與否。此前此女雖然只佈施二文，卻是全心全意、傾其所有，雖然所捐數目很小，但是有一片真誠之心，住持便親自為之迴向。如今，此女雖然佈施數千兩之多，然卻沒有前番之情真意切，所以住持只派了徒弟為之迴向。

從這個故事可以看出，善之大小並非以其所施之多寡為絕對指標，更重要的是善心真誠與否。善心至真至誠，雖佈施二文，卻是圓滿之善；善心不真不誠，便佈施千金，也是不圓滿之善。「千金為半，而二文為滿」即指此理。

【原典】

鍾離[一]授丹於呂祖[二]，點鐵為金[三]，可以濟世。

呂問曰：「終變否？」

曰：「五百年後，當復本質。」

呂曰：「如此則害五百年後人矣，吾不願為也。」

曰：「修仙要積三千功行[四]，汝此一言，三千功行已滿矣。」

此又一說也。

【注釋】

一、鍾離：指漢鍾離，傳說中的八仙之一。相傳姓鍾離名權，受鐵拐李的點化，上山學道。下山後又飛劍斬虎、點金濟眾。最後與兄簡同日升天，度呂純陽而去。

二、呂祖：指呂洞賓，傳說中的八仙之一。相傳為唐京兆人，一說關西人，名岩（一作喦），號純陽子。遊江湖間，遇鍾離權授以丹訣而成仙。元代封為純陽演正警化孚佑帝君，通稱呂祖。

三、點鐵為金：原指用手指一點使鐵變成金的法術。比喻修改文章時稍稍改動原來的文字，就使它變得很出色。

四、功行：功績和德行。

【譯文】

鍾離曾經把他煉丹的方法傳給呂洞賓，並說用這丹點在鐵上就能把鐵變成黃金，可拿來救濟世上的窮人。

呂洞賓便問鍾離：「這樣變的黃金，最後會不會再變回鐵？」

鍾離回答：「五百年以後，這黃金仍舊會變回原來的鐵。」

呂洞賓聽了便說：「如果這樣，就會害了五百年以後的人。我不願意做這樣的事情。」

鍾離聽了呂洞賓的回答，高興地對他說：「修仙要積滿三千件功德才行。你剛才這句話，便讓你的三千件功德已經做圓滿了。」

這是半善滿善的又一種講法。

【原典釋評】

為全面闡述善之半滿，了凡又講述第二個案例，這個案例的主角是八仙中的鍾離權和呂洞賓。鍾離權為了試探呂洞賓，就說要傳授給他一種法術，這種法術能夠點鐵成金，如此便能救濟窮人，積善行德。別人若能學此法術必然是求之不得，可呂洞賓則不然，他最先關注的一個問題是，這種變化是否可以長久，因此問出「終變否」三字。也就是說，點鐵成金之後，金子是否會再次變回成鐵？鍾離權說，會變回鐵的，五百年後就會再次由金變成鐵。呂洞賓拒絕學習這個法術，因為這個法術雖然可以救濟當世之人，卻會遺禍於五百年後之人，所以他不願意學這種法術。

《觸龍說趙太后》中寫道：「父母之愛子，則為之計深遠。」從這個小故事中則能看出，善心之真之切，不僅顧眼前，而且計深遠。真正的善良，不應只見眼前之利，而忘長遠之義，否則便非圓滿之善。

呂洞賓善心真誠，得到鍾離權的肯定，於是鍾離權說：「修仙要積三千功行，汝此一言，三千功行已滿矣。」想要修仙、成仙，需要做三千件善事，積三千件功德。呂洞賓善心真誠，能捨眼前之利，而計長久之義，因此僅憑一句話，便修滿了三千功德。呂洞賓不會為了濟一人而損一人，也就是在他心中沒有一絲一毫的害人之心。即使這個人是五百年後的人，是與他素昧平生之人，他也不會為了積自己的善而損其一分一毫。這是真正的善，有這種善心、善念，便是從心而修，一言而三千功滿。

【原典】

又為善而心不著[一]善，則隨所成就，皆得圓滿。心著於善，雖終身勤勵[二]，止於半善而已。譬如以財濟人，內不見己，外不見人，中不見所施之物，是謂三輪體空[三]，是謂一心清淨。則斗粟可以種無涯[四]之福，一文可以消千劫[五]之罪。倘此心未忘，雖黃金萬鎰[六]，福不滿也。此又一說也。

【注釋】

一、著：執著。

二、勤勵：也作「勤厲」。勤勞奮勉。

三、三輪體空：佛教語。又稱三事皆空、三輪清淨。指佈施時住於空觀，不執著能施、所施及施物三輪。

四、無涯：沒有邊際。

五、劫：道教和佛教中的用語，意思是無限長。有大劫、中劫、小劫之分。從人的壽命十歲算起，每過百年加一歲，直加到人命八萬四千歲；到八萬四千歲，每過百年，再減一歲，一直減到十歲。像這個伸縮時間單位，叫一小劫，總數是一千六百八十萬年。二十小劫為一中劫，八十中劫為一大劫。

六、鎰：古代的重量單位，二十兩為一鎰（一說二十四兩為一鎰）。

【譯文】

一個人做了善事，如果內心能不執著於所做的善事，他所做的任何善事，都可以成功而且圓滿。若是做了件善事，內心就牢記著這件善事，即使他一生都很勤勉地做善事，也只是半善而已。譬如拿錢去救濟人，要內不見佈施的「我」，外不見受佈施的人，中不見佈施的錢，這才叫做三輪體空，也叫做一心清淨。如果能夠像這樣佈施，縱使佈施不過一斗米，也可以種下無邊無涯的福；即使佈施一文錢，也可以消除一千劫所造的罪。如果心中無法忘掉所做的善事，即使用了萬鎰黃金去救濟別人，能夠得到的福也是不圓滿的。這又是一種說法。

【原典釋評】

除上述兩個角度外，圓滿之善和不圓滿之善還有一個重要區別，那就是清淨心。圓滿之善必然起於清淨之心，雜念太多，往往不能圓滿。

「為善而心不著善，則隨所成就，皆得圓滿」，行善之時，內心不能執著於行善這件事，不能為了做善事而行善，應該是順其自然，善心自然流露，自然去做，這樣的善是圓滿之善，因為行善之時沒有分別、沒有執著，物我兩忘，發乎自然。「心著於善，雖終身勤勵，止於半善而已」，如果行善之時，內心隨時記掛著自己在行善、做善事，始終牢記著自己在做多麼了不得的善事，那就是雜念夾雜，雜念夾雜之下，善心便不純淨。如此行善，就算是一輩子勤勉行善，也無法圓滿，只能「止於半善」。

「譬如以財濟人」，這是用捨財佈施來舉例。捨財佈施之時，若要修善圓滿，就應該做到內心清淨，具體來說就是要做到「內不見己，外不見人，中不見所施之物」。「內不見己」，不執著於行善捨財佈施之人是自己，要做到忘我，要有平常心，不把這件事當作多了不起的事，也不把自己看得多高。「外不見人」，不執著於行善捨財佈施的對象，要做到忘人，但行好事，不執著於受眾，不執著於他知道你的好、回報你的好。「中不見所施之物」，不執著於行善捨財佈施所施之物，要做到忘物，不因佈施多而沾沾自喜、自以為有功；也不因佈施少而懊惱後悔，平和自然，真誠佈施，不去計較，也就是沒有分別心。「是謂三輪體空，是謂一心清淨」，這樣做，就到達三輪體空、心地清淨的境界。「斗粟可以種無涯之福，一文可以消千劫之罪」便是在這種境界下可以取得的效驗。若真能達到三輪體空、物我兩忘的高妙境界，就算只施捨一斗粟米，也可以積下無窮無盡的福報；就算只佈施一文錢，也能夠消解千劫的罪過。說到底，還是要心真誠、心清淨、無雜念，從心而修。

「此心未忘」，即不能做到三輪體空，一心清淨，也就是說心中仍有雜念，「雖黃金萬鎰，福不滿也」。「鎰」是古代的重量單位，一鎰相當於現在的二十兩；「黃金萬鎰」即二十萬兩黃金，極言佈施之多。如果心不清淨，就算佈施二十萬兩黃金，福報仍然無法圓滿。從正反兩個方面，說明清淨心對於修得圓滿福報所產生的關鍵作用。

【原典】

何謂大小？昔衛仲達為館職[一]，被攝[二]至冥司[三]，主者命吏呈善惡二錄。比至，則惡錄盈庭，其善錄一軸，僅如箸而已。索秤稱之，則盈庭者反輕，而如箸者反重。

仲達曰：「某年未四十，安得過惡如是多乎？」

曰：「一念不正即是，不待犯也。」

因問軸中所書何事。

曰：「朝廷嘗興大工，修三山[四]石橋，君上疏諫之，此疏稿也。」

仲達曰：「某雖言，朝廷不從，於事無補，而能有如是之力。」

曰：「朝廷雖不從，君之一念，已在萬民；向使聽從，善力更大矣。」

故志在天下國家，則善雖少而大；苟[五]在一身，雖多亦小。

【注釋】

一、館職：翰林院的官員。

二、攝：捕捉。

三、冥司：地府、陰間。

四、三山：福州城中有三座山，東面的叫九仙山，西面的叫閩山，北邊的叫越王山，統稱三山。所以有人稱福州為「三山」。

五、苟：如果。

【譯文】

怎麼叫做大善、小善？從前有一個叫做衛仲達的人，在翰林院裡做官。有一次，他的魂被鬼卒抓到了陰間。陰間的主審判官吩咐手下的小吏，把他在陽間所做的善事、惡事兩種冊子送上來。等冊子送到一看，他做惡事的冊子，多得竟攤滿了一院子；而做善事的冊子，只不過像一支筷子那樣小罷了。主審判官又吩咐拿秤來稱稱看，那攤滿院子的記錄惡事的冊子反而比較輕，而像一支筷子那樣小卷的記錄善事的冊子反而比較重。

衛仲達就問說：「我年紀還不到四十歲，所犯的過失罪惡怎麼會這麼多？」

主審判官說：「只要一個念頭不正，就是罪惡，不必等到你去犯。」

因此，衛仲達就問這善冊子裡記的是什麼。

主審判官說：「皇帝有一次曾想要興建工程，修三山地方的石橋。你上奏勸皇帝不要修，免得勞民傷財，這就是你的奏章底稿。」

衛仲達說：「我雖然講過，但是皇帝不聽，還是動工了，對那件事情毫無補益。這份疏表怎麼還能有這樣大的力量？」

主審判官說：「雖然皇帝沒有聽你的建議，但是你這個念頭，目的是要使千萬百姓免去勞役。倘使皇帝聽你的，那善的力量就更大了。」

所以，立志做善事，如果目的在於使天下國家百姓受益，善事縱然小，功德也會很大；假使只是為了使自己獲益，善事即使很多，功德也會很小。

【原典釋評】

本段開始辨析善之大小，這個大小主要指福報之大小。了凡闡述善之大小，仍然是從一個小故事入手。這個故事的主角名為衛仲達，他曾經「為館職」，即在翰林院中任職。「被攝至冥司」，「冥司」即地獄、閻羅殿，某天衛仲達被帶到了閻羅殿之中。「主者命吏呈善惡二錄」，審判官就令書吏拿出記錄衛仲達善行和惡行的兩本冊子。「比至，則惡錄盈庭，其善錄一軸，僅如箸而已」，這個對比是很強烈的，記載衛仲達惡行的冊子，堆滿庭院；記錄他善行的冊子，卷起來的卷軸，只有一根筷子那麼細。非常直觀地描述了衛仲達作惡之多，為善之少。「索秤稱之，則盈庭者反輕，而如箸者反重」，但是閻羅殿中並非僅以善惡記錄之多少來評定一人之善惡，也要看其重量——即善惡之大小來對人進行評判。審判官又令人拿秤來稱，沒想到，記錄惡行的冊子雖然多，但是重量卻很輕；記錄善行的冊子雖然少，但是重量卻很重。這種前後的對比，非常引人深思：作惡之多少和作惡之大小是不同的，為善之多少和為善之大小也是不同的。

　　這個時候，衛仲達也有些不解，於是問道：「某年未四十，安得過惡如是多乎？」我還不到四十歲，怎麼會有如此多的過惡？他不覺得自己有如此多的過惡，根本不敢相信這盈庭的惡錄。審判官回答：「一念不正即是，不待犯也。」

　　原來這惡錄上，不僅記錄著一個人做過的惡事，而且記錄著一個人的邪思妄念，只要一動惡念就會被記錄在冊，這就再次說明慎獨的重要性。

　　關注完自己的盈庭惡錄，衛仲達又問及自己的一軸善錄，於是問道善錄中記載何事。審判官回答：「朝廷嘗興大工，修三山石橋，君上疏諫之，此疏稿也。」原來這善錄是一份給皇帝上奏的疏稿，疏稿的內容是勸阻皇帝大興土木、修建三山石橋。衛仲達做此事，是從百姓的角度出發，一片拳拳為公之心，毫無私利私情，因此是大善。然而，他的這份奏疏並未得到皇帝的採納，於是他再次心生疑惑，問道：「某雖言，朝廷不從，於事無補，而能有如是之力。」即：「雖然我上了這份奏疏，但是並未被採納。對事情毫無補益，這樣算是行善嗎？就算是行善，這份未能實現之善為何竟比盈庭之惡的重量還大？」這是衛仲達的疑惑，想必也是讀者心中的疑惑。

　　了凡藉由審判官之口道出其中緣由：「朝廷雖不從，君之一念，已在萬民；向使聽從，善力更大矣。」雖然朝廷未能採用衛仲達的奏疏，但是衛仲達寫這份奏疏，完全是站在萬千百姓的角度，想要為國家節約開支，減輕百姓的勞役稅賦負擔，雖然未被採納，仍是大善。若是被採納了，善便更大了！

總而言之，「志在天下國家，則善雖少而大；苟在一身，雖多亦小」。善行之大小主要看動機，看出發點，一個為百姓考慮，胸懷天下之人，就算他只做了很少的善事，這個善事的功德也是圓滿的，這就是大善；一個人只考慮自己，心中只有私情私利，就算他做了很多善事，這個善事的功德也不夠圓滿，這就是小善。

【原典】

何謂難易？先儒[一]謂克[二]己須從難克處克將去。夫子論為仁，亦曰先難[三]。必如江西舒翁，捨二年僅得之束脩[四]，代償官銀[五]，而全人夫婦；與邯鄲張翁，捨十年所積之錢，代完贖銀[六]，而活人妻子。皆所謂難捨處能捨也。如鎮江靳翁，雖年老無子，不忍以幼女為妾，而還之鄰，此難忍處能忍也，故天降之福亦厚。凡有財有勢者，其立德皆易，易而不為，是為自暴。貧賤作福皆難，難而能為，斯可貴耳。

【注釋】

一、先儒：先世儒者，已去世的儒者。泛指古代儒者。

二、克：戰勝，改正。

三、夫子論為仁，亦曰先難：見《論語．雍也》篇。樊遲問仁，曰：「仁者先難而後獲！」

四、束脩：古代學生與教師初見面時，為表示敬意向老師奉贈的禮物，相當於現在的學費。

五、官銀：古代詞彙，即官府的銀錢。民間或官員不能使用，是用來入庫的。也就是每個省的稅收，財政收入。

六、贖銀：用以贖罪的銀錢。

【譯文】

什麼叫做難行、易行的善？從前有學問的讀書人都說，克制自己的私欲，必須要從難克制處做起。孔子的弟子樊遲，問孔子什麼叫做仁。孔子回答時也說，為仁要先從難的地方下功夫。一定要像江西的一位舒老先生，他在別人家教書，用兩年所僅得的薪水，幫助一窮人家還了他們所欠官府的錢，因而免除了他們夫婦被拆散的悲劇。又像河北邯鄲的張老先生，他捨棄了自己十年的積蓄，幫助一窮人交了贖金，使其妻子、兒女活命。這都是在難捨的地方而能捨，是別人難以做到的。又像江蘇鎮江的一位靳老先生，老年了仍沒有兒子，他的窮鄰居願意把自己一個年輕的女兒給他做妾，希望能為他生一個兒子。但是這位靳老先生不忍心誤了她的青春，還是拒絕了，把這女子送還給了鄰居。這又是難忍處而能夠忍的事。所以上天賜給他們這幾位老先生的福，也特別豐厚。凡是有財有勢的人要建立功德，都比平常人來得容易，但是容易做，卻不肯做，這就叫做自暴自棄了。那些沒錢沒勢的窮人，要積一些福，會有很大的困難，難做到而能做到，這才可貴啊！

【原典釋評】

本段開始辨析善的第八組相對概念，也是最後一組相對概念——善之難易，即難行之善和易行之善。為了更好地闡述善之難易，了凡借用儒家「克己須從難克處克將去」的修身方法。修身時，要克制私欲雜念，須得從難處下手。孔子論及如何為仁時，也提到要從難處著手。仁是善的重要組成部分，因此為善亦是如此。

接著舉例說明，怎樣做可稱之為「先難」，可算得上「從難克處克將去」。

所謂先難，「必如江西舒翁」，「必」即一定、必然，先難必然是像江西的舒老先生一樣。「捨二年僅得之束脩」，「捨」即拿出來交給別人，「束脩」的本義是指鹹豬肉，古代學生與教師初見面時，為表敬意需要奉贈禮物，名曰「束脩」，後來引申為學費之意。江西的舒老先生應該是一個教書先生，他把自己兩年時間賺得的那點學費、僅有的一點積蓄，都拿出來幫人了，「代償官銀，而全人夫婦」。舒老先生為了避免一對夫妻分離，能夠拿出自己的全部積蓄，為這對夫妻償還欠公家的錢，十分難得。

第二個例子，主角是邯鄲的張老先生。張老先生把自己十年的積蓄拿出來，幫人繳了贖銀，人犯了罪或者欠了公款就要繳納贖銀。邯鄲的張老先生為了讓一家人團圓，能夠拿出自己十年的積蓄，可見其心腸之善，胸懷之廣。

江西的舒老先生和邯鄲的張老先生有一個共同特點，就是能做到「捨」。為人捨財，這是非常難得的，因為人活於世，是離不開錢財的，但是這兩個人為了救別人，一個捨了自己兩年的收入，一個捨了自己十年的積蓄，真正做到了「難捨處能捨」。「從難捨處捨」是「從難克處克」的一種表現，這兩個人做到了，便是先難，克己，便是仁善。

講完「捨」之後，了凡又講了「忍」。俗話說，忍字心頭一把刀，可見忍是很難的，沒有真功夫是做不到忍的，了凡講述一個在「難忍處能忍」的例子。

江蘇鎮江有一位靳老先生，這位靳老先生年紀很大了也沒有兒子。封建社會講究「不孝有三，無後為大」，因此靳老先生必定是對生兒子傳宗接代抱有巨大的期許的，也為沒有兒子承擔著巨大的輿論和道德壓力。可是，在無限期許和重大壓力之下，靳老先生還是忍住了欲望、頂住了壓力，以善心為先，「不忍以幼女為妾，而還之鄰」，這便是「難忍處能忍」，亦是「從難克處克」的一種克己的表現。

對於不同的人來說，立德行善的難易程度是不同的。「凡有財有勢者，其立德皆易」，有錢有勢的人，是有立德行善的便利條件和物質基礎的，因此立德行善對於這些人來說，是容易的事。譬如一個人為官，制定或者實施一項減租的政策，便能有利萬民，造福一方，一舉而積大善、得厚報。「易而不為，是為自暴」，這些人立德行善十分容易，但若他們連這麼容易的事情都不願意去做，那就是沒有善心，就是自暴自棄。

「貧賤作福皆難」，貧窮低賤的人想要立德行善是一件很難的事情，因為他們一無財力佈施，二無權勢和影響力，甚至自顧不暇，所以很少有機會，也幾乎沒有條件去立德行善。「難而能為，斯可貴耳」，若是在這樣艱難的條件之下，貧賤之人還可以克服困難、立德行善，就是難能可貴的，往往會有大的福報。

【原典】

隨緣[一]濟眾，其類至繁[二]，約[三]言其綱，大約有十：第一，與人為善；第二，愛敬存心；第三，成人之美；第四，勸人為善；第五，救人危急；第六，興建大利；第七，捨財作福；第八，護持[四]正法[五]；第九，敬重尊長；第十，愛惜物命。

【注釋】

一、隨緣：宗教術語。指順應機緣，順其自然。緣，指身心對外界的感觸。

二、至繁：特別繁雜。

三、約：簡單，簡要。

四、護持：保護維持。

五、正法：各種宗教的教法，別於邪道的法而言。也指正確、真實的道理。

【譯文】

我們為人處事，應該隨緣去做救濟眾人的事，但是要救濟眾人也不是容易之事。其種類特別繁多，簡單地說，其重要項目大約有十種：

第一，是與人為善。看到別人有一點善心，我就幫他，使他善心增長；別人做善事，力量不夠，做不成功，我就幫他，使他做成功。

第二，是愛敬存心。就是對比我學問好、年紀大、輩分高的人，都應該心存敬重；對比我年紀小、輩分低、景況窮的人，都要心存愛護。

第三，是成人之美。如一個人想做件好事，尚未決定，我們就應該勸他盡心盡力去做；別人做善事時遇到阻礙，不能成功，我們就應該想盡辦法去指引他，勸導他，使得他成功，而不是生嫉妒心去阻礙他。

第四，是勸人為善。遇到作惡的人，要勸他作惡絕對有苦報，惡事萬萬做不得；遇到不肯為善，或只肯做一些小善的人，就要勸他行善絕對有好報，善事不僅要做，而且要做得多，做得大。

第五，是救人危急。一般人大多喜歡錦上添花，而缺乏雪中送炭的精神；而在他人最危險、最困難的關頭，能及時拉他一把，幫他走出危急困境，就可以說是功德無量了，但是不可以引以為傲！

第六，是興建大利。有大利益的事情，自然要有大力量的人，才可以做到。一個人既然有大力量，自然應該做一些有大利益的事情，使廣大的人群受益。例如，修築水利系統、救濟災害。即使沒有大力量，也可以積極參與。

第七，是捨財作福。俗語說「人為財死」，世人總愛錢財，求財都來不及，還願意去捨財濟助他人嗎？因此，能捨財去消除別人的災難，解決他人的危急，對一個常人而言，已不簡單；對窮人來說，就更了不起了。如果按照因果來說，捨得，只有捨了才有得；捨不得，不捨就不會得。做一分善事就會有一分福報，所以不必擔憂我們會因為捨財救人，而使自己的生活陷於絕境。

第八，是護持正法。這種法，就是指各種宗教的法。宗教有正，有邪；法也有正，有邪。邪教的邪法最害人心，自然應該禁止。而具有正知正見的法，導人向善的法，一定要用全力保護維持，不可讓它受到破壞。

第九，是敬重尊長。凡是學問深、見識好、職位高、輩分大、年紀老的人，都稱為尊長，自己都應該敬重，不可看輕他們。

第十，是愛惜物命。所有的生命都是有知覺的，都會知道痛苦，也會貪生怕死。我們應該哀憐牠們，不可以亂殺亂吃。有人說，這些東西本來就是要給人吃的。這是不對的，往往都是貪吃的人所編造出來的話。

【原典釋評】

本段，了凡開始講如何在日常生活中積善行德。隨機緣做善事、濟世助人，能做的事情非常多，了凡將其概括為十種。

第一種是與人為善。與人為善出自《孟子》一書，原文是：「取諸人以為善，是與人為善者也。故君子莫大乎與人為善。」意思是說，學習他人的優點來完善自己、讓自己變得更好，這就是和別人一起做善事。因此君子最看重的事情就是與人為善。與人為善的前提就是能夠發現他人的優點，然後向其學習，完善自己。是一種虛心謙遜的態度。

第二種是愛敬存心。對師長要敬重、愛戴；對後輩要疼愛、愛護。

第三種是成人之美。成人之美語出《論語》，原文是：「君子成人之美，不成人之惡。小人反是。」也就是說，方正的君子能夠成全別人的好事，而不會促成別人的壞事，小人與之剛好相反。

第四種是勸人為善。這就比與人為善更進了一步，不僅自己學習他人優點完善自己，而且兼顧他人，勸導他人取長補短進行自我修正和完善，引導他人做好事。

第五種是救人危急。看到別人身處危急之中，首先要做到不趁火打劫，其次要能夠伸以援手，雪中送炭。

第六種是興建大利。也就是做那些利於萬民的事情，當然，做這種善事是有一定門檻的，不像前五種，是所有普通人都有機會可以做到的。

第七種是捨財作福。能夠拿出自己的財物，救濟別人，積善行德。

第八種是護持正法。也就是維護人間正道，堅持做人底線，這在當代社會是難能可貴的。

第九種是敬重尊長。這是做人的基本要求，也是待人的基本態度，對於長輩和老師，或者自己的上司，一定要心中有敬意，待之講禮儀。

第十種是愛惜物命。無論是人還是其他生物，就算是一隻小螞蟻，都有自己的世界，都有自己的感覺，因此為善之人應該愛惜物命，不給其他生物施加痛苦。

【原典】

何謂與人為善[一]？昔舜[二]在雷澤[三]，見漁者皆取深潭厚澤，而老弱則漁於急流淺灘之中，惻然[四]哀之，往而漁[五]焉；見爭者皆匿其過而不談，見有讓者，則揄揚[六]而取法[七]之。期年[八]，皆以深潭厚澤相讓矣。夫以舜之明哲[九]，豈不能出一言教眾人哉？乃不以言教而以身轉之，此良工苦心[十]也。

【注釋】

一、與人為善：指贊成人學好，現指善意幫助人們。與，讚許，贊助。為，做。善，好事。

二、舜：中國上古三皇五帝中的五帝之一。姓姚名重華，字都君。在堯之後，受禪於堯，國號「有虞」。帝舜、大舜、虞帝舜、舜帝皆虞舜之帝號，故後世以舜簡稱之。後禪位於禹。

三、雷澤：古代大澤名，又稱雷夏澤、龍澤，故址在今河南省范縣東南接山東省菏澤市界。

四、惻然：哀憐、悲傷的樣子。

五、漁：捕魚，捕撈。

六、揄揚：稱譽；讚揚。

七、取法：取以為法則；效法。

八、期年：一年。

九、明哲：聰明睿智。

十、良工苦心：形容優秀的工匠在創作的過程中費盡心思，泛指用心良苦。

【譯文】

什麼叫做與人為善？過去舜在他還沒有做君主之前，在雷澤湖邊看人捕魚。他發現年輕力壯的漁夫，都選擇到湖水深處去抓魚（魚多）；而那些年老體弱的漁夫，都在水流得急而且水較淺的地方抓魚（魚少）。舜見到這種情形，心裡哀憐這些年老體弱的漁夫。後來他就想了一個方法，自己也去捕魚。捕魚時，他見到那些喜歡搶奪的人，也不說他們的過失，而且也不對外講；見到那些比較謙讓的漁夫，便到處稱讚他們，拿他們做榜樣，並且學習他們謙讓的精神。就這樣，舜捕了一年的魚，這些捕魚的人就都把水深魚多的地方讓出來了。像舜那樣聰明睿智的聖人，為什麼不說幾句中肯的話來教化眾人，而是一定要自己親自參與？要知道舜不用言語來教化眾人，而是以身作則，樹立典範，讓那些人感覺慚愧而改變自己的自私心理。他真的是用心良苦啊！

【原典釋評】

自本段起，了凡開始對上述十類行善積德、隨緣濟眾之事進行詳細闡述。本段闡述的是第一種——與人為善。為此，了凡引用舜的典故。

舜是「三皇五帝」中的五帝之一，但是他出身貧苦，這個典故就是講述他做君主之前的故事。從前，舜曾經在雷澤一帶生活，他看到那些「深潭厚澤」，也就是魚多蝦眾的捕魚寶地全都被年輕力壯的漁者佔領了；那些老弱的漁者無奈之下，只能在「急流淺灘」之中捕魚。水流急的地方，魚不好停留，捕魚難度大；淺灘之處水少，魚無法隱藏，因此魚也少。

舜見到這種情況之後，「惻然哀之」。「惻然」指悲傷的樣子、哀憐的樣子。舜非常傷心，既為老弱之人打不到魚傷心，又為年輕力壯的漁者不知謙讓而傷心。但是，他沒有責備那些年輕力壯的漁者，而是加入捕魚的隊伍，看到那些爭搶地盤的年輕力壯的漁者，「皆匿其過而不談」，他沒有指責那些爭搶地盤的漁者，而是為他們遮掩，不對別人說起。「見有讓者，則揄揚而取法之」，看到謙讓的漁者，他就會宣揚這些漁者的事蹟，並且以他們為榜樣，效法他們。舜到雷澤，其實不是為了捕魚，而是為了改變這裡的風氣。他這樣堅持一年之後，「皆以深潭厚澤相讓矣」，雷澤這個地方已然謙讓成風，漁者再也不爭搶地盤了，而是互相謙讓著，把那些魚多的地方讓出來。

舜以孝聞名天下，品格高尚，民望很高。他隱惡揚善，重塑了雷澤的風氣。以舜的名聲威望，想必只要他出口相勸，那些人就能聽從，但是他沒有，他沒有選擇言傳，而是選擇了身教，用榜樣來感染人、改變人。言語有時會顯得單薄，實在的行動卻擁有更加厚重的生命力，更加深遠的影響力。

【原典】

吾輩處末世[一]，勿以己之長而蓋[二]人，勿以己之善而形[三]人，勿以己之多能而困人。收斂才智，若無若虛。見人過失，且涵容[四]而掩覆[五]之。一則令其可改，一則令其有所顧忌而不敢縱。見人有微長可取，小善可錄，翻然[六]捨己而從之，且為豔稱[七]而廣述之。凡日用間，發一言，行一事，全不為自己起念，全是為物[八]立則[九]，此大人[十]天下為公之度也。

【注釋】

一、末世：指一個衰亡的時代。
二、蓋：遮蔽，掩蓋。
三、形：比。以己之長，較人之短，以突顯自己了不起。
四、涵容：寬容；包涵。
五、掩覆：掩藏，掩飾。
六、翻然：形容改變得很快而徹底。
七、豔稱：讚揚，讚美。
八、物：社會大眾。
九、立則：建立規則，樹立榜樣。
十、大人：指道德至高、至於聖賢地位的人。

【譯文】

我們處在這個人心不古、風俗敗壞的末世時代，做人很不容易。因此，別人有不如自己的地方，我們不可以拿自己的長處去蓋過他；別人有不善的事情，我們不可以把自己的善去和別人比較；別人能力不及我，我們不可以拿自己的長處，來為難別人，壓制別人；自己如真的有了不起的才華，也要收斂起來，不要招搖；要做到看起來好像非常平凡、空虛的樣子；見到別人犯了過失，要放大心量，來為他隱蔽、掩藏，不要到處宣揚。像這樣，一方面可以使他有改過自新的機會，另一方面可以使他有所顧忌而不敢放肆。如果撕破臉皮，他就沒有顧忌了。見到別人有一點點長處可供學習，或者一點微小的善行可以作為自己的榜樣，我們就應該果斷放棄自己的主觀成見，去效法別人，並且為他們讚歎，廣泛地向大家傳揚。一個人在平常生活中，不論是每講一句話或是做一件事，都不能只為自己，生出自私自利的念頭，而要全部為了整個社會著想，為經世成物建立規則，使大眾可以通用並遵守，這才是一位偉大的人物以天下為公應有的度量啊！

【原典釋評】

舉例之後開始總結說理，本段主要闡述做到與人為善的關鍵在於正確地看待自己的長處、善心、能力以及寬容地對待他人的過失。對待他人要做到「勿以己之長而蓋人，勿以己之善而形人，勿以己之多能而困人」，不能因為自己的長處而一味出風頭、想要蓋過別人；不能因為自己有善心，就和別人比較，認為別人不如自己；不能因為自己能力強，就為難別人。這些長處、善意和能力應該用來濟世，而不是成為炫耀的資本和沾沾自喜的工具。一個與人為善的人，必然是內斂的、穩重的，而不是鋒芒畢露，稜角分明。他們心胸寬闊，包容大氣，對於別人的過失，與人為善之人能夠代而掩，而非張揚得人盡皆知。

對別人的過失「涵容而掩覆之」不是終點和目的，而是一種暫時性的策略，最終要達到的效果可以總結為兩個方面：一則令其可改，一則令其有所顧忌而不敢縱。「令其可改」即讓過失之人改正自己的過失，這樣一來，過失人就會實現自我的進步和完善，改過是為善的根本之法，為他掩蓋過失的用意就在於給他機會改過。就算這樣不能讓犯錯之人改過，也可以讓其有所顧忌，心生慚愧，收斂自己的行為，就像那些把「深潭厚澤」讓出來的雷澤的年輕力壯的漁者一樣。

以上是對待他人過失的態度，對待他人的長處呢？「見人有微長可取，小善可錄」，「微長可取」即稍微有一點點長處，「小善可錄」即稍微有一點點善意，就要「翻然捨己而從之」，就要去學習他的長處、仿效他的善舉。不僅如此，還要「黜稱而廣述之」，即稱讚他的長處和善行，讓大家都知道並且仿效之。這樣做，一來可以鼓勵此人繼續發掘長處，積善行德；二來能夠引導更多的人加入這個正能量的隊伍，久而久之就會形成一股磅礴的向善之力。

本段講與人為善之人在日常生活中為人處世的立場和出發點。「凡日用間，發一言，行一事，全不為自己起念」，與人為善的人，在日常生活中，所說的每一句話，所做的每一件事，都不是站在自己的立場，也不是以自己的私欲為出發點，而「全是為物立則」。「則」，即準則，榜樣；他們說的每一句話、做的每一件事都是在為大眾建立規則、樹立榜樣。這樣的人，可以稱之為「大人」；這樣處事，可以稱之為「天下為公」。

【原典】

何謂愛敬存心[一]？君子與小人，就形跡[二]觀，常易相混，惟一點存心處，則善惡懸絕[三]，判然[四]如黑白之相反。故曰：「君子所以異於人者，以其存心也。」君子所存之心，只是愛人敬人之心。蓋[五]人有親疏貴賤，有智愚賢不肖；萬品不齊，皆吾同胞，皆吾一體，孰非當敬愛者？愛敬眾人，即是愛敬聖賢；能通眾人之志，即是通聖賢之志。何者？聖賢之志，本欲斯[六]世斯人，各得其所。吾合[七]愛合敬，而安一世[八]之人，即是為聖賢而安之也。

【注釋】

一、存心：用心，存在的念頭。
二、形跡：人的言行和神色。
三、懸絕：指相差懸殊，相差極遠。
四、判然：形容差別特別分明。
五、蓋：發語詞，用於句首，表示要發表議論。
六、斯：指示代詞，這。
七、合：全部，所有的。

八、一世：整個世界。

【譯文】

什麼叫做愛敬存心？君子與小人，從外表來看，經常容易混淆，只是這一點存心，使得君子之善與小人之惡，相去很遠，他們的分別就像是黑白兩種顏色，截然不同。之所以孟子說：「君子之所以與常人不同，就在於他們的存心啊！」君子所存的心，只是愛人敬人的心。人有親近的，有疏遠的，有尊貴的，有低微的，有聰明的，有愚笨的，有賢良的，有下流的，千千萬萬不同的種類，都是我們的同胞，都和我們一樣有生命，有血有肉，有感情，和我們是一體的，哪一個是不應該愛敬的？愛敬眾人，就是愛敬聖賢人；能夠明白眾人的意思，就是明白聖賢人的意思。為什麼呢？因為聖賢人本來的願望，就是希望世界上的人都能安居樂業，過著幸福美滿的生活。所以，我們能夠處處愛人，處處敬人，並且存著使天下人都能安居樂業的意願，那就是替古代聖賢，來使這個世界安定和樂了。

【原典釋評】

自本段起，了凡開始闡述行善積德、隨緣濟眾之事的第二個類別——愛敬存心。了凡指出，評價人是否愛敬存心時，往往存在一個誤區，即「就形跡觀」。從外表來看、從外在行為上觀察，往往無法準確辨別誰為君子，誰是小人，經常會把二者搞錯、混淆。這就提示我們，透過外表和行為去評判一個人所得出的結論，往往是不準確的，甚至是顛倒的。

既然從外表和行為上去評判人往往會得出錯誤結論，應該秉持何種標準？了凡認為，唯一的評判標準是人的內心、心地。從心地上去評判，君子、小人善惡分明，截然不同，他們的區別就像是白和黑一樣迥然相異、天差地別，一看便知。

「君子所以異於人者，以其存心也」出自《孟子・離婁下》，原文是：「君子所以異於人者，以其存心也。君子以仁存心，以禮存心。仁者愛人，有禮者敬人。愛人者，人恆愛之；敬人，人恆敬之。」這和了凡提出的存愛敬之心是高度契合的。君子和常人不同，是眾人仰慕的對象，仿效的榜樣，君子和普通人的區別到底在哪裡？孟子只用了五個字概括，那就是「以其存心也」，君子和普通人的區別就在於他們心中的思想不同：君子的心中是仁、是禮，他們以仁為自己的思想核心，以禮為自己的行為準則，這樣的人能做到由己及人、友善待人，總是對別人禮敬有加。愛人的君子，就會得到他人的愛；尊敬他人的君子，也會得到他人的禮敬。這便是了凡提出愛敬存心的思想源頭。

君子和普通人在外表和行為上沒有顯著區別，他們的區別在於思想的不同。君子以仁為思想核心，以禮為行為準則，因此君子的心是平等心，而非分別心。人之不同各如其面，從關係上來說，人有親疏遠近的區別；從地位上看，人有高低貴賤的不同；從能力上說，人有智慧愚笨的區別；從品格上看，人有賢良不肖的不同……種種不同，各個不一，但是這些人都是人，都是我們的同胞，沒有誰是不應該被敬愛的。對待別人時，要尊重他們客觀上的差別，但是在思想上，不能因為這些差別而產生分別心，這才是愛敬存心的君子所為。

了凡說：「愛敬眾人，即是愛敬聖賢。」在前文的很多敘述中，似乎總是把眾人和聖賢做對比，譬如普通人無法區分善之真假，但聖賢可以，為何此處又如此說？聖賢是眾人的榜樣，是眾人的模範，古語有云「見賢思齊」，即指以聖賢為榜樣，進行自我反省、自我修正和自我完善。儒家講究修身齊家治國平天下，眾人可以安居樂業，便是聖賢的追求；聖賢想要的是「安得廣廈千萬間，大庇天下寒士俱歡顏」，聖賢心中所納的是眾生的幸福。因此眾人受到愛敬就是聖賢受到愛敬，愛敬眾人就是愛敬聖賢。「能通眾人之志，即是通聖賢之志」亦是此理，聖賢是為眾人謀福利，眾人想要安居樂業、生活幸福，他們的目標是一致的，所以眾人的追求和志向就是聖賢的追求和志向。

本段末尾對上文提到的「愛敬眾人，即是愛敬聖賢；能通眾人之志，即是通聖賢之志」進行解釋。聖賢的志向和追求，就是要讓世人都可以安居樂業、各得其所。因此，如果每個人都存愛敬之心，友善待人、尊敬他人，每個人都能安居樂業，世界也會一片和樂。百姓安康，社會安定，這就是聖賢之志，這就是聖賢所追求的心安。

【原典】

何謂成人之美[一]？玉之在石，抵擲[二]則瓦礫[三]，追琢[四]則圭璋[五]；故凡見人行一善事，或其人志可取而資可進，皆須誘掖[六]而成就之。或為之獎借[七]，或為之維持，或為白[八]其誣[九]而分其謗，務使成立而後已。

【注釋】

一、成人之美：成全別人的好事。也指幫助別人實現其美好的願望。成，成全，幫助。美，好事。

二、抵擲：扔，投擲。

三、瓦礫：指破碎的磚瓦。也有小石子、碎石頭的意思。

四、追琢：雕琢，雕刻。追，通「雕」。

五、圭璋：古代禮玉的一種，為瑞信之器。圭，是古時君王的飾物，國家大典時佩帶，上小下方，大小不一。璋，是將圭切成對半，通常祭祀時佩用。

六、誘掖：引導和扶持。

七、獎借：稱讚推許。

八、白：表明；辯白；得昭雪。

九、誣：誣陷、冤枉。

【譯文】

什麼是成人之美？比如，一塊玉藏在石頭裡，如果把它當作石塊亂拋，這塊玉石也只是和瓦片碎石一樣，一文不值；如果把它好好地加以雕刻琢磨，它便成為圭璋美玉，非常珍貴。人也是如此。所以凡是看到別人做一件善事，或者是一個人立志向上，而其資質又足以造就，都應該好好地引導他，提拔他，使他成為社會的有用之才。或是去讚美他，激勵他；或是設法幫助他；或是在有人冤枉他時，替他辯解冤屈，替他分擔無端的惡意毀謗。總之，務必使他可以立足於社會為止。

【原典釋評】

自本段起，了凡開始闡述行善積德、隨緣濟眾之事的第三個類別——成人之美。成人之美出自《論語》，孔子說：「君子成人之美，不成人之惡。小人反是。」成人之美是君子所為，有肚量和心胸去成全別人的好事，是一種美德。

了凡舉了一個例子來更好地說明何為成人之美。他說，那些內有美玉的石頭，如果你不能欣賞它，不能看出其中的美玉，隨便地就把它丟在一旁，這塊玉石就和其他一文不值的瓦礫碎石沒什麼兩樣；如果你可以欣賞它，看出其中的美玉，並且下功夫琢磨，這塊石頭就會成為圭璋之類的美玉。圭上圓（或劍頭形）下方，是古代帝王或諸侯在舉行典禮時拿的一種玉器；璋也是古代的一種玉器，形狀像半個圭。用以祝賀喜添男丁的成語「弄璋之喜」，其中的「璋」字就是指璋這種玉器。

總而言之，成人之美首先要發現他人的「美」，其次要成全他人的「美」。

接著，了凡由物及人，詳細論述成人之美的具體做法。

成人之美說難也難，說簡單也簡單。首先，需要一雙慧眼，能夠看到一個人的優點，需要在茫茫人海中發現那些做好事的善人，或者發現一個有美好的志向並且有一定潛質的可塑之才。其次，就是盡己所能地引導他們、幫助他們、成就他們。透過誇獎、激勵或者扶持的方式，讓他們健康成長，真正成為造福蒼生、有益社會之人。

每個人的成長過程都不是一帆風順的，總會遇到點風雨，遭遇些挫折。這些可塑之才也難免會遭受誣陷、誹謗。這時，他們需要的是一個引路人，在他迷茫時為他指明方向，在他遭受誣陷時替他辯白、還他清白，在他遭人誹謗時為他分辯，減輕加在他身上的壓力，讓他健康成長、順利成材。千萬不能置之不理，以致一個可以造福社會的可塑之才，被誹謗和誣陷而湮滅。要竭盡全力地幫助他們在社會上立足，使他們能夠為社會貢獻自己的聰明才智，這就是成人之美，這就是盡己心力。畢竟，世有伯樂，然後有千里馬。

春秋五霸之一的齊桓公即位以後，急需找到有才華的人來輔佐自己，因此就準備請鮑叔牙出來任齊相。但鮑叔牙稱自己的才能不如管仲，若要使齊國稱霸，必要用管仲為相。管仲曾經為齊桓公的兄弟公子糾效力，屬於齊桓公即位前的敵對勢力。鮑叔牙深知管仲之才，竭盡所能地向齊桓公舉薦管仲為相，齊桓公最終接受了鮑叔牙的建議，以非常隆重的禮節，親自迎接管仲，以此來表示對管仲的重視和信任。齊桓公的賢達大度也因此為天下人所知。若沒有鮑叔牙的維護和舉薦，歷史上就不會留下管鮑之交的佳話，或許齊桓公的春秋霸主之位也不會存在。

【原典】

大抵[一]人各惡其非類[二]，鄉人之善者少，不善者多。善人在俗，亦難自立。且豪傑錚錚[三]，不甚修形跡[四]，多易指摘[五]，故善事常易敗，而善人常得謗。惟仁人長者，匡直[六]而輔翼[七]之，其功德最宏。

【注釋】

一、大抵：大概。

二、非類：與自己思想、意見、黨派不同的人。

三、錚錚：金屬撞擊的聲音。引申為剛正不阿的樣子。

四、形跡：此指人外在的儀容。

五、指摘：指責。

六、匡直：猶匡正，糾正。

七、輔翼：輔助，幫助。

【譯文】

大概，人們對那些與自己不同類型的人，都不免有厭惡感。在同一個鄉里，通常是善人少，而不善的人多。正因為不善的人很多，善的人少，所以善人處在世俗裡，經常被惡人欺負，很難立得住腳。況且豪傑的性情大多數是剛正不阿的，又不注意修飾外表；而世俗之人往往只看外表，所以他們經常就會成為被人指責批評的對象。所以，做善事經常容易失敗，善人也經常被人毀謗。遇到這種情形，只有依靠仁人長者，才可以不斷匡正那些邪惡不善之人，輔助和引導他們，使他們改邪歸正，同時保護和幫助善人，使他們得以成長。像這樣辟邪顯正的功德，實在是最大的。

【原典釋評】

為什麼可塑之才需要一個人來幫助他、維護他、替他辯白誣陷、為他減少誹謗？這還得從「人各惡其非類」說起。化學中有一個原理叫做「相似相容」，其實人也是這樣。俗話說「物以類聚，人以群分」，相同點或者相似之處會給人一種天然的親切感，而不同則會給人一種疏離感。人們往往比較容易和自己有相似之處的人建立友誼、打成一片，也往往會疏遠甚至厭惡那些和自己不一樣的人。這就是了凡所說的「大抵人各惡其非類」。

在「大抵人各惡其非類」這個前提下，本段內容就會十分容易理解。在一個地方，如果把善作為標準對人進行分類，善人就會被歸為一類，不善之人就會被歸為另一類。不論哪裡，往往是善人少，不善的人多，所以善人活於世間，往往會遭受很多挫折，可能會遭受誹謗誣陷，被惡人欺辱。如果惡勢力猖獗，善人便無立錐之地了。可是社會需要善人，因此就需要有人站出來維護善人，護他們周全，讓他們成材，為社會做出更大的貢獻。

除去善人勢單力孤，惡人人多勢眾這個因素之外，豪傑善人的行為方式或者行為特點也是他們需要人來維護的原因之一。

「豪傑錚錚，不甚修形跡」，那些聰明才智超出常人的豪傑，往往是堂堂正正、剛直不阿之人，一般情況下，他們不是很注意細節，也不注重修飾外表，他們只有一顆貢獻社會的心。這樣的人「多易指摘」，很容易得罪人，也很容易被人抓住缺點做文章。這樣就出現了一種有點反常但是頻率卻很高的情況，那就是「善事常易敗，而善人常得謗」，好事、善事很難做成功，好人、善人很容易遭人誹謗。此情此景，成人之美的美德就顯得十分可貴、十分必要了。這些錚錚豪傑需要「仁人長者」來維護他們，那些誹謗善人的惡人也需要「仁人長者」來引導他們改邪歸正。

總而言之，成人之美，功德無量。

【原典】

何謂勸人為善？生為人類，孰無良心？世路[一]役役[二]，最易沒溺[三]。凡與人相處，當方便提撕[四]，開其迷惑。譬猶長夜大夢，而令之一覺；譬猶久陷煩惱，而拔[五]之清涼，為惠最溥[六]。韓愈云：「一時勸人以口，百世勸人以書。」較之與人為善，雖有形跡，然對證[七]發藥，時有奇效，不可廢也；失言失人，當反吾智。

【注釋】

一、世路：猶世道，指社會狀況。

二、役役：勞苦不息的樣子。

三、沒溺：沉沒。

四、提撕：拉扯；提攜。

五、拔：改變。

六、溥：廣大。

七、證：同「症」。症狀。

【譯文】

什麼叫做勸人為善？我們知道，作為一個活在這世上且有血有肉的人，誰沒有一點良心？只是大家整天在社會上忙忙碌碌，很容易陷入名利追逐的迷陣，以致忘掉天地良心這回事。在爾虞我詐的環境中，人很容易便沉淪陷落了。因此，在與人相處時，我們要隨時提示他，警告他，不要讓他掉入名利的陷阱；要時時暗示和提醒他，不要對某事執迷不悟。就彷彿他在長夜裡，做一次渾渾噩噩的大夢，一定要叫醒他，讓他恢復清醒；又譬如他長久地陷在苦惱裡，一定要拉他一把，使他頭腦轉為清涼。像這樣以恩惠待人，所得功德最為廣大。韓愈說過：「用口來勸人，只在一時，事情過了，也就忘了，並且別處的人也無法聽到；以書來勸人，可以流傳到百世，並且能傳遍世界。」這種「勸人為善」與「與人為善」比起來，雖然痕跡較重，但是這種對症下藥的事，時常會有特殊的效果。這種方法，也是不可放棄的。並且勸人也須勸得得當，譬如這個人太倔強，不可以用話來勸，你若是用話去勸了，不僅是白勸，所勸的話，也變成廢話，這叫做「失言」。你應該勸一個人為善但沒有去勸導他，那便白白失掉一個「勸人為善」的機會，這叫做「失人」。失言失人，都是自己智慧不夠，我們應該自我反省檢討，活用自己的智慧！

【原典釋評】

自本段起，了凡開始闡述行善積德、隨緣濟眾之事的第四個類別——勸人為善。人活於世，不僅要做個善人，與人為善，還可以在此基礎上再進一步，勸人為善。為什麼要勸人為善？因為善是人的本性，每個人都有良心，就像《三字經》中所寫的：「人之初，性本善。」可是，這個世界誘惑很多，構成也很複雜，人們每天忙忙碌碌的，在紛擾之中，為了名利而奔波，難免掩蓋了本性，消磨了善心。這就需要一個人在旁邊提點，幫助迷失的人找回本性。也就是了凡所說的「凡與人相處，當方便提撕，開其迷惑」。在跟人交往、相處的過程中，一定要心懷善意，看到那些在迷茫中掙扎或者漸行漸遠迷失本性的人，要隨時提醒一下、警醒一下，讓他尋回本性，走出迷惑。

「譬猶長夜大夢，而令之一覺」，這是舉例說明勸人為善的具體做法：如果看到一個人晚上睡覺做了噩夢，我們就應該叫醒他，讓他清醒過來。「譬猶久陷煩惱，而拔之清涼」，如果看到一個人陷在煩惱的泥潭中無法走出，就應該拉他一把，把他拽出泥潭。「為惠最溥」，「惠」即恩惠，指帶給人的好處，也指自己修下的福德；「溥」是廣大的意思；這種勸人為善的行為帶給人的恩惠最大，為自己修下的福德也最多。

韓愈是唐代傑出的文學家、思想家、哲學家、政治家，是唐代古文運動的宣導者，被後人尊為「唐宋八大家」之首，與柳宗元並稱「韓柳」，有「文章鉅公」和「百代文宗」之名。後人將其與柳宗元、歐陽修和蘇軾合稱為「千古文章四大家」。他提出的「文道合一」「氣盛言宜」「務去陳言」「文從字順」等散文寫作理論，具有很強的指導意義。

了凡借韓愈之言，道出勸人為善時應該採用的形式，即「一時勸人以口，百世勸人以書」。「時」指一時、短期、當時，「口」即口頭說明，「書」指著書立說。也就是說，想要一時勸人為善，可以採用口頭相勸的方式來警誡別人，這樣的勸說，局限性較大，一般只能影響聽到勸誡的人，而且影響的時間較短。想要長久地勸人為善，或者說想要讓自己勸人為善的效果長久，甚至千百年後仍有警誡意義，應該選擇著書立說的形式來勸人。書可以流傳，不受時空的限制，所以影響力更為深遠。

就像《了凡四訓》這本書，本來只是一本寫給兒子的《訓子文》，可是因其教育意義，就流傳至今，為後世很多人帶來巨大的好處。若了凡只是對兒子進行口頭教導，而沒有採用寫書的形式教導兒子，我們就無緣得見此書，此書也不會產生如此深遠的影響。

勸人向善和與人為善相比是有差別的。與人為善重在向內修正、完善自身，善意自然流露，就可以與人為善；勸人向善則不同，勸人向善的外在痕跡較重，它不是潤物細無聲的，而是要透過語言或者書作的形式表現出來，才可以達到效果。勸人向善最重要的是找到癥結，然後對症下藥，只有這樣，才可以產生效果。

勸人向善時有兩個忌諱：一是失言，二是失人。「失言」，就是說了不應該說的話，也就是沒有找到癥結、對症下藥。「失人」，就是勸了不應該勸的人，或者沒有勸導該勸的人。人的資質性情各有不同，若對象選錯了，就會「對牛彈琴」，無所收穫。整體來說，失言是勸的內容或者方向出現了偏差，失人是勸說的對象出現了錯誤。

【原典】

何謂救人危急？患難顛沛[一]，人所時有。偶一遇之，當如恫瘝[二]在身，速為解救。或以一言伸其屈抑[三]，或以多方濟其顛連[四]。崔子[五]曰：「惠不在大，赴人之急可也。」蓋仁人之言哉。

【注釋】

一、顛沛：指生活困頓，不穩定，或遇挫折。

二、恫瘝：疾苦，病痛。恫，哀痛，痛苦。瘝，病，痛苦。

三、屈抑：枉屈，壓抑。

四、顛連：困頓不堪；困苦。

五、崔子：崔銑（一四七八—一五四一），字子鍾，號後渠，安陽人。明孝宗弘治十八年（一五〇五年）進士，學宗朱程。

【譯文】

什麼叫做救人危急？患難顛沛的事情，在人的一生中，都是常有的。假如偶然遇到這樣的人，就應該將他的痛苦當作是發生在自己身上一樣，趕快設法去解救；或是用話語幫助他申辯明白他所受的冤屈和壓迫，或是用各種方法去救濟他的困苦。明朝的崔銑說過：「恩惠不在乎大小，只要在別人危急的時候，能幫他一把就可以了。」這句話真正是仁者所說的話！

【原典釋評】

本段了凡闡述行善積德、隨緣濟眾之事的第五個類別——救人危急。救人危急很容易理解，就是看到人陷入危險或者緊急事項，要伸以援手。為什麼要救人危急？因為人在一生中，不可能一帆風順，經常會陷入顛沛流離或者危難憂患之中，就連孔子周遊列國之時，都曾經「累累若喪家之犬」。既然每個人都可能陷入這種窘境，我們遇人危急時，就應該感同身受，就應該伸以援手，救人危急。

救人危急具體應該如何操作？了凡提供兩種方法，「或以一言伸其屈抑；或以多方濟其顛連」。若人有冤屈壓抑之事，為他申冤辯白就是救人危急；若人顛沛流離、漂泊無依，透過各種方法來救濟他，就是救人危急。

崔子曰：「惠不在大，赴人之急可也。」恩惠不在大小，救急最為要緊。就如見到涸轍之魚，不需要把牠放生到大海之中，只需拿一個盆接點水，這些魚就能活命。所以說，救急是仁者所為，崔子之語乃仁人之言。

【原典】

何謂興建大利[一]？小而一鄉之內，大而一邑之中，凡有利益，最宜興建。或開渠導水；或築堤防患；或修橋樑，以便行旅[二]；或施茶飯，以濟饑渴。隨緣勸導，協力興修，勿避嫌疑，勿辭勞怨[三]。

【注釋】

一、大利：此指有利於社會，有利於人民大眾的事。

二、行旅：行人，過往的旅客。

三、勞怨：勞累與抱怨。

【譯文】

什麼叫做興建大利？小可以從一個鄉來說，大可以從一個縣來說，凡是有益於公眾的事，就應該發起興建。或是開闢水渠，來灌溉農田；或是建築堤岸，來預防水災；或是修築橋樑，使過往行旅交通方便；或是施送茶飯，救濟饑餓口渴的人。這些事，我們應該隨緣而行，只要一遇到機會，就應該勸導大家，同心協力，出錢出力來興辦。縱然有別人毀謗、中傷你，也不要為了避嫌疑就不去做；也不要怕辛苦，或擔心別人嫉妒怨恨而推託不做。

【原典釋評】

本段起，了凡開始闡述行善積德、隨緣濟眾之事的第六個類別——興建大利。了凡首先解釋什麼叫做興建大利，那就是「小而一鄉之內，大而一邑之中，凡有利益，最宜興建」。興建大利沒有區域範圍的限制，「鄉」即鄉村，「邑」即城鎮、城邑，小到鄉村之內，大到城邑之中，只要是有利於百姓生產、生活的事，都可以做，做了就是興建大利。

興建大利的出發點是為整個鄉里或者城邑謀福利，是為了造福百姓，沒有一絲一毫的私利私心，因此是真正的善事。

本段詳細列舉興建大利的具體做法，第一種做法是「開渠導水」。中國是農業大國，開渠導水，興修水利工程是保證糧食產量、應對雨水較少年景的有力措施。普遍存在於中國新疆吐魯番市的坎兒井，就是截取地下水用於農田灌溉和居民用水的水利工程。第二種做法是「築堤防患」。農業國度，既怕雨水不足，又怕洪水氾濫，因此開渠導水和築堤防患就成為關乎國家安危的重要事項。位於四川成都的都江堰，兩千多年來一直發揮著防洪灌溉的作用，使成都平原成為水旱從人、沃野千里的「天府之國」，負責修建都江堰的李冰父子也因為都江堰流芳百世。第三項做法是「修橋樑，以便行旅」，鋪路架橋可以為百姓出行帶來巨大的便利。第四項做法是「施茶飯，以濟饑渴」，佈施茶飯，可以為行人滋潤口舌、填飽肚子。

總而言之，興建大利的具體做法有很多，要遵循的原則是：隨緣勸導，協力興修，勿避嫌疑，勿辭勞怨。一心為公、毫無偏私的人必然可以做到這十六個字，造福百姓。

【原典】

何謂捨財作福？釋門[一]萬行，以佈施為先。所謂佈施者，只是捨之一字耳。達者[二]內捨六根[三]，外捨六塵[四]，一切所有，無不捨者。苟非能然，先從財上佈施。世人以衣食為命，故財為最重。吾從而捨之，內以破吾之慳[五]，外以濟人之急。始而勉強，終則泰然[六]，最可以蕩滌[七]私情[八]，祛除[九]執吝[十]。

【注釋】

一、釋門：佛門。釋，指釋迦牟尼。佛門出家人，自東晉道安法師以來，皆從釋姓，故佛門亦稱釋門，或釋氏。

二、達者：指智慧通達的人。

三、六根：亦稱六情。指眼、耳、鼻、舌、身、意六種感覺器官或認知能力。

四、六塵：佛教用語，是由六根所產生的作用，即色、聲、香、味、觸、法，六種對環境的感受。這六種感受會使人產生錯覺，令人陷於生命不淨的境地，所以叫塵。

五、慳：小氣，吝嗇。

六、泰然：神色安定，自然、從容的樣子。

七、蕩滌：清洗，洗除。

八、私情：自己自私的心念。

九、袪除：去除。

十、執吝：指慳吝不化的念頭、思想。

【譯文】

什麼叫做捨財作福？佛門裡的萬種善行，以佈施為最重要。所謂佈施，講的就是一個「捨」字。真正智慧通達、明白道理的人，什麼都能捨，身內如自己身上的眼睛、耳朵、鼻子、舌頭、身體、念頭，都可以捨；身外的色、聲、香、味、觸、法，也都可以捨。人所擁有的一切，沒有一樣是不可以捨棄的。如果不能做到什麼都捨，那就先從錢財上著手佈施吧！世間人都把衣食住行看得像生命一樣重要，因此錢財的佈施也就最為重要。如果我們順從其意，可以痛快地施捨錢財，對內而言，可以破除我們小氣的習性；對外而言，則可救濟別人的急難。不過看破錢財是很不容易的事，最初做起來，可能會有一些勉強，但是只要捨慣了，心中自然安逸，也就沒有什麼捨不得了。這最容易消除我們內心的貪念私心，也可以除掉我們對錢財的執著與吝嗇。

【原典釋評】

本段起，了凡開始闡述行善積德、隨緣濟眾之事的第七個類別——捨財作福。了凡首先解釋何為捨財作福。所謂捨財作福就是「釋門萬行，以佈施為先」。「釋」即釋迦牟尼，他創造了佛教，所以佛教也被稱為「釋門」。「釋門萬行」，佛家的修行方法很多，譬如戒色、戒肉、戒酒，但是種種的修行方法中有一個是最先要學習的，也是最重要的，那就是佈施。佈施就是給予，從行為上來說，是把自己的東西或者自己本身交給別人；從內心來說，就是捨。

境界高妙的修行者，譬如佛陀、菩薩，他們什麼都能捨，甚至自己的生命都能捨棄。佛祖已然到了「一切所有，無不捨者」的高妙境界，所以他可以坦然地以身飼虎、割肉餵鷹。普通的修行者很難達到這樣的高妙境界，那就需要由易到難，由外而內，循序漸進地進行修行，也就是「先從財上佈施」。捨財是佈施的開始，也是作福的開端。

首先講「先從財上佈施」的原因。人活於世，需要飯食果腹，需要衣衫蔽體，沒有食物人就無法存活，沒有衣衫人就很難在社會上行走，所以世人都把衣食看得和生命一樣重要，甚至把生活所依賴的人稱為「衣食父母」。衣服、飯食都需要錢財來買，錢財的重要性便凸顯出來。既然世人把衣食錢財看得像生命一樣重要，實際上它又不是生命本身，從錢財上開始佈施，然後再由外而內地修行，就很符合邏輯了。

其次講「先從財上佈施」的好處。如果人能夠捨棄自己看得很重的錢財，這個行為本身就說明他已經在一定程度上戰勝了自己的慳吝、小氣，此即「內以破吾之慳」。除此之外，捨出去的財沒有憑空消失，而是去到了更需要它的人手中，去到了更需要它的地方，它發揮了更大的作用，救濟了他人的危急，此即「外以濟人之急」。剛開始佈施錢財的時候，都是非常勉強、萬分不捨，這是很正常的。但是只要堅持下去，最終便能處之泰然、心中安逸，不捨的執念就被慢慢放下了。堅持從財上佈施最大的好處就是，「可以蕩滌私情，祛除執吝」。堅持捨財，私心雜念會越來越少，心地會越來越純淨，放下對錢財的執著心，糾正慳吝小氣的壞毛病，這就是最大的福報。

所以說，捨財就是作福。

【原典】

何謂護持正法？法者，萬世生靈之眼目也。不有正法，何以參贊[一]天地？何以裁成[二]萬物？何以脫塵離縛[三]？何以經世[四]出世[五]？故凡見聖賢廟貌、經書典籍，皆當敬重[六]而修飭[七]之。至於舉揚正法，上報佛恩，尤當勉勵。

【注釋】

一、參贊：指人與天地自然間的參與和調節。

二、裁成：籌謀而成就之。

三、脫塵離縛：指脫離凡塵世俗的約束。

四、經世：指治理國事，經歷世事。

五、出世：對世俗之事不關注，擺脫世俗的束縛。

六、敬重：恭敬尊重。
七、修飭：整治；整修。

【譯文】

什麼叫做護持正法？法，是千萬年來所有生靈的眼目，也是真理的準繩。但是法有正有邪，如果沒有正法，如何可以參與幫助天地造化之功？怎麼能夠使得世間萬物都像裁布成衣那樣的成功？怎麼可以脫離塵世的種種迷惑與種種束縛？怎麼能夠治理與經歷世上的一切事情，以及逃離這個汙穢的世界與生死輪迴的苦海？所以，凡是看到聖賢的寺廟、圖像、經典、遺訓，都要加以敬重；至於有破損不完全的，都應該要修補，整理。至於講到佛門正法，尤其應該敬重地加以傳播、宣揚，使大家都重視，以此來上報佛的恩德，這些都是尤其應該加以全力實踐的。

【原典釋評】

本段起，了凡開始闡述行善積德、隨緣濟眾之事的第八個類別——護持正法。

法是標準和規範，是道理和準則，是千百年來，萬世生靈在實踐中不斷探索出來的真理。法有正邪之分，錯誤的、片面的、不符合自然規律的，就是邪；正確的、全面的、尊重自然規律的就是正。修善積德需要分辨法之正邪，然後才可以護持正法。只有不斷地維護正法，宣傳正法，踐行正法，才可以達到以正禦邪的效果，讓邪法無處遁形。

正法十分重要，它的作用主要表現在參贊天地、裁成萬物、脫塵離縛、經世出世四個方面。正法的第一個作用是參贊天地，「參」即參與，「贊」即幫助，中國自古以來的自然觀就是人法地，地法天，天法道，道法自然。人和自然是在不斷互動之中共同發展的。古人敬畏自然、感謝自然，因為是大自然為人類提供賴以生存的物質基礎和美學享受。正法必然是尊重自然，必然是強調人和自然和諧相處的。所以，護持正法的第一大作用就表現在參贊天地上。正法的第二個作用是裁成萬物，即全心全意地幫助、成全世間眾生，引導他們棄惡揚善，修正自我，恢復本性。正法的第三個作用是脫塵離縛，正法能夠幫助人們脫離煩惱、增長智慧、開闊眼界、遠離束縛。一個人最大的自由是心的自由，護持正法就是解放心靈。正法的第四個作用是經世出世，儒家經典皆為經世之學，在這些經典的指導下，一個人可以修身齊家治國平天下，為百姓謀福利，為社會做貢獻。但是，他這麼做，並非為了一己之名利，因為正法已然給了他一副清淨心腸，所以他可以做到淡泊名利、寧靜致遠。

接著講護持正法的具體做法。「故凡見聖賢廟貌、經書典籍，皆當敬重而修飭之」，護持正法在內心要做到敬重聖賢的寺廟、圖像、經書和典籍，在行為上要做到該為之修補的為之修補，該為之整理的為之整理。這裡的修補主要指寺廟和圖像，為之整理的主要是經書和典籍。

經書典籍承載了聖賢的智慧和理念，它們在悠悠千年歲月之中，經過無數人的默默奉獻與傳承才可以流傳至今，我們應該對這些經典珍而重之，見到破損或者殘缺，要盡己所能地修補、整理。

護持正法就要去傳播正法、發揚正法，讓越來越多的人瞭解正法、學習正法、遵從正法，最終讓其加入護持正法的隊伍中。這樣做，才可以為護持正法帶來源源不斷的活力和能量，才是真正地報答佛的恩德。「尤當勉勵」是說舉揚正法，上報佛恩的做法十分重要，必須全力以赴，不能有一絲一毫的懈怠。為什麼這樣說？因為「見聖賢廟貌、經書典籍，皆當敬重而修飭之」的做法雖然重要，但是其影響力畢竟有限，也許我們去了十座寺廟，為整修寺廟佈施了十次，也許我們整理了十本經典書籍，這的確是護持正法，但這種做法只為十座寺廟、十本經典提供服務。「舉揚正法」則不然，一個人可以影響十個人，這十個人可以影響一百個人，這一百個人可以影響一萬個人……這種影響力是十分驚人和巨大的，倘若這些人都投入到護持正法的隊伍中，那該是多麼磅礴的一股力量？所以了凡才會特意強調，尤其要在舉揚正法上勉勵。

【原典】

何謂敬重尊長？家之父兄，國之君長，與凡年高、德高、位高、識高者，皆當加意[一]奉事[二]。在家而奉侍父母，使深愛婉容[三]，柔聲下氣，習以成性，便是和氣格天[四]之本。出而事君，行一事，毋謂君不知而自恣[五]也；刑一人，毋謂君不知而作威[六]也。事君如天，古人格論[七]，此等處最關陰德。試看忠孝之家，子孫未有不綿遠八而昌盛者，切須慎之。

【注釋】

一、加意：注重，特別注意，特別用心。

二、奉事：侍候；侍奉。

三、婉容：和順的儀容。

四、格天：感通上天。

五、自恣：放縱自己，不受約束。

六、作威：謂利用威權濫施刑罰。

七、格論：精當的言論，至理名言。

八、綿遠：久遠。

【譯文】

什麼是敬重尊長？家裡的父親、兄長，國家的君王、長官，以及凡是年歲大、道德高、職位高、見識高的人，都應該特別用心去敬重、侍奉他們。在家裡侍奉父母，要有深愛父母的心與委婉和順的儀容；對他們聲音要柔和，心氣要平順。這樣長期不斷地薰染，使之成為習慣，自然會養成好的性情，這就是和氣可以感動上天的根本。出門在外侍奉君王，不論什麼事都應該依照國法去做，不可以為君王不知道而放縱自己隨意亂為！審判一個人，不論他的罪輕或重都要仔細審問，公平執法，不可以為君王不知道而利用威權濫施刑罰，冤枉他人！服事君王，要像面對上天一樣的恭敬，這是古人所定的規範，這對個人陰德的影響最大。試看凡是忠孝的人家，他們的子孫，沒有不綿延久遠而且前途興旺的。所以，對這些，我們一定要小心謹慎地對待。

【原典釋評】

本段起，了凡開始闡述行善積德、隨緣濟眾之事的第九個類別——敬重尊長。

首先，說明應該敬重的尊長的範圍，「家之父兄，國之君長，與凡年高、德高、位高、識高者，皆當加意奉事」。從內和外來說，在家要敬重自己的父親和兄長，也就是長輩；在外要敬重國家的君主和長官。從更廣的範圍來說，只要是比自己年齡大的、德行高的、職位高的或者見識高的人，都要敬重。儒家強調「君君臣臣、父父子子」，要求以孝事親，以忠事君。社會的運行自有一套秩序和規範，這種秩序和規範雖然不像法律一樣具有強制約束力，但是天長日久的遵循和踐行，早就外化為了行為上的禮，內化為了道德上的仁和善。

其次，詳細說明在家中侍奉父母時的態度，也就是如何做到孝。「在家而奉侍父母，使深愛婉容，柔聲下氣，習以成性，便是和氣格天之本」。什麼是孝？孝就是能夠和顏悅色地對待父母，見到父母的時候表情要溫婉和順，語氣要平和柔順。長期以這樣的態度對待父母，久而久之就會形成習慣，把這種習慣內化為自己的性格。這種溫和平順的態度、性格就是感動天地的根本所在。

再次，詳細說明在外事君時應有的原則和態度，也就是如何做到忠。「出而事君，行一事，毋謂君不知而自恣也；刑一人，毋謂君不知而作威也」，也就是說，在外為君王效力，一定要做到自律，無論做什麼事，都不能因為君主不知道，就肆意妄為、任性胡來；要對一個罪犯定罪，無論他的罪行輕重，都要實事求是、尊重事實，不能因為君王不知情就作威作福、冤枉好人。這是為君王效力必須遵循的基本原則，也是敬重尊長的具體表現。「事君如天，古人格論，此等處最關陰德」，古時稱君王為天子，君王是上天的代言人，所以侍奉君王要像侍奉上蒼一樣，懷有敬重、敬畏之心，這是最關乎陰德的事。

最後，了凡強調忠孝的重要意義。「試看忠孝之家，子孫未有不綿遠而昌盛者」，能做到事親以孝、事君以忠的人，往往整個家族都是忠孝的，這樣的家庭教育的子孫後代往往也是忠孝的。這樣的家族往往興旺發達、延綿不絕、前程遠大，這就是忠孝的意義，或者說忠孝帶來的好處。

【原典】

何謂愛惜物命？凡人之所以為人者，惟此惻隱之心而已，求仁者求此，積德者積此。周禮：「孟

春之月[三]，犧牲[四]毋用牝[五]」，孟子謂君子遠庖廚[六]，所以全吾惻隱之心也。故前輩有四不食之戒，謂聞殺不食，見殺不食，自養者不食，專為我殺者不食。學者未能斷肉，且當從此戒之。

【注釋】

一、惻隱之心：對別人的不幸表示同情的心情。形容對人寄予同情。

二、周禮：周朝時周公所訂的禮儀，包括一切典章制度。

三、孟春之月：陰曆春季的首月。

四、犧牲：此指古時祭祀或祭拜時用的牲畜。

五、牝：雌性的鳥或獸，與「牡」相對。

六、庖廚：廚房。

【譯文】

什麼叫做愛惜物命？一個人之所以可以成為人，只在於他有一顆同情他人的惻隱之心罷了。那些求仁的人，求的就是這片惻隱之心；那些行善積德的人，積的也就是這片惻隱之心。有惻隱之心，就是仁，就是德；沒有惻隱之心，就是無仁心，無道德。《周禮》上曾經說：「每年正月的時候，正是牲畜最容易懷孕的時候，這時的祭品勿用母的。」孟子也說：「君子遠離宰殺牲畜的廚房。」這就是告訴我們要保全自己的惻隱之心。所以，古人有四種肉不吃的禁忌：聽到動物被殺時的哀鳴聲的肉，不吃；看見動物被殺過程的肉，不吃；自己養大的動物的肉，不吃；專門為自己殺的動物的肉，不吃。後輩的人，若想學習前輩的仁慈心，一下子做不到斷食葷腥的，也應該從前輩的四不食之戒做起，禁戒少吃，甚至不吃。

【原典釋評】

本段起，了凡開始闡述行善積德、隨緣濟眾之事的第十個，也是最後一個類別——愛惜物命。

了凡首先闡述愛惜物命的人性基礎。他說「凡人之所以為人者，惟此惻隱之心而已」，人之所以被稱為人，人和其他物種的區別，關鍵就在於人有惻隱之心。惻隱之心就是對別人的不幸表示同情，是一種同理心，也代表了一個人感同身受的能力。看到動物被虐待，心裡感到很不是滋味；看到老人提著重物，就有點心疼，立刻上去幫忙；看到受災的人，能體會到他們的無助，並伸以援手……這些都是惻隱之心。孟子曰：「惻隱之心，仁之端也。」孟子認為惻隱之心是仁愛、仁善這種品格的開端，也就是仁這種品格是由同情和感同身受發展起來的。

「求仁者求此，積德者積此」，這是了凡對於孟子提出的「惻隱之心，仁之端也」這個觀點的進一步分析闡述。那些想要養成仁愛、仁善品格的人，就是從惻隱之心開始培養的，就是在不斷的同情和感同身受中，一個人成長為了仁者。累積福德就是在不斷累積惻隱之心，心越來越善，越來越軟，由惻隱而悲憫而愛眾生，德行自然日益高尚，福報也會越來越深厚。

《周禮》是儒家經典，十三經之一。《周禮》、《儀禮》和《禮記》合稱「三禮」，「三禮」對禮法、禮義做出最權威的記載和解釋，是古代華夏禮樂文化的理論形態，對歷朝歷代的禮制產生深遠而重大的影響。《周禮》一書記載先秦時期的社會政治、經濟、文化、風俗、禮法制度等，內容豐富，包羅萬象，堪稱中國文化史之寶庫。

「孟春」是春天的第一個月，也就是初春。「犧牲」是古代祭祀時使用的牲畜，一般大規模的祭祀典禮會選用牛、羊、豬三種牲畜作為祭品，稱為三牲。「牝」與「牡」相對，是指雌性的獸或鳥；「牡」指雄性的獸或鳥。「孟春之月，犧牲毋用牝」，即初春時節祭祀選擇祭品時，不要使用雌性的獸類。春天是萬物復甦的季節，很多動物會在這個時節繁衍後代，如果用雌性牲畜祭祀，很可能會因其有孕而殺害兩條生命，影響動物的生息繁衍。所以說，《周禮》中的這句話，展現古人愛惜物命的理念。

孟子是儒家學派的代表人物之一，他把「仁」由個人道德範疇擴展到政治教化範疇，宣揚「仁政」，最早提出「民貴君輕」的思想，被韓愈列為先秦儒家繼承孔子「道統」的人物，和孔子並稱「孔孟」，元朝時被追封為「亞聖」。

「君子遠庖廚」出自《孟子‧梁惠王上》，是孟子勸誡齊宣王實行仁術時所說。當時齊宣王問政於孟子，孟子說：「如果君王的一切統治都以老百姓的利益為出發點，以老百姓安居樂業為落腳點，那就沒有人能阻擋這樣的君王統一天下了。」宣王問道：「你看我是這樣的人嗎？」孟子說：「我看是。」宣王又問：「何以見得？」孟子答道：「我聽說，某天大王您正坐殿中，見有人牽牛而過，便問來人牽牛做什麼。那人說，準備殺牛祭祀。你就下令放了牛，說自己不忍心看到牛瑟瑟發抖的害怕模樣，不忍看牠毫無罪過卻如被判死刑一般。牽牛人問你祭品怎麼辦。您指示用羊代替牛來充當祭品。不知是否確有此事？」齊宣王說：「確有此事。」孟子說：「此事說明大王的仁心，有此仁心何愁不能一統天下？百姓都說您以羊替牛是因為小氣吝嗇，我卻知道您這樣做不是因為小氣，而是因為於心不忍。」接下來孟子說：「百姓只知道牛和羊都無罪，但羊卻被殺，因此得出了大王吝嗇的結論。而我卻認為這種不忍心正是大王仁慈的表現，因為您只看到了瑟瑟發抖的牛，卻沒有見到活生生的羊。君子對於飛禽走獸，見到牠們活蹦亂跳，便不忍心見其死去；聽到牠們哀叫，便不忍心吃其肉。因此，君子總是遠離廚房。」

從這個故事可知，君子遠庖廚，是為了不觸發自己的惻隱之心，這本身就是仁慈的一種表現。

【原典】

漸漸增進，慈心愈長，不特殺生當戒，蠢動含靈[一]，皆為物命[二]。求絲煮繭，鋤地殺蟲，念衣食之由來，皆殺彼以自活。故暴殄[三]之孽，當與殺生等。至於手所誤傷、足所誤踐[四]者，不知其幾，皆當委

曲防之。古詩云：「愛鼠常留飯，憐蛾不點燈[五]。」何其仁也！善行無窮，不能殫述[六]；由此十事而推廣之，則萬德可備矣。

【注釋】

一、蠢動含靈：猶言一切眾生。蠢動，泛指動物。含靈，內蘊靈性。

二、物命：有生命的物類。

三、暴殄：任意浪費，糟蹋。

四、踐：踩踏。

五、愛鼠常留飯，憐蛾不點燈：語出蘇軾《次韻定慧欽長老見寄八首（其一）》，原句為「為鼠常留飯，憐蛾不點燈」。意為擔心家裡的老鼠沒有東西吃，時常為牠們留一點飯菜；愛惜飛蛾的生命，夜裡不點燈。

六、殫述：詳盡敘述。多用於否定式。

【譯文】

對於食肉而言，雖一時做不到，也要逐漸增進斷絕葷腥的次數，這樣時間長了，慈悲心就會慢慢增加。不僅殺生應該戒除，哪怕就是那些極小極小的，不論是愚蠢的或是有靈性的，都是有生命的物類。人類為了做衣服，要用蠶絲，就把蠶繭放在水裡蒸煮，不知要殺死多少蠶蛹；農夫耕地種田，用藥殺蟲，不知要殺害多少昆蟲的性命。因此，我們要體會衣食的來處，是經過多少生命換來的，犧牲牠們的生命才換來我們的活命。所以糟蹋糧食、浪費東西的罪孽，應該與殺生的罪孽相等。至於隨手誤傷的生命，腳下誤踏而死的生命，又不知道有多少，這些都應該小心設法防止。蘇東坡有首詩說：「愛鼠常留飯，憐蛾不點燈。」這句話是多麼的仁厚慈悲！

善事無窮無盡，哪能說得完；只要把上述說的十件事加以推廣發揚，無數的功德就都完備了。

【原典釋評】

本段主要講物命的範疇，了凡將物命的範疇做了大範圍的擴展。

「漸漸增進，慈心愈長」，注重日常生活中的細節，不斷地發現自己的惻隱之心、同情之心，隨著心越來越軟，心也會越來越善，慈悲心就會越來越多。「不特殺生當戒」，不僅應該戒除一般意義上的殺生。「蠢動含靈，皆為物命」，要知道，那些可以活動的、有靈氣的生物都是有生命的，都是需要愛惜的。接下來了凡舉了兩個例子，即「求絲煮繭，鋤地殺蟲」。我們都知道，絲綢是用絲織成的，取絲的時候需要把蠶繭扔進水中煮，這個時候包裹在蠶繭之內的蠶寶寶也就死掉了，一個好好的生命就這樣沒有了。因此，心慈之人一般不穿絲製衣服，就跟不穿皮毛製品一個道理。土壤之中同樣生活著許多生物，鋤地的時候一般沒有人會小心翼翼地去注意地裡的蟲子，所以鋤地時往往會殺死很多蟲子。人活於世，需要食來果腹，需要衣來蔽體，絲和土地是衣和食的直接來源，可以說，人類的生存是以犧牲其他物命為代價的，也就是了凡所說的「皆殺彼以自活」。滿足基本的生活需求尚且需要犧牲其他物命，鋪張浪費、暴殄天物的種種惡習，簡直與殺生無異！因此，人活於世，積善行德不一定非要佈施，勤儉節約也是一種積善行德的方式。

上文提到人類維持基本生活不得不犧牲其他物命，因此一定要勤儉節約，杜絕鋪張浪費。後文繼續分析闡述人傷及物命的其他情況。「至於手所誤傷、足所誤踐者，不知其幾」，在生活中不小心誤傷的物命、不小心誤踏的物命，不知道還有多少。因此，「皆當委曲防之」，為了減少誤傷誤踏的情況發生，生活中應該小心謹慎地設法防止。

古詩云：「愛鼠常留飯，憐蛾不點燈。」這是蘇軾的詩。「過街老鼠，人人喊打」，現代社會幾乎沒有人對老鼠有好感，見了往往避之不急、趕之不急，可是蘇軾卻說「愛鼠常留飯」，為了讓老鼠好好生活，避免老鼠餓死，特意給老鼠留些飯食。飛蛾撲火是天性，因為光明對飛蛾有致命的吸引力，為了保護飛蛾的生命，避免飛蛾燙死，竟然不忍心點燈。這兩種行為可以說是仁慈的極致，極致的仁慈！

至此，了凡將行善積德、隨緣濟眾的十種類型闡述完畢。然而，善行是多種多樣的，善事是無窮無盡的，善舉是無法用語言說完的。只要心真善，行真善，就是功德無量。

—第四篇—

《謙德之效》

【原典】

易曰：「天道[1]虧盈而益謙，地道[2]變盈而流謙[3]，鬼神害盈[4]而福謙[5]，人道惡盈而好謙。」是故謙之一卦[6]，六爻[7]皆吉。書曰：「滿招損，謙受益。」予屢同諸公應試[8]，每見寒士[9]將達[10]，必有一段謙光[11]可掬。

【注釋】

一、天道：天理，天意。

二、地道：地的規律。

三、流謙：流向謙下的。

四、害盈：使驕傲自滿者受禍害。

五、福謙：使謙虛者得福。

六、謙之一卦：謙卦。《易經》六十四卦之第十五卦。卦體中上卦為坤為地，下卦為艮為山。表示謙虛的人像山一樣，從不炫耀自己的秀麗，也從不掩飾自己的禿石和斷崖。

七、六爻：《易經》中的卦畫稱為爻。六十四卦中，每卦六畫，故稱。

八、應試：應考；參加考試。

九、寒士：指出身低微的讀書人。

十、達：發達。

十一、謙光：謙虛的神采。

【譯文】

《易經．謙卦》上說：「天理，不論什麼，對於驕傲自滿的便會使他虧損，而謙虛的就讓他得到益處。地道，不論什麼，凡是驕傲自滿的，也要使他改變，不能讓他永遠滿足；而謙虛的要使他滋潤不枯，就像低的地方，流水經過，必定會填充了它的缺陷。鬼神，對於驕傲自滿的，便會讓他遭受懲罰，謙虛的便使他獲得福報。人的規則，都是厭惡驕傲自滿的人，而喜歡謙虛的人。」這樣看來，天、地、鬼、神、人都看重謙虛的一邊。所以，《易經》中的謙卦，每一爻也都是吉祥的。《尚書》中也說：「自滿，會使人遭到損害；謙虛，會讓人得到益處。」我多次與眾多學子一起去參加考試，每次都看到貧寒的讀書人，快要發達考中的時候，臉上一定有一片謙和而且安詳的光彩散發出來，彷彿可以用手捧住一樣。

【原典釋評】

闡述完立命、改過、積善的方法後，本段開始闡述做人的基本品格——謙虛，並且透過引用經典中的觀點，列舉大量現實案例，來論證謙虛帶來的效驗。

「易」即《易經》，「天道虧盈而益謙，地道變盈而流謙，鬼神害盈而福謙，人道惡盈而好謙」是《易經》中解釋謙卦卦辭的文字。「天道虧盈而益謙」，「虧」和「益」作動詞用，是「使……虧」「對……有益」的意思，即，天之道，總是使那些驕傲自滿的虧損，總是讓那些謙虛謹慎的受益。「地道變盈而流謙」，「變」和「流」同樣是動詞，即地之道總是改變那些驕傲自滿的，總是滋養填充那些謙虛謹慎的。「鬼神害盈而福謙」，「害」和「福」也是作動詞用，即，鬼神行事，總是讓那些驕傲自滿的受害，讓那些謙虛謹慎的享福。「人道惡盈而好謙」，「惡」和「好」亦是作動詞用，即，人行事時，總是厭惡那些驕傲自滿的人，喜歡那些謙虛謹慎的人。

從這段文字可以看出，無論是天地之道，還是鬼神之道，還是人之道，都是讚賞、接納、鼓勵謙虛謹慎，而厭惡、排斥驕傲自滿，所以說謙虛、謙讓是人的優良品格，越是位高權重，越要謙虛，否則只會引火焚身、玩火自焚。

《易經》八卦中有兩個符號，一個是「—」，另一個是「--」，後人分別將這兩個符號稱為陽爻和陰爻。六爻，既可以指從下向上排列的六個陰陽符號的組合，也泛指借用這種組合進行占卜的方法。

六個陰陽符號，每個符號有陰陽兩種可能，排列組合之下便有六十四種組合方式，即六十四卦。謙卦是六十四卦中的第十五卦。謙卦中的上卦為坤為地，下卦為艮為山。從卦象來看，謙卦艮下坤上，為地下有山之象。山體高大威武，卻不顯不露，甘願處於地下，所以引用在人上，就是象徵那些德行高遠而自覺不顯揚之人。

「滿招損，謙受益」這句話流傳廣泛，它和謙卦代表的內涵是一致的，都是教人謙虛謹慎，避免驕傲自滿。

晉朝富商石崇，驕傲自滿，窮奢極欲，與人鬥富，最終家破人亡，人死財散。只懂紙張談兵的趙括，不能謙虛地接受別人的意見，最終長平慘敗，四十萬趙國兵士被秦軍坑殺。這都是歷史上活生生的例子，不能不引以為戒。

引經據典地闡述完謙虛的重要性後，了凡開始列舉實例說明謙虛這個品格對人的重要影響。這也是他把《易經》、《尚書》所說的道理，運用於日常生活的一種嘗試。

了凡舉了他和同伴一起趕赴科考的例子：每每赴考，他都會在一旁認真觀察這些赴考學子行為處事的作風和態度，並且以此推斷哪些學子可以考中，哪些學子無法考中。經過他的觀察總結，得出了「每見寒士將達，必有一段謙光可掬」的結論。

【原典】

辛未[一]計偕[二]，我嘉善同袍[三]凡十人，惟丁敬宇賓[四]，年最少，極其謙虛。

予告費錦坡曰：「此兄今年必第[五]。」

費曰：「何以見之？」

予曰：「惟謙受福。兄看十人中，有恂恂款款[六]，不敢先人，如敬宇者乎？有恭敬順承，小心謙畏，如敬宇者乎？有受侮不答，聞謗不辯，如敬宇者乎？人能如此，即天地鬼神，猶將佑之，豈有不發[七]者？」

及開榜[八]，丁果中式。

【注釋】

一、辛未：指西元一五七一年。

二、計偕：稱舉人赴京會試。

三、同袍：舊時在同一個軍隊工作的人互稱。後泛指朋友、同年、同僚、同學等。

四、丁敬宇賓：丁敬宇，名賓，字敬宇，又字禮原，嘉善人，與袁了凡同鄉。隆慶五年（一五七一年）進士，官至南京工部尚書，後累加至太子太保。

五、第：登第，指考中科舉。
六、恂恂款款：恭謹、溫順而又忠實、誠懇的樣子。恂恂，恭謹溫順的樣子。款款，忠實，誠懇。
七、發：發達。
八、開榜：放榜。指過去科舉考試結束後，對外公布張貼成績榜。

【譯文】

辛未年，我到京城去會試，我的同鄉嘉善人一起去參加會試的，大約有十個人。其中丁敬宇，是我們之中最年輕的，而且他非常謙虛。

我對同去會試的費錦坡說：「這位老兄今年一定考中。」

費錦坡問我說：「你怎樣看出來的？」

我說：「只有謙虛的人，可以承受福報。老兄你看我們十人之中，為人誠實厚道，一切事情又都不會搶在人前的，有像敬宇兄的嗎？對人恭敬，對事多肯順受，小心謙遜的，有像敬宇兄這樣的嗎？受人侮辱而不回嘴，聽到人家毀謗而不去爭辯的，有像敬宇兄這樣的嗎？一個人可以做到這樣，就是天地鬼神也都會保佑他，豈有不發達的道理？」

等到放榜後，丁敬宇果然考中了。

【原典釋評】

本段講了凡辛未年和嘉善的十個同鄉一起赴京參加會試之事。十個同鄉中，年紀最小的丁敬宇，為人謙虛謹慎，謙遜有禮。了凡經過一番觀察，就對一起赴考的費錦坡說：「敬宇今年必定高中。」費錦坡就很好奇，問了凡為何會做如此預測。了凡便向費錦坡闡述謙德受福之道，並連用三個反問句來描寫丁敬宇不同於其他人的特點。

了凡問道：「兄看十人中，有恂恂款款，不敢先人，如敬宇者乎？」「恂恂」形容恭謹溫順的樣子，「款款」形容誠懇忠實，「不敢先人」即謙遜禮讓，凡事不爭先。恭謹溫順、誠懇忠實、不為人先是敬宇之謙的第一個表現。「有恭敬順承，小心謙畏，如敬宇者乎？」恭敬順承，小心謙畏是敬宇之謙第二個表現。「有受侮不答，聞謗不辯，如敬宇者乎？」這一句了不得，「受侮不答，聞謗不辯」不是一般人能做到的，敬宇能做到，這足以說明他的胸懷之廣、肚量之大，這也是敬宇之謙的第三個表現。由此，了凡得出了敬宇必將受天地鬼神保佑、發達中第的結論。事情也果如了凡所料，此次會試敬宇果然榜上有名。

【原典】

丁丑[一]在京，與馮開之[二]同處，見其虛己斂容[三]，大變其幼年之習。李霽岩[四]直諒[五]益友，時面攻[六]其非，但見其平懷順受，未嘗有一言相報。予告之曰：「福有福始[七]，禍有禍先，此心果謙，天必相之，兄今年決第矣。」已而果然。

【注釋】

一、丁丑：指西元一五七七年。

二、馮開之：馮夢楨（一五四八—一六〇五），字開之，秀水（今浙江嘉興）人。萬曆五年（一五七七年）進士，官編修、遷國子祭酒，因傷於流言蜚語辭官而歸。

三、虛己斂容：指為人謙虛，面容收斂和順。

四、李霽岩：嘉興人。具體生平不詳。

五、直諒：正直誠信。

六、攻：指責。

七、始：起始，開頭，根源。

【譯文】

丁丑年，我在京城裡，與馮開之住在一起，看見他為人總是非常謙虛，面容和順，一點也不驕傲，改變了他小時候的那些不良習氣。李霽岩，是他的一位正直又誠實的朋友，時常當面指責他的不是之處，但見他平心靜氣地接受了朋友的責備，從來沒有過一句反駁的話。我告訴他說：「一個人如果有福，一定會有福的根苗；如果有禍，也一定會有禍的預兆。只要他的心真是謙虛的，上天一定會幫助他。老兄你今年必定能夠登第！」後來，馮開之果然考中了。

【原典釋評】

這是另一則真實案例，講的是丁丑年發生的故事。丁丑年時，了凡在京城，與馮開之同處，「見其虛己斂容，大變其幼年之習」。馮開之現在非常謙虛，面容也很和順，一點兒也不張揚，和幼年比變化特別大。由此可知，一個人的性情是可以改變的，只需找對方法，勤於修行，改過並非難事。

馮開之的謙遜表現在何處？表現在他對朋友、對錯誤的態度上。李霽岩是馮開之的好友，而且是「直諒益友」，即正直誠信的益友。李霽岩「時面攻其非」，「其」指馮開之，李霽岩這個正直誠信的益友經常當面指出馮開之的錯誤。馮開之每次都能「平懷順受」，平心靜氣地接受朋友的批評，「未嘗有一言相報」，一句話都不辯解，不為自己的錯誤找理由，每次都平靜地接受批評，然後改正，這是多麼難得的品格！若不是謙遜到一定程度的人，身為成年人，如何可以這樣對待別人的直言批評？這一點是現代人普遍缺失的，應該好好學習。

了凡觀察到馮開之謙遜的態度之後，就對馮開之說，所有的福禍都有緣由，不是平白無故產生的。福有福的根由，禍有禍的原因。你如此謙遜——這是透過一個人的行為看出他的品行——上天肯定會保佑你、幫助你的。現實再一次證明了凡看人之準，以及謙遜為人帶來的福報，這一年，馮開之果然中了舉。

【原典】

趙裕峰光遠[一]，山東冠縣人，童年舉於鄉，久不第。其父為嘉善三尹[二]，隨之任，慕錢明吾[三]，而執文見之。明吾悉[四]抹[五]其文，趙不惟不怒，且心服而速改焉。明年，遂登第。

【注釋】

一、趙裕峰光遠：趙光遠，字裕峰，具體生平不詳。

二、三尹：過去一縣的知縣稱大尹，縣丞為二尹，主簿稱三尹，亦稱少尹。

三、錢明吾：嘉善縣名士，具體生平不詳。

四、悉：全部。

五、抹：塗抹。

【譯文】

趙光遠，字裕峰，是山東冠縣人。他不滿二十歲的時候，就中了舉人，後來又參加會試，卻多次不中。他的父親當時是嘉善縣的三尹，裕峰隨同他父親上任。裕峰非常羨慕嘉善縣名士錢明吾的學問，就拿著自己的文章去見他，哪知道這位錢明吾先生，竟然拿起筆來把他的文章都塗掉了。趙裕峰不僅沒有發怒，而且心服口服，立刻把自己文章的缺失改了。到了第二年，趙裕峰終於考中了。

【原典釋評】

這是了凡講述的關於謙德之效的第三個案例。這個案例的主角名為趙光遠，字裕峰，是山東冠縣人。他年輕的時候就中了舉，而後參加會試，卻屢屢沒有考中。這個時候，趙裕峰的父親將要到嘉善上任，裕峰便隨父上任去了。

趙裕峰非常仰慕錢明吾先生，來到嘉善之後，便拿著自己寫的文章去向錢明吾請教。錢明吾看了他的文章，竟然拿起筆來，「悉抹其文」。「悉」本義為全部，這裡指大範圍，改得很多；「抹」是除去之意。也就是說，錢明吾對趙裕峰的文章進行大範圍的修改。平常人遇到這種事情，就算不生氣，也會心中不悅。可是裕峰沒有，他不僅沒有生氣，而且心悅誠服，知道自己文章寫得不好，拿回去之後，虛心接受錢明吾的指正，認認真真地去修改。得益於這種謙虛謹慎的作風，他的學問必定會日益精進，而且謙虛本就有福報，第二年，趙裕峰便考中了。

【原典】

壬辰歲[一]，予入覲[二]，睹[三]夏建所[四]，見其人氣虛意下，謙光逼人，歸而告友人曰：「凡天將發斯人也，未發其福，先發其慧；此慧一發，則浮者自實，肆者自斂。建所溫良若此，天啟之矣。」及開榜，果中式。

【注釋】

一、壬辰歲：指西元一五九二年。

二、入覲：指過去的地方官員入朝進見帝王。

三、晤：見面，遇見。

四、夏建所：人名，生平不詳。

【譯文】

壬辰年，我入京覲見皇上，遇到一位叫夏建所的讀書人，看到他的氣質，虛懷若谷，處處不為人先，沒有一點驕傲的神氣，而且他那謙虛的光彩，彷彿迫面照人。我回來後，便對朋友說：「凡是上天要使這個人發達，在沒有給他福分時，一定會先啟發他的智慧。這種智慧一發，浮滑的人自然會變得誠實，放肆的人也自然會變得收斂。夏建所如此溫和善良，一定是上天啟發他了。」等到放榜的時候，夏建所果然考中了。

【原典釋評】

這是了凡講述的關於謙德之效的第四個案例。壬辰年，了凡「入覲」，即進京覲見，遇到夏建所。了凡用「氣虛意下，謙光逼人」八個字，高度評價夏建所，這個人虛懷若谷、謙遜有禮，毫無驕矜之色，滿身上下都顯露著謙虛的光彩。

返回之後，了凡對朋友說起這件事，說，如果上天要使一人發達，在給他福報之前，會先啟發他的智慧；啟發智慧後，浮躁之人會變得誠實，放肆之人會變得收斂。建所已然溫和賢良到了如此地步，看來是上天已經啟發了他的智慧了！

事實再一次證明了凡的識人之明，果如了凡所言，夏建所當年便中了榜。

【原典】

江陰張畏岩，積學[一]工文，有聲藝林[二]。甲午[三]，南京鄉試，寓[四]一寺中，揭曉無名，大罵試官，以為瞇目[五]。時有一道者[六]，在傍微笑，張遽移怒道者。道者曰：「相公文必不佳。」

張益怒曰：「汝不見我文，烏知不佳？」

道者曰：「聞作文，貴心氣和平，今聽公罵詈[七]，不平甚矣，文安得工？」

張不覺屈服，因就而請教焉。

道者曰：「中全要命，命不該中，文雖工，無益也。須自己做個轉變。」

張曰：「既是命，如何轉變？」

道者曰：「造命者天，立命者我；力行善事，廣積陰德，何福不可求哉？」

張曰：「我貧士，何能為？」

道者曰：「善事陰功，皆由心造，常存此心，功德無量。且如謙虛一節，並不費錢，你如何不自反而罵試官乎？」

【注釋】

一、積學：累積學問。

二、藝林：猶藝苑。舊時指文藝界或收藏彙集典籍圖書的地方。此指讀書人群體。

三、甲午：此指西元一五九四年。

四、寓：住宿。

五、瞇目：小眼睛，意指眼瞎了。

六、道者：道士。

七、罵詈：罵，斥罵。

【譯文】

江陰有一位名叫張畏岩的讀書人，學問積得很深，文章也做得很好，在眾多的讀書人之中，頗有名聲。甲午年時他參加南京鄉試，借住在一處寺院裡。等到放榜時，他發現榜上沒有自己的名字，便很不服氣，因而大罵考官瞎了眼，不識好文章。當時，有一個道士在他旁邊，聽了他的話不覺笑了，張畏岩便把怒火發在了這個道士身上。那個道士說：「你的文章一定寫得不好。」

張畏岩更加憤怒，對道士說：「你又沒有看過我的文章，怎麼知道我寫得不好？」

道士說：「我經常聽人說，寫文章最重要的是心平氣和。現在聽到你大罵考官，表示你的心非常不平，氣也太爆了，你的文章怎麼會寫得好？」

張畏岩聽了道士的話，不自覺地屈服了，於是便向道士請教。

道士說：「想要考中功名，全要靠命。命裡不應該中時，你文章寫得再好也沒用，仍然不會考中。想要考中，你必須對自己有所改變。」

張畏岩問道：「既然是命中註定的，又要如何去改變？」

道士說：「造命的權利雖然在於天，但立命的權利卻還是在於自己。只要你肯盡力去做善事，多積陰德，又有什麼福是不可求得的？」

張畏岩道：「我只是一個窮讀書人，又能做什麼善事？」

道士說：「行善事，積陰德，都是由你的心決定的。只要你心中經常存著做善事、積陰德的念頭，功德自然會無量無邊。就拿謙虛來說，這又不要花錢，你為什麼不自我反省是自己德行太淺，不能謙虛，反而去罵考官對你不公平？」

【原典釋評】

前文列舉的四個案例，主角都有謙遜之德，因此都收穫了謙德之效，榜上有名。接下來的這個案例則與前文不同，主角開始並非謙德之人，而是怨天尤人，他的結局如何呢？

這個人名張畏岩，是江陰人，他的才學很好，「積學工文，有聲藝林」，學問深文章好，在學子中頗有名氣。甲午年時，張畏岩曾經到南京參加鄉試，暫居寺廟，等待放榜。然而，放榜之時，張畏岩榜上無名。他沒有反思自己有何疏漏，而是「大罵試官，以為瞇目」。「瞇」的本義是眼皮微微合攏，在這裡指主考官有眼無珠，沒有識人之明。言外之意就是認為自己考得很好，文章寫得很好，沒上榜都是因為主考官瞎了眼、不識貨！張畏岩不知自省，怨天尤人，竟然到了此種地步，不由讓人替他捏一把汗。

張畏岩大罵主考官的時候，旁邊剛好有一位老道。他罵人的話，老道都聽在了耳中，但並未吭聲，只是在一旁微笑。老道這一微笑不要緊，竟然引火焚身了！張畏岩盛怒之下，看人在旁微笑，就認定老道是嘲笑自己，便將怒火轉移到了老道的身上。老道見狀沒有怨氣，而是平心靜氣地替他分析原因，試圖引導他從憤怒中走出來，反思自身的問題，所以老道說了一句：「肯定是你的文章寫得不夠好。」

張畏岩本就覺得考官有眼無珠，不能欣賞自己的才學，聽老道如此說，便怒上加怒地反擊道：「你都沒看過我的文章，怎麼能斷定我的文章寫得不好？」這說明，此時，張畏岩尚未意識到自身的問題，而是一味地在別人身上找原因。

老道就等他問這句話，以便向他說明其中的道理。張畏岩既然問了，老道便繼續耐心地引導他、啟發他。老道說：「我聽人說，寫文章最重要的是寫作之人要心平氣和。可是我在大街上聽到你罵個不停，怨懟考官。你脾氣如此暴躁，心氣如此不平和，怎麼可能寫好文章？」這是老道在啟發張畏岩，老道知道直接指出他的錯誤他很難接受，便非常委婉地、循循善誘地引導著他進行自我反思。

張畏岩是讀書人，必然是懂得事理的，他大罵考官想必也是一時被憤怒沖昏了頭腦。此刻，在老道的循循善誘之下，他意識到自己的錯誤，也意識到眼前的老道不同尋常，於是便開始向老道請教。張畏岩雖然急躁一些，但是知錯能改，知錯即改，也算難能可貴。因為這種可貴的品格，他得到高人的指點。

老道乃知命之人，便向他解釋其中緣由。「中全要命」，這是說命中的定數，是否可以中舉，是命中註定的。「命不該中，文雖工，無益也」，如果命中沒有中舉的定數，就算文章寫得好，也沒有用，也中不了。那是不是意味著人只能順天安命，沿著命中的定數像機器一樣機械地走下去？我們讀過前文就知道，不是的，人是可以改變命運的。老道也懂這個道理，因此說：「須自己做個轉變。」即，需要透過自己的行動去改變自己的命運，別無他法。

張畏岩心下不解，既然中與不中都為命中註定，自己又要如何轉變？如果我們沒有讀過立命之學，也會認為既然一切都是命運安排好的，自己再努力又有何益？如果一個人連命運可以自己掌握、改變的意識都沒有，又如何知道應該怎樣改變命運？所以他就向老道說出自己心中的疑惑。

老道見孺子可教，便將其中深意告知張畏岩。他說：「造命者天，立命者我。」誠然，上天是造物主，創造了人，也決定人的命運，但是這不意味著人只能被動地接受上天安排的一切，因為人是有主觀能動性的，是可以自我立命的。

接著，老道又將自我立命應該遵循的整體原則告知張畏岩，即「力行善事，廣積陰德」。只要盡心盡力地行善，盡己所能地積德，終會得到福報，改變命運。這和了凡在立命之學部分闡述的內容是一致的。

張畏岩並未能即刻瞭解行善積德的真正含義，就像大多數人認為的那樣，張畏岩也非常狹隘地認為行善積德就是拿錢拿物、捐款佈施。所以，他才產生新的顧慮，對老道說：「我一介窮書生，又能做什麼善事？」

老道的話和立命之學與積善之方部分遙相呼應，他說：「善事陰功，皆由心造，常存此心，功德無量。」這是在強調心的重要性，也就是說積善要看行，但更要看心；就如改錯從心而改是根本之法一樣，積善從心而積才可以功德無量。

如果說上文是普羅大眾都能適用的積善之原則，下文就是專門為張畏岩開出的藥方。經過前面的鋪墊，老道直指張畏岩的過錯，並引導他改過、積善。老道說：「且如謙虛一節，並不費錢。」即，張畏岩一直在強調自己是寒士，缺乏行善的物質條件。老道指出從心積善以後，就指明張畏岩最大的缺點是不夠謙虛，並告訴他謙虛也是積善，改掉妄自尊大的毛病，養成謙虛謹慎的作風並不費錢。「你如何不自反而罵試官乎？」」這是在告訴張畏岩凡事應該從自身找原因，不斷自省，而不能怨天尤人，謾罵考官。

【原典】

張由此折節[一]自持[二]，善日加修，德日加厚。丁酉[三]，夢至一高房，得試錄[四]一冊，中多缺行。問旁人，曰：「此今科試錄。」

問：「何多缺名？」

曰：「科第陰間三年一考較[五]，須積德無咎者，方有名。如前所缺，皆係舊該中式，因新有薄行[六]而去之者也。」

後指一行云：「汝三年來，持身頗慎，或當補此，幸[七]自愛。」是科果中一百五名。

【注釋】

一、折節：降低自己身分或改變平時的志趣行為。

二、自持：自我克制。

三、丁酉：此指西元一五九七年。

四、試錄：明清時，將鄉試、會試中試的舉子姓名籍貫名次及其文章彙集刊刻成冊，名曰試錄。

五、考較：考查。較，同「校」。

六、薄行：輕薄的行為。說明品行不端。

七、幸：希望。

【譯文】

張畏岩聽了道士的話，從此以後一改自己以前心中的傲氣，處處自我克制，隨時留意把持自己，不讓自己走錯了路。因此，他天天下功夫修善，天天下功夫去積德。丁酉年的一天，他做了個夢，夢見自己來到了一處很高的房屋，在屋裡看到了一本考試錄取的名冊，名冊中間有許多的缺行。他看不懂，就問旁邊的人：「這是怎麼回事？」那個人說：「這是今年考試錄取的名冊。」

張畏岩便又問：「那為什麼名冊內有這麼多的缺行？」

那個人回答他：「陰間對那些考試的人，每三年會考查一次，一定要積有功德，沒有過失的，這冊裡才會有他的名字。像這名冊前面的缺額，都是從前應該考中，但又因為他們最近犯了過失，所以便把他們的名字去掉了。」

那個人隨後又指著一缺行的地方說：「你這三年來，處處自我克制，隨時留意把持自己，沒有犯罪過，或許可以補上這個空缺了。希望你珍重自愛，勿犯過失！」果然，在這次的會考中，張畏岩就考中第一百零五名。

【原典釋評】

張畏岩常讀聖賢書，又經老道點撥，從此以後「折節自持，善日加修」。「折節」是強自克制，改變平素志行的意思，「自持」即自我克制，用信念約束自己的行為；二者一個側重內心，一個側重行為。他每日約束自己、克制自己、斷惡修善，因此「德日加厚」。

到丁酉年時，就有了效驗，這效驗是夢。這個夢透露了兩大資訊：第一，確有命運之事，也就是說，每個人的命中的確有定數——陰間有中榜學子名冊。第二，命運不是一成不變的，它與人的信念和行為息息相關，一個原本榜上有名的人，若他不知自我克制，不能斷惡修善，而是作惡行凶、品行有損，是可以被除名的——就如冊上的缺行；一個原本榜上無名的人，若他可以謹慎自省、自我約束，堅持斷惡修善、行善積德，可以得到原本命中沒有的福報——就如張畏岩補缺。

這種變化對於現實生活中想要改變命運的人具有極大的激勵作用，對於那些怨怪命運不公的人也有極大的警醒作用。

【原典】

由此觀之，舉頭三尺，決[一]有神明；趨吉避凶，斷然由我。須使我存心制[二]行，毫不得罪天地鬼神，而虛心屈己，使天地鬼神，時時憐我，方有受福之基。彼氣盈者，必非遠器[三]，縱發亦無受用。稍有識見之士，必不忍自狹[四]其量，而自拒其福也，況謙則受教有地，而取善無窮，尤修業者所必不可少者也。

【注釋】

一、決：一定。

二、制：約束。

三、遠器：遠大的器量。

四、狹：使狹窄，引申為控制、約束。

【譯文】

由以上所述看來，抬頭三尺高，天上一定有神明在監察著我們的行為。因此，對於利人、吉祥的事情，我們都應該趕快去做；對於凶險、損人的事，我們應該避免，不要去做，這是我們可以自己決定的。只要我們心存善念，約束一切不善的行為，絲毫不得罪天地鬼神，而且自己可以虛心不驕傲，處處不居人上，使得天地鬼神能夠時時哀憐我，這樣才是有福報的根本所在。那些傲氣滿懷、目空一切，不寬容大度的人，一定不會有遠大的根器，縱使能發達，也不會長久地享受福報。稍有見識的人，必定不會把自己弄得肚量狹小，因而拒絕自己可以得到的福報；況且謙虛的人，他一定還會接受別人的教導，學習別人的好處和善行，那他能被別人取法的地方，也就沒有窮盡了。而這種行為，尤其是對一起進德修業的人來說，一定是不可缺少的啊！

【原典釋評】

本段講這五則真實案例為世人帶來的啟發。如果你承認自己有些見識，就可以意識到氣量狹窄的害處。氣量狹窄、驕傲自滿、剛愎自用，都是在自損其德、自拒其福。謙虛才可以讓人不斷進步，不斷自我完善，不斷自我反省，這才是斷惡修善應該秉持的態度，才會得到應有的福報。

末尾繼續闡述謙德的重要意義，並且強調謙德對於修業之人的重要性。謙德對於修業之人來說，是必不可少的。換而言之，如果一個人沒有謙遜的態度和品格，不可能真正做到斷惡修善，即使東施效顰般地學著別人斷惡修善了，修的也不是真善，也不會得到福報。謙德是修業的基礎，是修業者必備品格。

【原典】

古語云：「有志於功名者，必得功名；有志於富貴者，必得富貴。」人之有志，如樹之有根。立定此志，須念念[一]謙虛，塵塵[二]方便，自然感動天地，而造福由我。今之求登科第者，初未嘗有真志，不過一時意興耳；興到則求，興闌[三]則止。

孟子曰：「王之好樂甚，齊其庶幾乎[四]？」予於科名亦然。

【注釋】

一、念念：所有的念頭。

二、塵塵：所有像塵埃一樣的小事。

三、闌：殘，盡，晚。

四、王之好樂甚，齊其庶幾乎：出自《孟子・梁惠王下》。意即，大王如果非常喜歡音樂，齊國也就差不多可以治理好了。庶幾，差不多，近似。

【譯文】

古語說：「有心求取功名的人，一定可以得到功名；有心求得富貴的人，一定可以獲得富貴。」一個人有理想和志向，就像一棵樹有了根一樣。只要立定這種偉大的志向，所有的念頭都必須要謙虛，即使遇到像灰塵一樣極小的事情，也要給人方便。如果可以做到這樣，自然可以感動天地，而為自己造福，也要全靠自己真心，才可以造就。像現在那些求取功名的人，當初哪有什麼真心，只是一時興起罷了；興致來了就去求，興致退了就停止。

孟子曾經對齊宣王說：「大王喜好音樂，若是到了極點，齊國的國運大概也就可以興旺了。」我對於追求科第功名的看法，也和孟子一樣，要把求科名的心，落實推廣到積德行善上，並且要盡心盡力地去做，命運與福報就可以由自己決定了！

【原典釋評】

王安石在《遊褒禪山記》中寫道：「世之奇偉、瑰怪，非常之觀，常在於險遠，而人之所罕至焉，故非有志者不能至也。」其實，追求任何目標，都離不開立志和堅持，無論這目標是一方美景，還是功名富貴。志向是一個人的根基，有了根基之後，所有的行為便都有了動力和營養。然後一步一步，腳踏實地地保持謙遜的態度，常懷為公之心，就沒有什麼是做不成的。

造福全在我自己，自己真心要造，就能夠造成。像現在那些求取功名的人，當初哪有什麼真心，只是一時的興致。興致來了，就去求；興致退了，就停止。孟子對齊宣王說：「大王喜好音樂，若是到了極點，齊國的國運大概可以興旺了。但是大王喜好音樂，只是個人在追求快樂罷了，若是能把個人追求快樂的心，推廣到與民同樂，使百姓都快樂，齊國還有不興旺的嗎？」我看求科名，也是這樣，要把求科名的心，落實推廣到積德行善上；並且要盡心盡力地去做，命運與福報就可以由自己決定了！

志向亦有真假之分，那些矢志不渝、想盡辦法克服困難實現目標的，是真有志、有真志；那些興起立志、淺嘗輒止、興盡則止的，是假有志、有假志。如果一個人真有志，沒有人能阻擋他的步伐；如果一個人假有志，一個沙粒都有可能讓他停下腳步。

孟子曾經對齊王說，如果大王是真的喜好音樂，並且喜好到了極點，齊國的治理便沒有問題了，一定會興旺發達。孟子之所以這樣說，是因為禮樂具有教化功能，齊王愛樂可引導百姓愛樂，與民同樂，百姓在禮樂的教化下，快樂地生活，的確沒有理由治理不好一個國家。把這個道理遷移到科舉上，若一個人立志科考，並且把這種信念貫徹到生活的點點滴滴之中，一則好學，一則行善，便沒有不成功的。

古學今用 182

了凡四訓

海鷗文化出版圖書有限公司
Seadove Publishing Company Ltd.

作者　袁了凡
譯注　霍振國
美術構成　騾賴耙工作室
封面設計　九角文化/設計
發行人　羅清維
企劃執行　張緯倫、林義傑
責任行政　陳淑貞

出版　海鴿文化出版圖書有限公司
出版登記　行政院新聞局局版北市業字第780號
發行部　台北市信義區林口街54-4號1樓
電話　02-2727-3008
傳真　02-2727-0603
E-mail　seadove.book@msa.hinet.net

總經銷　創智文化有限公司
住址　新北市土城區忠承路89號6樓
電話　02-2268-3489
傳真　02-2269-6560
網址　https://reurl.cc/myMQeA

香港總經銷　和平圖書有限公司
住址　香港柴灣嘉業街12號百樂門大廈17樓
電話　（852）2804-6687
傳真　（852）2804-6409

CVS總代理　美璟文化有限公司
電話　02-2723-9968
E-mail　net@uth.com.tw

出版日期　2025年09月01日　一版一刷
定價　450元
郵政劃撥　18989626　戶名：海鴿文化出版圖書有限公司

國家圖書館出版品預行編目（CIP）資料

了凡四訓 ／ 袁了凡作 ； 霍振國譯注.
-- 一版. -- 臺北市 ： 海鴿文化，2025.09
面 ； 公分. --（古學今用；182）
ISBN 978-986-392-576-7（平裝）

1. 格言

192.8　　114010762

Seadove

Seadove

Seadove

Seadove